RAFA

RAFAEL NADAL

con John Carlin

RAFA

Mi historia

indicios

Argentina – Chile – Colombia – España
Estados Unidos – México – Perú – Uruguay – Venezuela

Título original: *Rafa*
Editor original: Hyperion Books, New York
Traducción: Antonio-Prometeo Moya

Fotografías cuadernillo 1: Cortesía de Rafael Nadal
Cuadernillo 2: Copyright © Miguel Ángel Zubiarrain

1.ª edición Octubre 2011

La presente edición se publica por acuerdo con Luppa Solutions, S.L,
en calidad de agente literario de Rafael Nadal Parera,
y con Silvia Bastos Agencia Literaria y Anne Edelstein Literary Agency LLC
en calidad de agentes literarios de John Carlin

Aribau, 142, pral. – 08036 Barcelona
www.indicioseditores.com

Fotocomposición: Damián Cubells / Ediciones Urano, S.A.

ISBN: 978-84-937954-6-7
E-ISBN: 978-84-9944-466-6
Depósito legal: NA-2.843-2011

Impreso por: Rodesa, S.A. – Polígono Industrial San Miguel
Parcelas E7-E8 – 31132 Villatuerta (Navarra)

Impreso en España – *Printed in Spain*

ÍNDICE

AGRADECIMIENTOS

Ante todo, me gustaría darle las gracias a John Carlin, que ha convertido en un placer y un honor la experiencia de preparar este libro. Escribir un libro con un periodista y escritor de la talla de John ha sido ya por sí solo una gran experiencia. Pero al conocerlo, mientras trabajábamos y viajábamos a los torneos de Doha y Australia, confirmó que éramos no sólo colaboradores en un proyecto común, sino también amigos.

Naturalmente, este libro no habría sido posible sin el apoyo de muchas personas. Todo mi amor y mi gratitud a mis padres, a mi hermana, a mis abuelos, a mis tíos, a mi tía y a María Francisca. También muchísimas gracias a mi equipo y a mis amigos más íntimos: Carlos, Titín, Joan Forcades, Benito, Tuts, Francis, Ángel Ruiz Cotorro, Carlos Moyà, Tomeu Salvà y M.A. Munar.

Y un agradecimiento muy especial a mi tío, preparador y amigo, Toni Nadal.

RAFAEL NADAL

En primer lugar, debo dar las gracias a Luis Viñuales, el gran coordinador, que plantó la semilla de este libro, y a Larry Kirshbaum, que puso las cosas en marcha. También un millón de gracias a mi editora de Hyperion, Jill Schwartzman, por su admirable paciencia y fortaleza.

Un agradecimiento especial a mi agente, que es mucho más que una agente, Anne Edelstein, y a su ayudante, Krista Ingebretson, mucho más que una ayudante. Y muchísimas gracias igualmente a Arantxa Martínez, cuyo esfuerzo, consejo y buen humor me han ayudado mucho.

También estoy muy agradecido a mi editor en Urano, Pablo Somarriba, que ha hecho su trabajo con sensibilidad, inteligencia y de manera extremadamente concienzuda. El traductor al español, Antonio-Prometeo Moya, batió todos los récords para acabar su labor a tiempo. Extraordinario.

Por lo demás, ha sido un enorme placer trabajar en este libro con Rafa Nadal, su familia, su equipo y sus amigos, todos y cada uno de los cuales me dieron ayuda, consideración y amabilidad.

JOHN CARLIN

ELENCO DE PERSONAJES

La familia

Rafael Nadal: tenista

Sebastián Nadal: padre

Ana María Parera: madre

Maribel Nadal: hermana

Toni Nadal: tío y entrenador

Rafael Nadal: tío

Miguel Ángel Nadal: tío y ex futbolista profesional

Marilén Nadal: tía y madrina

Don Rafael Nadal: abuelo paterno

Pedro Parera: abuelo materno

Juan Parera: tío y padrino

El equipo

Carlos Costa: agente

Rafael Maymó ("Titín"): fisioterapeuta

Benito Pérez-Barbadillo: jefe de prensa

Joan Forcades: entrenador físico

Francis Roig: segundo entrenador

Jordi Robert ("Tuts"): gestor de sus acuerdos con Nike y amigo íntimo

Ángel Ruiz Cotorro: médico

Jofre Porta: entrenador de cuando era adolescente

Los amigos

María Francisca Perelló

Carlos Moyá: tenista ex número uno del mundo

Tomeu Salvà: tenista amigo de infancia

Miguel Ángel Munar: amigo más antiguo

CAPÍTULO 1

EL SILENCIO
DE LA CENTRE COURT

Lo que llama la atención cuando juegas en la pista central de Wimbledon es el silencio. Botas la pelota contra el césped y no se oye ningún sonido; la lanzas al aire para sacar; la golpeas y escuchas el eco del golpe. Y después de eso, el eco de cada golpe posterior, los tuyos y los del contrario. *Clac... clac; clac... clac.* La hierba bien cortada, la historia del lugar, la solera del estadio, el uniforme blanco de los jugadores, la multitud respetuosamente callada, la venerable tradición —no hay a la vista ni una sola valla publicitaria—, todo se combina para encerrarte y aislarte del mundo exterior. Esta sensación me viene bien; ese silencio de catedral que reina en la Centre Court le conviene a mi juego. Porque en un partido de tenis, la batalla más encarnizada que libro es con las voces que resuenan dentro de mi cabeza: quieres silenciarlo todo dentro de la mente, eliminarlo todo menos la competición, quieres concentrar cada átomo de tu ser en el punto que estás jugando. Si he cometido un error en el punto anterior, lo olvido; si se insinúa en el fondo de mi cabeza la idea de la victoria, la reprimo.

El silencio de la Centre Court se rompe cuando termina la lucha por el punto. Si ha sido un buen punto —los espectadores de Wimbledon conocen la diferencia—, estalla el clamor: aplausos, vítores, gente que grita tu nombre. Lo oigo, pero como si viniera de un lugar lejano. No soy consciente de que hay quince mil personas a la expectativa en el recinto, siguiendo con la mirada cada movimiento mío y de mi rival. Estoy tan concentrado que no me entero para nada —no como ahora cuando recuerdo la final de 2008 contra Roger Federer, el partido más grande de mi vida— de que hay millones de personas de todo el mundo mirándome.

Siempre había soñado con jugar en Wimbledon. Mi tío Toni, que ha sido mi entrenador de toda la vida, me decía ya desde el principio que era la competición más importante de todas. Cuando tenía catorce años, mis amigos y yo compartíamos la fantasía de que un día jugaría aquí y ganaría. Sin embargo, hasta este momento había jugado y perdido en dos ocasiones, las dos ante Federer, en la final de 2006 y en la de 2007. La derrota de 2006 no fue tan dura. Aquella vez salí a la pista con una sensación de gratitud y cierta sorpresa por haber llegado tan lejos, ya que acababa de cumplir veinte años. Federer me venció con mucha facilidad, más que si me hubiera enfrentado a él con mayor fe. Pero la derrota de 2007, en cinco sets, me dejó totalmente hundido. Sabía que habría podido hacerlo mejor, que lo que había fallado no había sido mi habilidad ni la calidad de mi juego, sino mi cabeza. Y lloré tras la derrota. Lloré sin cesar durante media hora en el vestuario. Lágrimas de decepción y autorreproche. Perder siempre duele, pero duele mucho más cuando sabes que tenías posibilidades y las has desaprovechado. Federer me había vencido, pero también yo, en no menor medida, me había derrotado a mí mismo; me había defraudado y no lo soportaba. Había flaqueado mentalmente, me había permitido distraerme; me había apartado de mi plan de juego. Qué estúpido, qué innecesario. Era más que evidente que había hecho precisamente lo que no hay que hacer en un partido importante.

Mi tío Toni, el preparador de tenis más inflexible que existe, es por lo general la última persona del mundo en ofrecerme consuelo; me critica incluso cuando gano. Pero aquella vez me vio tan hundido, tan por los suelos, que olvidó su antigua costumbre y me dijo que no había motivos para llorar, que habría más Wimbledons y más finales de Wimbledon. Le contesté que él no lo entendía, que probablemente no volvería a aquel recinto, que se me había escapado la última oportunidad de ganar. Soy muy consciente de lo breve que es la vida de un deportista profesional y no aguanto la idea de desperdiciar una ocasión que a lo mejor no vuelve a presentarse nunca más. Sé que cuando mi carrera acabe no seré un hombre feliz y quiero aprovecharla al máximo mientras dure. Cada momento cuenta, por eso me entreno siempre con tanto rigor, pero hay momentos que cuentan más que otros y en 2007 había dejado pasar

uno de los más importantes. Había dejado escapar una oportunidad que tal vez no volviese a tener en la vida; habrían
bastado dos o tres puntos aquí o allí, un poco más de concentración. Porque en el tenis la victoria depende del más estrecho
margen. Yo había perdido el quinto y último set por 6-2 frente a Federer, pero si hubiera tenido un poco más de lucidez
cuando íbamos 4-2 o incluso 5-2, si hubiera aprovechado las
cuatro ocasiones de romperle el servicio que se me habían presentado al principio del set (en vez de quedarme paralizado,
como me ocurrió), o si hubiera jugado como si estuviéramos
en el primer set y no en el último, habría podido ganar.

Nada podía hacer Toni para aliviar mi angustia, aunque al
final resultó que tenía razón. Llegó otra oportunidad y un año
después volvía a pisar la hierba de la misma pista. Había aprendido la lección de la derrota de hacía doce meses y tenía claro
que no me iba a fallar la concentración; me podría fallar cualquier otra cosa, pero la cabeza, no. La mejor señal de que la
tenía en su sitio era la convicción de que, por muy nervioso
que me pusiera, al final ganaría.

Durante la cena de la noche anterior con la familia, los
amigos y los miembros del equipo en la casa que solemos
alquilar cuando juego en Wimbledon y que queda enfrente del
All England Club, hablamos de todo menos del partido. No
les había prohibido expresamente que sacaran el tema, pero
todos sabían muy bien que, hablara de lo que hablase aquella
noche, yo ya había empezado a jugar el encuentro en un rincón de mi cabeza que, desde entonces hasta el momento del

primer golpe en la pista, iba a ser exclusivamente mío. Cociné yo, como casi todas las noches durante la quincena de Wimbledon. Me gusta hacerlo y mi familia piensa que me sienta bien. Me ayuda a concentrarme. Aquella noche cociné pasta con gambas y pescado a la plancha. Después de cenar jugué a los dardos con mis tíos Toni y Rafael, como si pasáramos una velada cualquiera en nuestra casa de Manacor, la ciudad de la isla de Mallorca donde he vivido siempre. Gané yo. Rafael diría más tarde que me había dejado vencer para que estuviera con mejor disposición mental de cara a la final, aunque no creo que sea cierto. Para mí es importante ganar en todo. No me tomo las derrotas con buen humor.

Me fui a la cama a la una menos cuarto, pero no pude dormir. El tema que habíamos optado por obviar no dejaba de darme vueltas en la cabeza. Vi un par de películas en la televisión y al final me dormí a las cuatro de la madrugada. A las nueve ya estaba en pie. Habría sido mejor dormir unas cuantas horas más, pero me sentía despejado. Rafael Maymó, mi fisioterapeuta, que siempre está a mi lado, dijo que no tenía importancia, que la emoción y la adrenalina me permitirían aguantar el partido, por mucho que durase.

Desayuné lo habitual: cereales, zumo de naranja, un batido de leche con chocolate —café nunca— y lo que más me gusta tomar en casa, tostadas con aceite de oliva y sal. Me había despertado sintiéndome bien. El tenis depende mucho de cómo te sientes ese día. Cuando te levantas por la mañana, cualquier mañana, unas veces te sientes ágil, sano y fuerte; otras, pesado y frágil. Aquel día me sentía ligero y despierto, con más energía que nunca.

Así me encontraba cuando a las diez y media crucé la calle para entrenarme por última vez en la pista 17 de Wimbledon, una que queda cerca de la central. Antes de empezar a pelotear me tendí en un banco, como siempre, y Rafael Maymó —a quien yo llamo Titín— me dio masajes en las rodillas, las piernas y el hombro. A continuación, se concentró en los pies. (La parte más sensible de mi cuerpo es el pie izquierdo, la que me duele más a menudo y con más intensidad.) La idea es despertar los músculos para reducir la posibilidad de sufrir una lesión. Por lo general, antes de un partido importante, en el calentamiento peloteo durante una hora, pero aquel día lloviznaba y lo dejé al cabo de veinticinco minutos. Empecé con suavidad, como siempre, y aumenté el ritmo poco a poco, hasta que acabé corriendo y golpeando con la misma intensidad que en un partido. Aquella mañana entrené con más nervios que de costumbre, pero también con más concentración. Toni estaba presente y también Titín, y mi agente Carlos Costa, que ha sido tenista profesional y acudió a calentar conmigo. Yo estaba más callado de lo habitual. Todos lo estábamos. Nada de bromas. Tampoco sonrisas. Cuando terminamos me bastó una mirada para darme cuenta de que Toni no estaba satisfecho, de que pensaba que yo no había golpeado la bola con toda la fluidez de que era capaz. Tenía cara de reproche —conozco esa expresión de toda la vida— y de preocupación. Era cierto que no había rendido al máximo, pero yo sabía algo que él ignoraba y no podría saber nunca, a pesar de lo muy presente que había estado a lo largo de toda mi trayectoria tenística: que, exceptuando un pequeño dolor en la planta del pie izquierdo que tendría que tratar antes de salir a la pista, me sentía en perfecta forma física, y que por dentro albergaba la inquebrantable convicción de que iba a ganar. Cuando te mides frente a un rival con el que estás más o menos en igualdad de condiciones, o que sabes que tienes la posibilidad de vencer, todo depende de tu capacidad de elevar tu nivel de juego cuando el momento lo exige. Un campeón no da lo mejor de sí en los primeros encuentros de un torneo, sino en las semifinales y en las finales, cuando tiene delante a los rivales más difíciles, y cuando mejor juega un gran campeón de tenis es en la final de un Grand Slam. Yo tenía ciertos temores —luchaba sin cesar por contener los nervios—, pero los mantenía a raya y el único pensamiento que me daba vueltas en el cerebro era que tenía que ponerme a la altura de las circunstancias.

Estaba físicamente sano y en buena forma. Había jugado muy bien un mes antes, en Roland Garros, donde había derrotado a Federer en la final, y aquí había disputado algunos partidos excelentes sobre hierba. Las dos últimas veces que nos habíamos enfrentado en Wimbledon, él había sido el favorito. En 2008 seguía pensando que yo no era el favorito, pero había una diferencia y era que no creía que tampoco lo fuese Federer. Yo calculaba que los dos teníamos el cincuenta por ciento de posibilidades.

También sabía que era muy probable que, cuando todo terminara, los dos quedáramos muy igualados en el saldo de golpes fallidos. El tenis tiene esa característica, sobre todo cuando se trata de dos jugadores que conocen tan bien el juego del contrario como Federer y yo. Podría pensarse que, después de golpear millones y millones de pelotas, me debo saber de memoria los golpes básicos y que dar un golpe certero, limpio y seguro, está chupado, pero no es así. No sólo porque cada día te levantas con un ánimo diferente, sino porque cada golpe es distinto; cada uno es único. Desde el momento en que la bola se pone en movimiento, corre hacia ti describiendo un número infinito de ángulos posibles y a una cantidad infinita de velocidades posibles; puede llegar liftada o con efecto retroceso —en ambos casos se trata de efectos de rotación—, en trayectoria rasante o alta. Las diferencias pueden ser nimias, microscópicas, pero lo mismo cabe decir de las variantes de los movimientos que hace el cuerpo (hombros, codos, muñecas, caderas, tobillos, rodillas) cuando se golpea la pelota. Además, intervienen muchos otros factores: el clima, la superficie, el rival. Ninguna pelota llega igual que otra; ningún golpe es idéntico a otro. Así, cada vez que te colocas en una posición para dar un golpe, tienes que calcular en una fracción de segundo la trayectoria y velocidad de la bola y a continuación tomar una decisión también muy rápida acerca de cómo, con qué fuerza y hacia dónde devolverla. Y hay que hacerlo una y otra vez, a menudo cincuenta veces en un solo juego, quince veces en veinte segundos, en rachas continuas durante más de dos o tres, cuatro horas, y todo ese tiempo corriendo y con los nervios en tensión. Cuando la coordinación es la correcta y el ritmo fluye, vienen las buenas sensaciones, te sientes más capacitado para llevar a cabo la hazaña biológica y mental de golpear la pelota limpiamente con el centro de la raqueta, apuntando con acierto, con fuerza y bajo una presión mental inmensa, una vez tras otra. Si hay algo de lo que no tengo la menor duda es de que cuanto más entrenas, mejor son tus sensaciones. El tenis, más que muchos otros deportes, es un ejercicio mental. El jugador que tiene esas buenas sensaciones casi todos los días, el que consigue aislarse mejor de sus miedos y de los altibajos psicológicos que genera inevitablemente una competición, es el que termina siendo número uno del mundo. Tal era la meta que me había fijado durante los tres pacientes años en que fui segundo, detrás de Federer, y que estaría muy cerca de alcanzar si ganaba la final de Wimbledon de 2008.

Otra cuestión era cuándo daría de verdad comienzo el encuentro. Levantaba la vista y veía algunas zonas azules en el cielo, pero casi todo estaba nublado, lleno de espesas y oscuras nubes que se extendían hasta el horizonte. El partido tenía que empezar tres horas más tarde, pero era muy posible que se retrasara o se suspendiera. No dejé que eso me preocupara. Esta vez iba a tener la mente despejada y concentrada, ocurriera lo que ocurriese. Nada de distracciones. No iba a permitir que me volviera a fallar la concentración, como en 2007.

Abandonamos la pista 17 hacia las once y media y fuimos

al vestuario del All England Club que está reservado para los cabezas de serie. No es muy grande, quizá la cuarta parte de lo que mide una pista de tenis. Pero su esplendor emana de la tradición del lugar. Los paneles de madera, los colores verde y morado de Wimbledon en las paredes, el suelo enmoquetado, el saber que muchos grandes —Laver, Borg, McEnroe, Connors, Sampras— han estado allí. Normalmente en ese sitio hay cierto ajetreo, pero como en el torneo ya no quedábamos más que dos, estaba solo; Federer no había aparecido todavía. Me di una ducha, me cambié y subí a almorzar al comedor de jugadores, dos plantas más arriba. También aquel espacio estaba anormalmente silencioso, algo que me vino muy bien. Estaba sumiéndome en mí mismo, aislándome de mi entorno, desarrollando las rutinas —las inflexibles rutinas— que tengo antes de cada partido y que duran hasta que comienza el juego. Comí lo que como siempre: pasta —sin salsa ni nada que pueda producirme indigestión— con aceite de oliva y sal, y algo de pescado, sin guarnición. Para beber, agua. Toni y Titín se sentaron a la mesa conmigo. Toni estaba pensativo, aunque eso no era raro en él. Titín estaba tranquilo. Con él es con quien paso la mayor parte del tiempo y siempre está tranquilo. Tampoco en aquella ocasión hablamos mucho. Creo que Toni murmuró algo sobre el tiempo, pero yo no respondí. Incluso cuando no estoy jugando un torneo, tiendo a escuchar más que a hablar.

A la una en punto, una hora antes de la señalada para el comienzo del partido, volvimos al vestuario. Algo curioso que tiene el tenis es que incluso cuando se celebra un torneo importante se comparte el vestuario con el rival. Cuando volví del comedor, Federer ya estaba allí, sentado en el banco de madera que siempre ocupa. Estamos acostumbrados a esta particularidad y no hubo incomodidad por ninguna parte, al menos no en mi caso. Un rato después estaríamos haciendo todo lo posible por machacarnos en el encuentro más importante del año, pero éramos amigos además de rivales. Otros rivales deportivos pueden odiarse a muerte fuera de la pista; nosotros, no. Nos caemos bien. Cuando empiece el partido, o cuando falte muy poco para el inicio, dejaremos a un lado la amistad. No es nada personal. Yo lo hago con todos los que me rodean, incluso con mi familia. Cuando un partido está en juego soy otra persona. Me esfuerzo por convertirme en una máquina del tenis, aunque en última instancia es un empeño imposible. No soy un robot; la perfección en el tenis es imposible y el desafío consiste en escalar la cumbre de las propias posibilidades. Durante un partido estamos en lucha permanente por mantener a raya las debilidades de la vida cotidiana, por contener las emociones humanas. Cuanto más contenidas estén, más posibilidades de ganar habrá, a condición de que se haya entrenado con el máximo rigor y el talento de nuestro rival no sea muy superior al propio. Existía cierta diferencia entre el talento de Federer y el mío, pero no era imposiblemente amplia. Era lo suficientemente estrecha y, aunque él jugara mejor sobre hierba, su superficie predilecta, si yo sabía acallar las dudas y temores que tenía dentro de mi cabeza así como mis expectativas exageradas, y lo hacía mejor que él, entonces podía ganarle. Hay que encerrarse tras una armadura protectora, convertirse en un guerrero sin emociones. Es una especie de autosugestión, un juego al que juega uno solo, con seriedad absoluta, para disimular las propias debilidades ante uno mismo y ante el rival.

Bromear o charlar de fútbol con Federer en el vestuario, como habríamos hecho antes de un partido de exhibición, habría sido una jugada que el otro habría detectado en seguida e interpretado como un signo de temor. Lejos de ello, tuvimos el detalle de ser sinceros. Nos dimos la mano, nos saludamos con la cabeza, nos sonreímos ligeramente y nos dirigimos a las respectivas taquillas, separadas quizás unos diez pasos, y desde ese momento nos comportamos como si el otro no estuviera allí. No es que necesitara fingirlo: yo estaba en aquel vestuario y no estaba. Me había retirado a un lugar profundo de mi ser y mis movimientos eran cada vez más programados, más automáticos.

Cuarenta y cinco minutos antes de la hora oficial del comienzo me di una ducha de agua fría. De agua helada. Lo hago antes de cada encuentro. Es el punto anterior al punto de inflexión; el primer paso de la última fase de lo que yo llamo el ritual anterior al juego. Bajo el agua fría entro en un espacio distinto en el que siento crecer mi fuerza y mi resistencia. Cuando salgo soy otro. Me siento activado. Estoy «en estado de flujo», o «de fluir», como los psicólogos deportivos llaman al estado de concentración y alerta en el que el cuerpo se mueve por puro instinto, como un pez en un río. En ese estado no existe nada más que la batalla que nos espera.

Y menos mal, porque lo siguiente que me tocaba hacer era algo que en circunstancias normales no aceptaría con calma. Bajé al botiquín para que mi médico de siempre, Ángel Ruiz Cotorro, me pusiera una inyección calmante en la planta del pie izquierdo. Desde la tercera ronda me había salido una ampolla y una hinchazón alrededor de un hueso del metatarso. Tenían que dormirme esa zona, de lo contrario no podía jugar, pues el dolor habría sido excesivo.

Luego volví al vestuario y reanudé mi ritual. Me puse los cascos para escuchar música. Eso es algo que me agudiza la sensación de «fluir», me aísla aún más de mi entorno. Titín me vendó el pie izquierdo. Mientras lo hacía, puse los *grips*, las cintas adhesivas, a las empuñaduras de las raquetas, a las seis con que salgo a la pista. Siempre lo hago. Vienen con una cinta previa de color negro; yo pongo una cinta blanca encima de la negra, le doy vueltas y más vueltas en sentido diagonal. No necesito pensar en lo que hago, simplemente lo hago. Como si estuviera en trance.

Luego me tiendo en la camilla de masaje y Titín me pone un par de vendas en las piernas, por debajo de las rodillas. Ahí también me duele y las vendas impiden las irritaciones y calman el dolor si aparece.

Hacer deporte es saludable para las personas normales, pero el deporte a nivel profesional no es bueno para la salud. Hace que tu cuerpo alcance límites para los que los seres humanos no están, de forma natural, preparados. Ese es el motivo por el que casi todos los grandes deportistas profesionales sufren lesiones, que en ocasiones acaban con su carrera. En mi trayectoria hubo un momento en que me pregunté seriamente si iba a ser capaz de seguir compitiendo al máximo nivel. La mayor parte del tiempo siento dolor cuando juego, pero creo que eso le ocurre a todos los que se dedican a los deportes de élite. A todos menos a Federer. Yo he tenido que esforzarme para acostumbrarme al dolor, para soportar la tensión muscular de carácter repetitivo que impone el tenis, pero él parece haber nacido para jugar al tenis. Su anatomía y su fisiología —su ADN— parecen estar totalmente adaptadas al deporte, lo vuelven inmune a las lesiones que los demás mortales estamos condenados a padecer. Me han contado que no entrena con la misma dureza que yo. No sé si será cierto, pero no me extrañaría. También en otros deportes se dan otros benditos fenómenos de la naturaleza. Al resto de los mortales nos toca aprender a vivir con dolor y a estar alejados del deporte durante largas temporadas, porque un pie, un hombro o una pierna han lanzado un grito de alarma al cerebro, exigiéndole que pare. Por eso es necesario que me venden tanto antes de un partido; y por eso es también una parte tan importante de mis preparativos.

Cuando Titín acaba con mis rodillas, me levanto, me visto, me acerco al lavabo y me mojo el pelo con agua. Luego me pongo el pañuelo en la frente. Es otro movimiento que no requiere ninguna clase de reflexión, pero que realizo despacio y con cuidado, hasta que me lo ato detrás de la cabeza con fuerza, lentamente. Hay una finalidad práctica en esto: impedir que el pelo me caiga sobre los ojos. Pero además es otro momento del ritual, otro momento de inflexión decisivo, como la ducha fría, para que se agudice mi conciencia de que pronto me lanzaré a la batalla.

Ya casi era la hora de salir a la pista. La adrenalina que había estado segregando todo el día inundaba mi sistema nervioso. Respiraba con fuerza, para liberar energía, aunque aún tenía que permanecer inmóvil otro rato mientras Titín me vendaba los dedos de la mano izquierda, la mano con la que juego; sus movimientos eran tan mecánicos y silenciosos como los míos cuando refuerzo la empuñadura de las raquetas. No hay nada estético en esto. Sin las vendas, la piel de los dedos se me cortaría y desgarraría durante el juego.

Me puse de pie y realicé una serie de ejercicios violentos para activar mi explosividad, como dice Titín. Toni estaba mirándome, sin hablar apenas. No sé si también Federer me miraba. Sólo sé que antes de un partido no está tan atareado como yo en el vestuario. Yo saltaba, corría *sprints* de un extremo a otro del reducido espacio, de no más de seis metros. Me detenía en seco, giraba la cabeza y las muñecas, hacía torsiones con los hombros, me agachaba, flexionaba las rodillas. Luego más saltos, más *minisprints*, como si estuviera solo, en el gimnasio de mi casa. Siempre con los cascos puestos, con la música bombardeándome la cabeza. Me fui a hacer pis. (Poco antes de un partido hago pis muchas veces, son reacciones nerviosas, a veces cinco o seis en esa hora final.) Cuando volví me puse a girar los brazos en sentido vertical, para adelante y para atrás, con fuerza.

Toni me hizo una señal y me quité los cascos. Dijo que se había producido un retraso por culpa de la lluvia, pero que pensaban que no serían más de quince minutos. No me inmuté. Estaba preparado para aquello. La lluvia afectaría a Federer igual que a mí. No rompería el equilibrio. Me senté y comprobé las raquetas, su peso, su estabilidad; me subí los calcetines, procurando que los dos estuvieran a la misma altura de la pierna. Toni se acercó a mí.

«No pierdas de vista el plan de juego —me recordó—. Haz lo que tienes que hacer.»

Yo escuchaba y no escuchaba. En esos momentos sé lo que tengo que hacer. Mi concentración es buena. Mi aguante también. Aguantar: he ahí la clave. Aguantar físicamente, no rendirme en ningún momento, afrontar todo lo que me salga al paso, no permitir que lo bueno ni lo malo —ni los golpes maestros ni los golpes flojos, ni la buena ni la mala suerte— me desvíen de mi camino. Tengo que estar centrado, sin distracciones, hacer lo que tengo que hacer en cada momento. Si tengo que golpear la pelota veinte veces al revés de Federer, lo haré veinte veces, no diecinueve. Si para encontrar la ocasión propicia tengo que prolongar el peloteo a diez golpes, a doce o a quince, lo prolongaré. Hay momentos en que aparece la ocasión de conectar una derecha ganadora, pero tienes el 70 por ciento de probabilidades de que salga bien; esperas otros cinco golpes y entonces las probabilidades aumentan al 85 por ciento. Hay que estar alerta, ser paciente, no precipitarse.

Si subo a la red es para lanzársela a su revés, no a su derecha, que es su golpe más fuerte. Pierdes la concentración, por ejemplo, cuando vas a la red para enviársela a su derecha o cuando en un servicio olvidas que tienes que sacar buscando el revés del rival —siempre para forzar su revés—, o cuando vas en busca del golpe ganador cuando no toca. Estar concentrado significa hacer en todo momento lo que sabes que tienes que hacer, no cambiar nunca tu plan, a menos que las circunstancias del peloteo o del juego cambien de un modo tan excepcional que justifiquen la aparición de una sorpresa. Pero en términos generales significa disciplina, significa contenerte cuando surge la tentación de jugártela. Luchar contra esa tentación significa tener la impaciencia o la frustración bajo control.

Aun en el caso de que parezca que hay una oportunidad para presionar y hacerte con la iniciativa, hay que darle a la bola buscando el revés del contrario, porque a la larga, en el curso de todo el juego, es lo más prudente y lo que da mejores resultados. Ese es el plan. No es complicado. Ni siquiera puede llamarse táctica porque es muy sencillo. Yo he de jugar al golpe que me resulte más fácil y el otro, al que más le cueste, o sea, mi golpe de derecha con la zurda contra su revés. Es cuestión de ceñirse a eso. Hay que presionar a Federer sin pausa para que devuelva de revés, obligarlo a que juegue bolas altas, lanzarle la bola a la altura del cuello, someterlo a constante pre-

29

sión, agotarlo. Abrir grietas en su juego y en su moral. Contrariarlo, empujarlo a la desesperación, si puedes. Y cuando le pega bien a la bola, lo que es muy probable que suceda, puesto que no puedes estar poniéndolo en problemas todo el tiempo, neutraliza cualquier intento suyo de golpe ganador, devuélvele la bola en profundidad, hazle sentir que tiene que ganar el punto dos, tres, cuatro veces para conseguir el 15-0.

En esto es en lo único que pensaba, en el caso de que pensara en algo mientras estaba allí sentado, jugando nerviosamente con las raquetas, estirándome los calcetines, ajustándome las vendas de los dedos, con la cabeza llena de música, en espera de que escampara. Hasta que vino un señor vestido con *blazer* y nos dijo que ya era la hora. Me puse en pie de un salto, sacudí los hombros, giré la cabeza a un lado y a otro, e hice otro par de carrerillas por el vestuario.

Se suponía que ahora tenía que entregar mi bolsa a un asistente de pista para que me la llevara a la silla. Forma parte del protocolo de Wimbledon el Día de la Final. No se hace en ningún otro sitio y no me gusta, rompe con mi rutina. Le tendí la bolsa, pero me quedé una raqueta. Salí del vestuario el primero, apretando la raqueta con fuerza, pasé por pasillos decorados con fotos de los campeones de torneos anteriores y con trofeos expuestos en vitrinas, bajé unos peldaños, doblé a la izquierda y salí al aire fresco del julio inglés y al verde mágico de la Centre Court.

Me senté, me quité la chaqueta del chándal y tomé un sorbo de agua de una botella. Luego, otro de otra botella.

Repito siempre estos movimientos antes de que dé comienzo el partido y en cada descanso entre juego y juego, hasta que el encuentro finaliza. Un sorbo de una botella, otro sorbo de otra. Luego dejo las dos botellas a mis pies, delante de la silla, a mi izquierda, una detrás de la otra, en sentido oblicuo al lateral de la pista. Algunos lo llamarían superstición, pero no lo es. Si fuera superstición, ¿cómo se explica que haga siempre exactamente lo mismo, gane o pierda? Es una forma de situarme yo en el partido, de poner orden en mi entorno para que se corresponda con el orden que busco en mi cabeza.

Federer y el juez de silla estaban al pie de la silla del juez, esperando para el lanzamiento de la moneda. Me levanté de un salto, me acerqué a la red y me quedé en el lado opuesto al de Federer. Me puse a saltar. Federer estaba quieto, siempre relajado, mucho más que yo, al menos en apariencia.

La última parte del ritual, tan importante como los preparativos anteriores, consistía en recorrer con la vista las gradas del estadio y buscar a los miembros de mi familia entre el gentío que atestaba la pista central, para situarlos en las coordenadas que yo había trazado en mi cabeza. En la otra punta del graderío, a mi izquierda, estaban mi padre, mi madre y mi tío Toni; detrás de mi hombro derecho, en diagonal con los primeros, se encontraban mi hermana, tres abuelos, mi padrino y mi madrina, que son también tíos míos, y otro tío. No dejo que interfieran en mis pensamientos durante un partido —ni siquiera me permito sonreír durante el juego—, pero saber que están allí, como siempre, me proporciona la paz en que se apoya mi éxito como jugador. Cuando juego levanto una muralla a mi alrededor, pero mi familia es el cemento que consolida la muralla.

También busco entre el gentío a los miembros de mi equipo, a los profesionales que empleo, grandes amigos todos. Al lado de mis padres y de Toni estaba Carlos Costa, mi agente; Benito Pérez-Barbadillo, mi jefe de prensa; Jordi Robert, a quien llamo «Tuts», que es quien gestiona mis contratos con Nike; y Titín, que es como un hermano para mí y quien más me conoce. También veía, mentalmente al menos, a mi abuelo paterno y a mi novia María Francisca —a quien llamo Mary aunque su nombre lo pronuncio "Meri"—, que me estarían viendo por la televisión allá en Manacor, y a otros dos miembros del equipo que tampoco estaban presentes, pero que no por eso eran menos responsables de mis triunfos: Francis Roig, mi segundo entrenador, un conocedor del tenis tan astuto como Toni pero más relajado, y mi brillante preparador físico Joan Forcades, que, al igual que Titín, trabaja mi mente tanto como mi cuerpo.

La familia inmediata, la familia extensa y el equipo profesional (que también es mi familia) forman tres círculos concéntricos alrededor de mí. No sólo me arropan y protegen del peligroso bullicio que distrae y que siempre viene con el dinero y la fama; entre todos crean el entorno de afecto y confianza que necesito para que florezca mi talento. Cada uno complementa a los demás y todos desempeñan un papel fundamental a la hora de fortalecer mis puntos débiles y de hacer que supere mis puntos fuertes. Imaginar que hubiera podido tener tanta suerte y tanto éxito sin ellos me resulta imposible.

Se lanzó la moneda y ganó Federer. Eligió sacar. No me importó. Me gusta que mi rival saque al comienzo del partido. Si estoy bien de cabeza, si a él le asaltan los nervios, sé que tengo una buena oportunidad de romperle el servicio. Me crezco con la presión. No me hundo; me vuelvo más fuerte. Cuanto más cerca estoy del precipicio, más exaltado me siento. Naturalmente, me pongo nervioso y, por supuesto, la adrenalina fluye y la sangre me corre a tanta velocidad que la siento desde las sienes hasta los dedos de los pies. Es un estado extremo de alerta física, aunque controlable. Y lo controlé. La adrenalina derrotó a los nervios. Mis piernas no cedieron. Las sentía fuertes, dispuestas a correr todo el día. Echaba humo. Estaba encerrado en mi solitario mundo, pero jamás me había sentido más vivo.

Ocupamos nuestros puestos en la línea de fondo de la pista y empezamos a calentar. Nuevamente el retumbante silencio: *clac... clac; clac... clac.* En algún rincón de mi mente noté, no por primera vez, la fluidez y agilidad de los movimientos de Roger; su naturalidad. Yo soy más bien un luchador. Soy más defensivo, más recuperador, siempre voy a tope. Sé que esa es mi imagen. Me he visto de sobra en los vídeos. Y es un reflejo fiel de cómo he jugado la mayor parte de mi carrera, sobre todo cuando me he enfrentado con Federer. Pero seguía teniendo buenas sensaciones. Mis preparativos habían funcionado. Las emociones que suelen atacarme y que me habrían dominado si no hubiera llevado a cabo el ritual, si no me hubiera mentalizado ya por sistema para tener a raya el miedo que generalmente produce la Centre Court, estaban bajo control, aunque no habían desaparecido por completo. La muralla que había levantado a mi alrededor conservaba su solidez y su altura. Había conseguido el equilibrio justo entre la tensión y el dominio, entre el nerviosismo y la convicción de que podía ganar. Golpeaba las bolas con fuerza y puntería: los rebotes, las voleas, los remates y los saques con que cerramos la sesión de peloteo previo a que comenzase la verdadera batalla. Volví a mi silla, me sequé los brazos, la cara, di un par de sorbos más a las dos botellas de agua. Me vino al recuerdo una imagen de la final del año anterior, de aquel mismo momento, antes de que comenzase el partido. Me dije una vez más que estaba preparado para afrontar cualquier problema que se presentara y para resolverlo. Porque ganar este partido era el sueño de mi vida, nunca había estado tan cerca de realizarlo y podía ocurrir que no volviera a tener esa oportunidad. Podía fallarme cualquier otra cosa, la rodilla o el pie, el revés o el saque, pero la cabeza no. Puede que sintiera miedo, que en algún momento me pudieran los nervios, pero, a la larga, la cabeza no iba a traicionarme esta vez.

«CLARK KENT Y SUPERMAN»

El Rafa Nadal que el mundo vio salir al césped de la Centre Court para disputar la final de Wimbledon de 2008 era un guerrero de mirada encendida por el instinto letal, que empuñaba la raqueta como un vikingo empuñaría el hacha. Una ojeada a Federer ponía de manifiesto la abismal diferencia de estilos entre uno y otro: el más joven iba con una camiseta sin mangas y pantalón pirata, mientras que el mayor llevaba una chaqueta de punto color crema con un estampado dorado y un clásico polo Fred Perry; uno interpretaba el papel del David que contra Goliat pelea con astucia, uñas y dientes; el otro, el de un caballero a quien le sale todo con facilidad, sin despeinarse, desenfadadamente superior.

Si Nadal, con sus protuberantes bíceps surcados de venas, parecía el vivo retrato de la fuerza bruta de la naturaleza, Federer, espigado y ágil a sus 27 años, desprendía pura elegancia natural. Si Nadal, que acababa de cumplir los 22, era el implacable *killer*, Federer era el aristócrata que se paseaba por la pista saludando a las multitudes como si fuese el dueño de Wimbledon, como si estuviera dando la bienvenida a los invitados a una fiesta en su jardín privado.

El comportamiento de Federer, casi distraído durante el calentamiento previo al partido, a duras penas permitía entrever que aquello iba a ser un duelo de titanes; la tempestuosa imagen de Nadal era una agresiva caricatura de los héroes de acción de los videojuegos. Nadal endosa derechas como si disparase un fusil. Amartilla el arma imaginaria, mira a su víctima entornando los ojos y aprieta el gatillo. En el caso de Federer —cuyo nombre significa «vendedor de plumas» en alemán antiguo— no hay impresión de pausa, no hay mecanismos a la vista. Todo en él es fluidez natural. Nadal (que significa «Navidad» en catalán, una palabra con connotaciones más exuberantes que «vendedor de plumas») era el superatleta, el deportista automusculado de la era moderna; Federer pertenecía a un modelo que habría podido verse perfectamente en los años veinte, cuando el tenis era un pasatiempo de la clase alta, un animado ejercicio que cultivaban los jóvenes ricos después del té de la tarde.

Esto es lo que el mundo vio. Lo que Federer vio fue un joven aspirante que le enseñaba los dientes y amenazaba con destronarlo y expulsarlo de su reino tenístico, con impedir que batiera una marca consiguiendo su sexta victoria consecutiva en Wimbledon, y con desplazarlo de la posición de número uno mundial que ostentaba desde hacía cuatro años. El efecto que causó Nadal en Federer en el vestuario, antes del comienzo del partido, debió de ser de intimidación; si no fue así es que, como dijo Francis Roig, segundo preparador de Nadal, «Federer era de piedra».

«El momento en que se levanta de la camilla de masaje, cuando Maymó ha terminado de vendarle, es el que asusta a sus rivales —dice Roig, que ha sido también profesional del tenis—. Él solo hecho de ponerse el pañuelo en la frente resulta inquietante; sus ojos miran al infinito y no parecen ver nada de cuanto le rodea. De pronto, respira profundamente y vuelve a la vida, se pone a flexionar las piernas y, como si no se enterase de que tiene a su rival sólo a unos pasos de él, empieza a gritar: "¡Vamos! ¡Vamos!" Hay algo animal en eso. Puede que el otro jugador esté sumido en sus pensamientos, pero creo que es imposible que no le lance una cautelosa mirada de reojo; lo he visto muchas veces. Y seguro que piensa: "¡Madre mía! Este es Nadal, el que pelea por cada punto como si fuera el último. Hoy voy a tener que jugar al límite de mis posibilidades, va a ser el día más duro de mi vida. Y no para ganar, sino simplemente para tener la oportunidad de hacerlo".»

Esa actuación es aún más espectacular, según Roig, a causa de la brecha que separa al Nadal deportista, «que tiene ese algo que tienen los auténticos campeones», del Nadal ciudadano particular.

«Eres consciente de que parte de él es presa de los nervios y que, en la vida cotidiana, es un chico muy normal, simpático y siempre amable, que en según qué momentos se muestra inseguro y lleno de ansiedades. Pero luego lo ves allí, en el vestuario, y de pronto se transforma ante tus ojos en un conquistador.»

El Rafael que su familia vio salir a la pista central no era ni un conquistador, ni un gladiador, hacha en mano. Todos sentían miedo por él. Sabían que era brillante y valiente y, aunque nunca habrían dejado que lo notara, le tenían un cierto temor reverencial; pero lo que veían en aquellos momentos, con el partido a punto de comenzar, era algo mucho más humano y más frágil.

Rafael Maymó es la sombra de Nadal, la persona con quien Nadal pasa más tiempo, su compañero más íntimo en el circuito agotador del tenis mundial. Menudo y ordenado, sobrepasado en estatura por el metro ochenta y cinco de su amigo y jefe, Maymó, a sus treinta y tres años, es paisano de Nadal, también de Manacor. Es discreto, sagaz y sereno, y, desde que empezó a trabajar como fisioterapeuta de Nadal, en septiembre de 2006, los dos han establecido una relación que es prácticamente telepática. Apenas necesitan hablar para comunicarse, aunque Maymó —o Titín, como Nadal lo llama afectuosamente,— ha aprendido a diferenciar entre cuándo ha de de hablar y cuándo ha de escuchar. Su papel no es muy diferente del que realiza el mozo de cuadra con un purasangre de carreras. Masajea los músculos de Nadal, le venda las articulaciones, calma su temperamento eléctrico. Maymó es el hombre que susurra al caballo Nadal.

Maymó atiende a sus necesidades, tanto psicológicas como físicas, pero conoce sus limitaciones y se da cuenta de que éstas terminan donde empieza la familia, la columna que sostiene a Nadal como persona y como deportista.

«Nunca se insistirá lo suficiente en la importancia que tiene la familia en su vida —dice Maymó—, ni en lo unidos que están todos. Cada triunfo de Rafa es indiscutiblemente un triunfo de toda la familia. Los padres, la hermana, los tíos, la tía, los abuelos. Saborean las victorias de Rafa y sufren por sus derrotas. Son como una parte de su cuerpo, como una extensión del brazo de Rafa.»

Muchas veces están presentes en los partidos de Nadal, porque entienden, explica Maymó, que éste no funciona al cien por cien de sus posibilidades si no están ellos allí. «No es una obligación. Necesitan estar presentes. No es una cuestión de elegir entre ir o no ir, aunque también saben que las posibilidades de triunfo de Rafa aumentan cuando mira a la multitud antes de un encuentro y los ve allí. Por eso, cuando consigue una victoria importante, su primer impulso es correr a las gradas para abrazarlos; y si algunos se han quedado en casa para verlo por televisión, lo primero que hace cuando vuelve al vestuario es llamarlos por teléfono.»

Su padre, Sebastián Nadal, experimentó el ataque de nervios más devastador de su vida en la Centre Court el día de la final de Wimbledon del año 2008. Al igual que al resto de la familia, le atormentaba el recuerdo de lo ocurrido en la final de 2007, también contra Federer. Todos sabían cómo había reaccionado Rafael después de perder el quinto set. Sebastián había descrito a los demás lo que había visto en el vestuario de Wimbledon: a Rafael sentado en el suelo de la ducha durante media hora, con el agua que caía sobre su cabeza mientras se mezclaba con las lágrimas que corrían por sus mejillas.

«Tenía mucho miedo de que sufriera otra derrota, no por mí, sino por él —dijo Sebastián, un hombre corpulento que en la vida cotidiana es un empresario tranquilo y seguro—. Me acordaba de haberlo visto entonces destrozado, totalmente hundido; tenía metida en la cabeza la imagen de aquella final de 2007 y no quería verlo así otra vez. Y me dije: ¿qué haremos si pierde, qué podría hacer yo para que le resultara menos traumático? Era el partido de su vida, el día más importante para él. Lo pasé fatal. Nunca he sufrido tanto.»

Aquel día, las personas más cercanas a Nadal compartieron el sufrimiento de su padre, vieron el núcleo sensible y vulnerable que se escondía bajo el duro caparazón del guerrero.

A Maribel, la hermana de Nadal, una universitaria delgada, alegre, cinco años más joven, le divierte el abismo que hay entre la imagen pública de su hermano y la que tiene ella. Un hermano mayor inusualmente protector que la llama o le manda SMS diez veces al día, esté en la parte del mundo en que esté y que, según ella, se inquieta ante la menor insinuación de que pueda estar enferma.

«Una vez que él estaba en Australia, el médico me dijo que me hiciera unos análisis, por nada serio, pero fue lo único que no quise mencionarle en todos los mensajes que cambié con él. Le habría dado un ataque y habría puesto en peligro su juego» —confiesa Maribel, que está muy orgullosa de las hazañas de su hermano, pero que no se oculta a sí misma «la verdad», una verdad que ella expresa con afecto y humor: que Rafael es «un poco miedica».

Ana María Parera, la madre, no la contradice.

«Está en lo más alto del tenis mundial, pero en el fondo es un ser humano supersensible, lleno de temores e inseguridades que la gente que no lo conoce ni se imaginaría —comenta—. No le gusta la oscuridad, por ejemplo, y prefiere dormir con la luz o la tele encendidas. Tampoco le gustan los rayos ni los truenos. Cuando era pequeño y había tormenta, se tapaba con un cojín, e incluso en la actualidad, si hay que salir a la calle a buscar algo y hay tormenta, no deja que salgas. ¿Y las manías que tiene para comer? No soporta el queso ni el tomate, ni el jamón, que es lo más español que hay. A mí tampoco me enloquece tanto el jamón como a otras personas, pero ¿el queso? Es un poco raro.»

Quisquilloso con la comida, también lo es cuando se trata de conducir un coche. A Nadal le encanta conducir, pero más quizá que los coches de verdad, los del mundo ficticio de su PlayStation, compañera inseparable cuando está de gira.

«Es un conductor prudente —asegura la madre—. Acelera y frena, acelera y frena, y tiene mucho cuidado a la hora de adelantar, por mucho que corra su coche.»

Su hermana Maribel es más categórica que su madre. Dice que Rafael «conduce fatal». Y también le hace mucha gracia que, aunque sea un enamorado del mar, le tenga miedo.

«Siempre está hablando de comprarse un barco. Le encanta pescar y las motos acuáticas, aunque no se sube a una moto y no se baña si no ve la arena del fondo.»

Pero todas estas debilidades son minucias comparadas con su temor más persistente: que le ocurra algo malo a su familia. No es sólo que sienta pánico ante la menor insinuación de que cualquier pariente esté enfermo: es que está continuamente preocupado por la posibilidad de que sufran un accidente.

«Me gusta encender el fuego de la chimenea casi todas las noches de invierno —cuenta la madre, en cuya casa frente al mar, grande y moderna, sigue viviendo Nadal, en un ala con dormitorio, sala de estar y cuarto de baño propio—. Si sale, me recuerda que he de apagar el fuego antes de irme a dormir. Y luego me llama tres veces desde el restaurante o bar en que esté para comprobar que me he acordado. Si me voy en coche a Palma, que está a una hora de aquí, siempre me ruega que conduzca despacio y con cuidado.»

Ana María, una matriarca mediterránea prudente y fuerte, nunca deja de asombrarse de la incongruencia de que su hijo sea todo un valiente en la pista de tenis y un muchacho asustadizo fuera de ella.

«A primera vista, es muy sencillo, y también muy buena persona, pero es muy contradictorio. Aunque lo conozcas a fondo, ves que tiene cosas que no acaban de cuadrar.»

Por eso tiene que armarse de valor cuando prepara un partido importante, por eso hace lo que hace en el vestuario, propiciar el cambio de personalidad, reprimir los miedos y nervios del momento para liberar al gladiador que lleva dentro.

Para la multitud anónima, el hombre que salió a la Centre Court para disputar la final de Wimbledon 2008 era Superman; para sus íntimos era también Clark Kent. Los dos eran igual de reales; incluso podría decirse que el uno dependía del otro. Benito Pérez-Barbadillo, su jefe de prensa desde diciembre de 2006, está tan convencido de que sus inseguridades son el combustible que alimenta su fuego competitivo como de que su familia le da el afecto y apoyo que necesita para tenerlas controladas. Pérez-Barbadillo llevaba diez años trabajando en el mundo del tenis, como funcionario de la Asociación de Tenistas Profesionales, hasta que pasó a ser jefe de prensa de Nadal, y ha conocido, en algunos casos muy bien, a casi todos los jugadores más destacados durante ese período. Según él, Nadal es diferente de los demás, como jugador y como persona.

«Esa fuerza mental, esa confianza y ese espíritu guerrero tan excepcionales que tiene son la otra cara de la inseguridad que lo impulsa», afirma. Todos sus temores a la oscuridad, a las tormentas, al mar, a la posibilidad de que una catástrofe perturbe su vida familiar, se deben a una necesidad imperiosa. «Rafael es una persona que necesita controlarlo todo —añade Pérez—, pero como eso es imposible, invierte toda su energía en controlar la parte de su vida que mejor puede dominar: la de Rafa el tenista.»

CAPÍTULO 2

EL DÚO DINÁMICO

El primer punto siempre es importante y más en una final de Wimbledon. Me sentía bien, había tenido buenas sensaciones toda la mañana; ahora tenía que probarme a mí mismo en la pista. El primer servicio de Federer, muy abierto hacia mi revés, fue bueno. Resté con un zarpazo mejor de lo que él esperaba, con un tiro en profundidad. Estaba preparado para avanzar después del saque, aprovechando el impulso hacia delante que imprime el cuerpo para dar más fuerza al golpe, pero mi resto le cogió a contrapié y le obligó a retroceder un par de pasos para responder con una derecha incómoda, alta, apoyado sobre el pie de más atrás, confiando únicamente al brazo toda la fuerza del golpe. Mi devolución fue mejor de lo que sería razonable esperar después de un difícil saque en profundidad, así que no tuvo más remedio que resituarse.

Romper ese ritmo suyo tan desenvuelto, obligarlo a ir al límite: eso es lo que tengo que hacer cuando juego con Federer, siempre. Es lo que Toni me había dicho cuando me enfrenté a él por primera vez en Miami, cinco años antes.

«No lo derrotarás con el talento ni con tus golpes brillantes. Siempre tendrá más facultades que tú para sacar un golpe ganador de la nada. Lo que tienes que hacer es presionarlo todo el tiempo, forzarlo a jugar al límite de su capacidad.»

Aunque gané aquel primer partido que jugamos en Miami, 6-3, 6-3, Toni estaba en lo cierto. Su saque era mejor que el mío, sus voleas también; en cuanto a sus derechas, probablemente eran más determinantes que las mías; no podía competir con sus reveses cortados y su posición en la pista también era mejor. Aquello sin duda explicaba que él hubiera sido número uno mundial durante los cinco años anteriores y que yo hubiera sido el número dos durante cuatro. Además, Federer había ganado en Wimbledon los últimos cinco años seguidos. Prácticamente era el amo del lugar. Yo sabía que si quería ganar, tenía que derrotarlo mentalmente. La estrategia que había que utilizar con Federer era no darle respiro, tratar de presionarle desde el primer punto hasta el último.

Federer devolvió bien mi primer e inesperado resto, a mi revés, y yo intenté un golpe que forzara asimismo el suyo —aplicando así mi plan de juego ya desde el principio—, pero cambió de posición y se preparó para replicar con una derecha. En cualquier caso, yo tenía ahora la iniciativa, me encontraba en el centro de la pista, él tenía que enviarme una bola abierta hacia afuera. Lanzó una derecha contra mi revés, pero no dio profundidad a la bola, lo que me permitió enviarle un golpe paralelo, con lo cual se quedó sin posibilidad de encajarme otro revés y se vio obligado a responder con un tiro cruzado hacia mi derecha. Entonces vi la posibilidad de dejarlo clavado con un golpe ganador. Como esperaba que yo le devolviese la bola a su revés, metí un trallazo hacia la esquina de su derecha. La bola pegó justo dentro de la línea y rebotó, alta y abierta, fuera de su alcance.

Un primer punto como ese te da confianza. Te sientes en sintonía con la superficie, sabes que controlas la bola y que no es ella la que te controla a ti. En aquel punto mantuve total control sobre la bola en cada uno de los siete golpes que le di. Estas cosas te dan tranquilidad. Los nervios trabajan a favor de uno, no en contra. Es lo que se necesita al comienzo de una final en Wimbledon.

Algo curioso que me pasa en Wimbledon, a pesar de la majestuosidad del lugar y del peso de las expectativas que genera, es que es el único torneo en el que puedo recrear la sensación de calma de la que disfruto en casa. En vez de instalarme en la suite de un gran hotel —algunos de los lugares en que me alojan me hacen reír, ya que llegan a ser innecesariamente lujosos—, vivo en una casa de alquiler que se encuentra enfrente del All England Club. Una casa normal, nada demasiado elegante, pero lo suficientemente grande —tres plantas— para que mi familia, mi equipo y mis amistades se alojen o vengan a cenar. Este detalle hace que en este torneo tenga una sensación distinta que en los demás. En vez de estar aislados en habitaciones de hotel, aquí tenemos un espacio que todos podemos compartir; en vez de tener que conducir entre el tráfico para ir a las pistas en coches oficiales, aquí basta un breve paseo de dos minutos y ya estamos en el terreno de juego. Estar en una casa significa, además, que compramos comida y cocinamos nosotros. Cuando puedo, voy al supermercado local a comprar unas cuantas cosas de las que abuso, como la crema de chocolate Nutella, las patatas fritas de bolsa y las aceitunas. No soy un modelo de alimentación sana, no al menos para ser un deportista profesional. Como lo mismo que la gente corriente. Si algo me gusta, me lo llevo a la boca. Me enloquecen las aceitunas. En sí mismas vienen bien, no como la crema de chocolate o las patatas, pero mi problema es la cantidad que consumo. Mi madre me recuerda a menudo un día en que, siendo pequeño, me escondí en la despensa y devoré un enorme frasco entero de aceitunas, tantas que vomité y estuve enfermo durante días. La experiencia podría haber cambiado mi actitud hacia las aceitunas, pero no lo consiguió, ni lo conseguirá. Las aceitunas son mi antojo y no me hace feliz estar en un lugar donde no sean fáciles de encontrar.

En Wimbledon las encontraba, pero debía tener cuidado con la hora a la que iba a comprarlas. Si acudía cuando el supermercado estaba lleno, corría peligro de que me abordara el gentío pidiéndome autógrafos. Es un gaje del oficio que acepto y me esfuerzo por tomar con buen humor. No sé decir «no» a las personas que me piden una firma, ni siquiera a esos maleducados que me ponen delante un papel y que ni siquiera dicen «por favor». También a ellos se la doy, pero sin sonrisas añadidas. Así que ir de compras en Wimbledon, aunque es una agradable distracción de la tensión del torneo, tiene sus inconvenientes. El único sitio donde puedo ir de compras con tranquilidad, donde puedo hacer cualquier cosa como una persona normal, es Manacor, mi ciudad natal.

La única semejanza, algo tranquilizador, entre Wimbledon y Manacor es esa casa en la que estamos todos y la escasa distancia que hay hasta las pistas, cosa que me recuerda los momentos en que empecé a jugar al tenis, cuando tenía cuatro años. Vivíamos entonces en un piso que quedaba enfrente del club de tenis de la ciudad y sólo tenía que cruzar la calle para entrenar con mi tío Toni, el entrenador del centro.

El club era lo que podría esperarse en una ciudad de apenas 40.000 habitantes. De tamaño medio, lo que más destacaba era un restaurante grande cuya terraza daba a las pistas, todas de tierra batida. Un día me integré en un grupo de media docena de chavales a los que entrenaba Toni y me gustó desde el principio. Yo por entonces estaba loco por el fútbol, jugaba en la calle con los amigos en todos los ratos libres que me dejaban mis padres, y me divertía con cualquier deporte en el que hubiera una pelota de por medio. Pero lo que más me gustaba entonces era el fútbol. Me gustaba formar parte de un equipo. Dice Toni que al principio me aburría con el tenis. Pero estar en un grupo era un aliciente y eso es lo que posibilitó todo lo que vino después. Si hubiéramos estado mi tío y yo solos, me habría resultado asfixiante. Pero hasta que no cumplí trece años, cuando me di cuenta de que lo mío era el tenis, no empezó a entrenarme sólo a mí.

Toni fue inflexible conmigo desde el principio, más que con los demás chicos. Me exigía mucho, me presionaba. Utilizaba un lenguaje duro, me gritaba, incluso me asustaba, sobre todo cuando los otros chicos no se presentaban. Si cuando llegaba para entrenar veía que íbamos a estar solos, sentía una tensión en el estómago. Miguel Ángel Munar, que sigue siendo un excelente amigo, acudía dos o tres veces a la semana, pero yo iba cuatro o cinco. Jugábamos cuando salíamos de la escuela para comer, entre la una y cuarto y las dos y media. A veces también después de clase, cuando no tenía que jugar a fútbol. Miguel Ángel me recuerda a veces que Toni, cuando me veía distraído, me lanzaba la bola con fuerza, no para darme, sino para asustarme, para que me fijase en el juego. Como dice Miguel Ángel, a esa edad todos nos quedábamos mirando a las musarañas, pero a mí era al que menos se lo permitían. También era yo el que tenía que ir siempre a recoger las pelotas al final del entrenamiento, o al menos a recoger más pelotas que los otros; y era yo quien barría las pistas al terminar la jornada. Quien pensara que mi tío iba a tener favoritismos conmigo se equivocaba. Era más bien al contrario. Miguel Ángel dice que me discriminaba sin rodeos, porque con los demás chicos no podía ser totalmente implacable, pero conmigo sí, dado que era su sobrino.

Por otro lado, siempre me animó a pensar por mí mismo en la pista. Se ha repetido en los medios de comunicación, sin ningún fundamento, que me obligó a jugar con la mano izquierda para convertirme en un rival más difícil. Pues bien, eso no es cierto. Es una historia inventada por los periódicos. La verdad es que empecé a jugar cuando era muy pequeño y como no tenía fuerza suficiente para enviar la pelota por encima de la red, empuñaba la raqueta con las dos manos, tanto para una derecha como para un revés. Pero un día mi tío me dijo:

«Ningún jugador profesional juega con las dos manos y no vamos a ser los primeros, de modo que vas a tener que cambiar.»

Eso hice, y lo que me salió de manera natural fue jugar con la mano izquierda. Por qué, no sabría decirlo. Escribo con la derecha, y cuando juego a baloncesto o a golf, o a los dardos, también soy diestro. Pero juego al fútbol con la pierna izquierda. La gente dice que eso me da ventaja sobre el revés con ambas manos y puede que tenga razón. El hecho de sentir más y tener más control en ambas manos que la mayoría de jugadores tiene que ir a mi favor, sobre todo en los tiros cruzados, en los que se necesita más fuerza. Pero no fue algo que se le ocurriera a Toni en un momento de inspiración. Es absurdo imaginar que quisiera obligarme a jugar de un modo que no me saliera de manera natural.

Aunque es cierto que Toni me exigía mucho. Mi madre recuerda que de pequeño a veces volvía del entrenamiento llorando. Me preguntaba el motivo, pero yo prefería callar. Una vez le confesé que Toni tenía la costumbre de llamarme «niño de mamá» y le pedí que no le dijera nada para no empeorar la situación.

Toni no cedió en ningún momento. Cuando empecé a jugar partidos de competición, a los siete años, endureció los entrenamientos. Un día de mucho calor que fui a jugar un partido, llegué sin la botella de agua; me la había olvidado en casa. Toni habría podido ir a comprarme otra, pero no lo hizo. Así, dijo, aprendería a tomar responsabilidad por mis cosas. ¿Por qué no me rebelé? Porque me gustaba el tenis, y me gustó aún más cuando empecé a ganar partidos, y porque era un niño dócil y obediente. Mi madre dice que yo era muy fácil de manipular. Es posible, pero si no me hubiera encantado el tenis, no habría soportado a mi tío. A él también lo quería, sigo queriéndolo y siempre lo querré. Confiaba en él y en el fondo sabía que hacía lo que creía mejor para mí.

Confiaba tanto en él que durante años me creí todo lo que me contaba sobre las hazañas deportivas que decía haber protagonizado: por ejemplo, que había ganado el Tour de Francia o que había sido una estrella de fútbol en Italia. Tan ciegamente creía en él que cuando era pequeño estaba convencido de que tenía poderes mágicos. Durante las reuniones familiares, mi padre y mi abuelo le seguían el juego y fingían delante mío que no podían verlo. Así acabé creyendo que yo podía verlo y otras personas no. Toni incluso llegó a convencerme de que podía hacer que lloviera.

Cuando tenía siete años jugué un partido contra un chico de doce. Nuestras probabilidades de ganar no eran muy altas y Toni me dijo antes del partido que si íbamos 0-5, haría que lloviese para que el encuentro tuviera que ser suspendido.

Desde mi perspectiva infantil de entonces, perdió la fe demasiado pronto, porque se puso a llover cuando yo iba perdiendo 0-3. No obstante, gané los dos juegos siguientes y aquello aumentó mi confianza en mis probabilidades. Cuando hicimos el cambio de lado, con 2-3 en el marcador, me acerqué a mi tío y le dije:

«Haz que pare la lluvia. Creo que puedo ganar a este chico.»

La lluvia paró dos juegos más tarde y al final perdí 7-5. Pero aún tendrían que transcurrir dos años para que dejase de creer que mi tío era un hacedor de lluvias.

Así pues, había magia y diversión en mi relación con Toni, aunque cuando entrenábamos el tono dominante era la seriedad y la severidad. Y nos dio un excelente resultado. Si no me hubiera dejado sin agua aquel día, si no me hubiera tratado con especial rigor cuando estaba aprendiendo con aquel grupo de niños, si no hubiera llorado cuando creía que era injusto conmigo y que me maltrataba, es posible que yo no fuera el tenista que soy en la actualidad. Mi tío siempre hacía hincapié en la importancia de aguantar.

«Aguantar —decía—, aprender a superar la debilidad y el dolor, esforzarte hasta el límite sin derrumbarte nunca. Si no aprendes eso, nunca serás un deportista de élite.»

A menudo tenía que luchar para contener la furia. «¿Por qué he de barrer yo la pista después del entrenamiento y no los demás chicos?», me preguntaba. «¿Por qué tengo que recoger más pelotas que los demás? ¿Por qué me grita de ese modo cuando la bola bota fuera?» Pero también aprendí a interiorizar mi rabia, a no preocuparme por el trato injusto, a aceptarlo y adaptarme a él. Sí, es posible que mi tío exagerase, pero su sistema funcionó muy bien conmigo. Toda la tensión acumulada en cada una de las sesiones de entrenamiento, ya desde el principio, me ha permitido afrontar los momentos difíciles de los partidos con más autodominio del que habría podido tener si mi preparación hubiera sido otra. Toni hizo mucho por forjar este carácter combativo que la gente dice que ve en mí cuando estoy en la pista.

Pero mis valores como persona y mi forma de ser, que en última instancia son los factores que determinan mi juego proceden de mis padres. Es cierto que Toni insiste en que tengo que comportarme como un caballero en la pista, que tengo que dar ejemplo y por muy furioso que esté, no tirar nunca la raqueta al suelo, cosa que no he hecho en toda mi vida. Pero —y ésta es la cuestión— si en casa me hubieran dado una educación diferente, es posible que no le hubiera hecho mucho caso. Mis padres siempre me educaron con disciplina. Eran muy rigurosos con cosas como el comportamiento en la mesa —«No hables con la boca llena», «Siéntate recto»—, o con la importancia de ser educados con los demás: decir «buenos días» o «buenas tardes» al encontrarme con otras personas, dar la mano a todo el mundo. Mi padre y mi madre y, para el caso, también mi tío Toni, siempre me han dicho que, al margen del tenis, su principal objetivo era educarme para que fuese una «buena persona». Mi madre dice que si no lo fuera, si me comportase como un niñato malcriado, me seguiría queriendo, pero se sentiría muy incómoda viajando por medio mundo para verme jugar. Desde muy pequeño me inculcaron la idea de que hay que tratar con respeto a todo el mundo. Cada vez que nuestro equipo de fútbol perdía un encuentro, mi padre quería que me acercara a los jugadores del equipo rival y los felicitara. Que dijera a cada uno cosas como «Bien hecho, campeón. Muy bien jugado». A mí no me hacía gracia. Me sentía fatal cuando perdíamos y en mi cara debía de leerse que no decía aquellas palabras con sinceridad. Pero sabía que tendría problemas si no hacía lo que me indicaba mi padre y en consecuencia obedecía. Acabé por acostumbrarme y ahora me sale con naturalidad el elogiar a un oponente si me ha derrotado, incluso aunque yo haya ganado, si se lo merece.

Pese a toda la disciplina, de pequeño disfruté de una vida familiar llena de felicidad y cariño; quizá por eso haya sido capaz de soportar el rigor con que me ha tratado Toni. Una cosa compensaba la otra, porque mis padres, por encima de todo, me transmitieron una tremenda sensación de seguridad. Sebastián, mi padre, es el mayor de los cinco hijos de mi abuelo y yo fui el primer nieto de éste. Esto significa que desde que nací fui mimado por mis tres tíos y mi tía, que entonces no tenían hijos, y por mis abuelos. Suelen decirme que yo era la mascota de la familia, su «juguete favorito». Mi padre cuenta que cuando yo tenía sólo quince días, él y mi madre me dejaban en casa de mis abuelos, donde seguían viviendo mis tíos y mi tía, para que pasara allí la noche. Cuando tenía unos meses, y luego, cuando tenía dos o tres años, me llevaban al bar donde se reunían con sus amigos, y charlaban, jugaban a las cartas, o al billar, o al tenis de mesa. Estar rodeado de adultos pasó a ser para mí lo más natural del mundo. Tengo recuerdos cálidos e inolvidables de aquellos tiempos. Mi tía Marilén, que es también mi madrina, me llevaba a la playa de Porto Cristo, a diez minutos de Manacor, que está tierra adentro, y allí me recostaba en su estómago y dormitaba al sol. Con mis tíos jugaba al fútbol en el pasillo de casa, o abajo en el garaje. Un tío mío, Miguel Ángel, era futbolista profesional. Jugó en el Mallorca, en el Barcelona y en la selección nacional. Cuando era muy pequeño, me llevaban al campo de fútbol para verlo jugar. A pesar de los sermones que me echaba Toni, no soy uno de esos deportistas cuya vida consiste en superar unos orígenes oscuros mientras ascienden a la cumbre. Yo tuve una infancia de cuento de hadas.

Algo que sí creo tener en común con todos los que han triunfado en el deporte es que soy muy competitivo. De pequeño detestaba perder en lo que fuera. A las cartas, en un partidillo en el garaje, en todo. Si perdía, me daban ataques de ira. Hace tan sólo un par de años perdí jugando a las cartas con mi familia y llegué al extremo de acusar a los demás de hacer trampas, cosa que ahora me parece excesiva. No sé de dónde me viene ese rasgo. Quizá de ver a mis tíos cuando jugaban al billar con los amigos. Pero hasta ellos se asombraban cuando, a pesar de mi carácter apacible, me ponía hecho una furia cada vez que había un juego competitivo de por medio.

Sin embargo, el deseo de triunfar —y saber que tienes que trabajar con ahínco para conseguir lo que ambicionas— me viene de familia, eso es indudable. Mis parientes por parte de madre son propietarios de un comercio de muebles en Manacor (la industria del mueble ha sido la base de la economía de la ciudad). Mi abuelo perdió a su padre a los diez años y desde pequeño aprendió el oficio de la familia. Llegó a ser un gran ebanista. En la casa de mi madre, que es donde yo vivo, se conserva una cajonera elegantísima que hizo él con sus propias manos. Mi abuelo cuenta que en 1970 se fabricaron un total de dos mil camas en Mallorca y las dos islas vecinas, Menorca e Ibiza, y la mitad salió de sus talleres. La empresa la dirige actualmente mi tío Juan, mi padrino.

La herencia genética todavía es más clara por parte de padre. No es porque la pasión por el deporte sea lo que los define. Mi abuelo, que también se llama Rafael, es músico. Hay una anécdota que ha contado muchas veces que pone de manifiesto lo decidido y lanzado que era de joven. Cuando tenía dieciséis años —ahora tiene ochenta y se conserva fuerte, todavía lleva un coro de niños que canta ópera— fundó y dirigió un orfeón en la ciudad. Un orfeón serio, tanto que, cuando tenía diecinueve años, el director de la recién creada orquesta sinfónica de Mallorca —hablamos de finales de los años cuarenta— le preguntó si podía preparar al orfeón para interpretar la Novena Sinfonía de Beethoven en Palma. La guerra civil había terminado hacía poco y el país estaba en la ruina. Fue una aventura realmente ambiciosa, más aún porque el orfeón estaba formado por ochenta y cuatro personas y sólo media docena sabía leer una partitura. Los demás eran aficionados. Pero mi abuelo no se arredró por eso. Estuvieron seis meses y medio ensayando todos los días hasta que, como él mismo dice, «llegó el momento en que los mallorquines pudieron oír la Novena de Beethoven por primera vez, en vivo, en un teatro». Fue un día famoso en la historia de la isla. El acontecimiento no se habría producido sin él. Y sólo contaba diecinueve años.

Creo que tal vez fuera un poco decepcionante para él que ninguno de sus cinco hijos mostrara aptitudes para la música, y una sorpresa que tres de ellos estuvieran dotados para el deporte. Aunque no me refiero a mi padre. Él es hombre de negocios en cuerpo y alma, pero no de los que trabajan sólo por dinero, sino por el placer y la emoción que le produce. Le encanta cerrar tratos, fundar empresas, crear puestos de trabajo. Siempre ha sido así.

Cuando tenía dieciséis años regentó un bar con un compañero en las cuevas al lado del mar en Porto Cristo y organizaron una verbena con conjuntos musicales. Con el dinero que sacaron de la venta de las entradas mi padre se compró una moto. A los diecinueve años averiguó que las gestorías cobraban mucho por el papeleo que se necesitaba para cambiar la titularidad de los vehículos, de modo que se le ocurrió ofrecer el servicio a mejor precio. Trabajó en un banco durante una breve temporada, se aburrió y luego, a través de un amigo de su padre —que además de a la música se dedicaba al negocio inmobiliario—, entró a trabajar en una vidriería de Manacor. Cortaban cristal para hacer ventanas, mesas, puertas. El negocio fue bien gracias al boom turístico que experimentó Mallorca y al cabo de dos años mi padre pidió un préstamo y, con mi tío Toni de socio, adquirió el cien por cien de la vidriería. Toni no tenía talento para los negocios, ni interés, así que mi padre lo hacía todo para que más adelante Toni pudiera dedicarse a tiempo completo a darme clases de tenis. En la actualidad mi padre sigue igual de ocupado que siempre. Negocia con bienes raíces y explora inversiones potencialmente lucrativas para mí. Gracias a mi buena suerte y a los contactos que he hecho, opera a un nivel más alto que antes, en un ámbito internacional, y planea inversiones conjuntas con otras empresas. No necesita hacerlo para sí mismo, pero lo hace para mí y también porque le gusta. No descansa; le encanta trabajar, siempre busca nuevos desafíos y tal vez por eso en la familia se dice que yo he salido a él.

Los tíos deportistas fueron Toni, que jugó a tenis como profesional antes de hacerse entrenador; Rafael, que jugó a fútbol en una división local durante varios años; y Miguel Ángel, que llegó muy arriba en el fútbol. Su gran oportunidad llegó cuando a los diecinueve años fichó por el Mallorca, un club tradicionalmente de primera división. El día que firmó el contrato (mi padre le hizo de agente) fue el mismo que nací yo, el 3 de junio de 1986. Miguel Ángel no era especialmente rápido ni excepcionalmente hábil, pero marcaba goles, era polivalente, alto y fuerte y sabía colocarse en el campo en su puesto de defensa central. Quienes se sientan impresionados por mi condición física o mi tenacidad deberían mirarlo a él: estuvo jugando en primera división hasta los treinta y ocho años. Fue sesenta y dos veces internacional, defendió más de trescientas veces los colores del Barcelona en ocho temporadas y durante ese tiempo ganó cinco campeonatos de liga y el máximo trofeo a que puede aspirar un club de fútbol: la Copa de Europa. Yo iba a verlo jugar con frecuencia, pero recuerdo especialmente que, cuando tenía diez años, me llevó al Camp Nou, el estadio del Barcelona, el más grande de Europa, para jugar con media docena de titulares del equipo tras la sesión de entrenamiento oficial. Aquel día me puse la camiseta del Barcelona. Mi familia estuvo mucho tiempo burlándose de mí, porque a pesar de mi adoración por mi tío Miguel Ángel, siempre he sido y seré hincha del Real Madrid. Como todo el mundo sabe, el Madrid y el Barça son los rivales futbolísticos más encarnizados del mundo. ¿Que por qué soy aficionado del Madrid? Pues porque mi padre también lo es, lo cual da la justa medida de cuánto ha influido en mí como persona.

Todos y cada uno de los miembros de mi familia han contribuido a que sea como soy y quien soy. En el caso de mi tío Miguel Ángel, he tenido la suerte de ver encarnada en él la clase de vida que me espera cuando cuelgue la raqueta de tenis. Fue una gran estrella, sobre todo en Mallorca. Ha sido el orgullo de la isla en el terreno deportivo, junto con el tenista Carlos Moyà, que fue número uno del mundo. Mi tío ha sido un gran ejemplo para mí. Él me permitió entrever la vida que me aguardaba; ganó dinero y fue famoso; apareció en prensa y televisión y recibió el aplauso de las multitudes allí donde fue. Pero nunca se tomó demasiado en serio a sí mismo; nunca «se lo creyó» —nunca creyó merecer realmente toda la adulación que recibía— y siempre fue una persona sencilla y modesta. Que para mí haya sido desde siempre solamente mi tío significa que también yo he aprendido desde joven a poner el tema de la fama en perspectiva y, cuando llegue el momento, a seguir con los pies en la tierra. Miguel Ángel ponía solidez práctica, de carne y hueso, a las lecciones de humildad que mi tío Toni y mis padres me venían dando desde mi más tierna edad. Soy muy consciente de que todo lo que me ha sucedido no se debe a quien soy, sino a lo que hago. Hay una diferencia. Hay un Rafa Nadal, el tenista, al que la gente ve triunfante, y estoy yo, el Rafa Nadal persona, el mismo que he sido siempre y el mismo que habría sido aunque me hubiera dedicado a otra cosa en la vida, con o sin fama. Miguel Ángel también ha sido importante para mi familia: su experiencia los preparó a todos para la mía. Gracias a esa experiencia suya pudieron adaptarse a mi popularidad con más facilidad que si no hubiera sido ése el caso.

Miguel Ángel, que a día de hoy es segundo entrenador del Real Club Deportivo Mallorca, en primera división, me señala estos días que otras personas que han tenido familiares famosos dejan que el éxito se les suba a la cabeza cuando ellos mismos adquieren renombre. Dice que, aparte de lo que haya podido hacer él, mis padres y Toni son los que realmente me han preparado para sortear las trampas de la celebridad y me elogia por haber sido lo bastante inteligente para aprender bien esas lecciones. Miguel Ángel también cree que no soy del todo consciente de la magnitud de lo que he conseguido. Puede que tenga razón y, si la tiene, probablemente será para bien.

Puede que todo me hubiera resultado diferente si hubiera preferido ganarme la vida con el fútbol y no con el tenis. Todos los chicos mallorquines jugaban al fútbol, tuvieran o no un pariente futbolista. Yo me lo tomaba muy en serio. Miguel Ángel seguía viviendo en casa de mis abuelos durante los primeros años de su trayectoria profesional y, cada vez que tenía partido, la noche anterior yo le decía: «¡Vamos a entrenar! ¡Tenemos que ganar mañana!» Y con mucha solemnidad, a las diez de la noche, con sólo cuatro años, los llevaba a él y a mi tío Rafael al garaje y nos poníamos a correr como locos, con y sin balón. Pensar en ello ahora me resulta gracioso, pero creo que esa conciencia de la importancia de prepararse a fondo para alcanzar el éxito en el deporte reforzó en mí una idea que he tenido siempre y es que uno recibe de su juego todo lo que pone en él.

El fútbol fue mi pasión en la infancia y lo sigue siendo hoy. Ya puedo estar jugando un torneo en Australia o en Bangkok que, si dan por televisión un partido importante del Real Madrid a las cinco de la madrugada, me levanto a esa hora para verlo, a veces incluso aunque yo mismo tenga que jugar horas más tarde. Y, si es necesario, ese día adapto mis entrenamientos a la hora de los partidos. Soy un fanático. Mi abuelo recuerda que cuando tenía cuatro años me enseñaba fotos de los escudos de los equipos de primera división y se quedaba boquiabierto porque yo los identificaba y le decía de qué equipo era cada uno. Me irritaba muchísimo perder en cualquier juego, fuera al nivel que fuese, incluso cuando me enfrentaba con cualquiera de mis tíos en el garaje. Y nunca quería parar. Mi tío Rafael recuerda todavía, no sin una mueca de dolor, las veces que me quedaba en su casa los viernes por la noche y lo despertaba a las nueve y media para que fuera a jugar conmigo cuando él se había acostado a las cinco de la madrugada. Siempre me las arreglaba para convencerlo. Una parte de él me odiaba en aquel momento, pero confiesa que le resultaba imposible resistirse a mi entusiasmo. Aunque últimamente soy yo quien sufre. Soy el mayor de trece primos y ahora son ellos quienes me despiertan para jugar después de haber estado yo fuera casi toda la noche. Pero siempre me levanto, porque me divierto y porque no he podido olvidar la seriedad con que me tomaba el deporte de niño, sobre todo desde que, a los siete años, jugué en el equipo oficial de Manacor en una liga infantil.

A mi padre y a Miguel Ángel les gusta recordar que después de aquellos encuentros me ponía a analizar las jugadas con la misma exactitud que aplicábamos a los partidos de primera división de mi tío. Comentaba mis fallos y mis goles, porque, a pesar de tener un año menos que el resto de mis compañeros, marqué muchos (unos cincuenta por temporada) dado que jugaba de extremo izquierdo. Entrenábamos toda la semana y la noche previa al encuentro yo era un manojo de nervios. Me despertaba a las seis de la mañana para pensar en el partido y prepararme mentalmente. Siempre cepillaba y lustraba las botas antes del encuentro, en parte para calmar la ansiedad. Mi madre y mi hermana se ríen cuando lo recuerdan, porque dicen que cuando se trata de practicar un deporte soy disciplinado y ordenado, pero para todo lo demás soy muy caótico y distraído. Tienen razón. En casa, mi habitación parece una leonera —también las habitaciones que ocupo en los hoteles cuando estoy de viaje, donde suelo olvidarme cosas. Estoy concentrado por completo en el partido que voy a jugar, como cuando era pequeño. Visualizaba mentalmente el juego que iba a desarrollar, imaginaba los goles que marcaría, los pases que haría. Calentaba en mi habitación. Me preparaba casi con la misma intensidad que en la actualidad cuando me espera un partido importante, y sentía la misma tensión. Al recordar ahora aquellos tiempos sonrío, pero entonces era para mí lo más importante del mundo. Más que el tenis al principio, a pesar de la dureza de las sesiones con Toni y de la convicción que me transmitía de que algún día me ganaría la vida como jugador. Mi sueño de entonces, como el de muchos chicos españoles, era ser futbolista profesional. Aunque desde los siete años jugaba competiciones de tenis y lo hacía bien, siempre me ponía más nervioso cuando iba a jugar un partido de fútbol. Creo que era porque no jugaba solo y me sentía responsable ante mis compañeros.

También tenía una fe ciega en nuestra capacidad para ganar, aunque todo pareciese perdido. Mis tíos me recuerdan que yo siempre estaba mucho más convencido de nuestras posibilidades que los demás compañeros del equipo, y que hubo veces en que perdíamos 5-0 y yo me ponía a gritar en los vestuarios: «¡No tiremos la toalla! ¡Aún podemos ganar!» O la vez que jugamos en Palma y perdimos 6-0, y al volver a Manacor decía: «No importa. Cuando juguemos en casa, les daremos una paliza.»

El caso es que había más victorias que derrotas. Recuerdo muchos partidos con claridad. Me acuerdo en concreto de la temporada en que ganamos el campeonato de Baleares, cuando tenía once años. El partido decisivo fue contra el Mallorca, el poderoso equipo de la capital de la isla. Al llegar el descanso perdíamos 1-0, pero al final le dimos la vuelta al marcador y ganamos 2-1. Un penalti nos dio la victoria. Llegué con la pelota hasta el área y un jugador del equipo contrario tocó el balón con la mano en la línea de gol. Lo normal habría sido que lanzara yo el penalti, ya que era el máximo goleador del equipo, pero no me atreví. Quien me vea ahora jugando una final en Wimbledon quizá se pregunte por qué. Bueno, aún tenía que fortalecer mi carácter. Aceptar aquella responsabilidad era demasiado para mí en ese momento. Por suerte, el compañero que lanzó el penalti marcó el gol. La alegría de ganar aquel campeonato fue tan grande como la de ganar un torneo de Grand Slam. Puede que parezca extraño, pero las dos experiencias pueden compararse. En aquel momento era lo máximo a que podía aspirar. Me dominaba la misma emoción, la misma sensación de triunfo, sólo que en un escenario menor.

Creo que no hay nada, en ninguna otra esfera de la vida, que produzca la euforia que se siente cuando se gana en el deporte, sea cual sea el nivel a que se juegue. No hay ninguna emoción tan intensa ni tan satisfactoria. Y cuanto más has deseado ganar, mayor es la alegría que experimentas cuando lo consigues.

La primera vez que probé esa sensación en el tenis fue a los ocho años, cuando gané el campeonato de Baleares en la categoría sub 12. Aún hoy pienso que fue una de las mayores victorias de mi carrera. Una diferencia de cuatro años a esa edad se siente como una eternidad; los chicos mayores de mi categoría parecían seres míticos y superiores. Eso se debía a que entré en el torneo sin la menor idea de que podía ganar. Hasta entonces sólo había ganado un torneo y había sido contra chicos de mi edad. Pero para afrontar este otro había estado entrenando con Toni durante más de un año, cinco días por semana, a razón de hora y media diaria. No creo que ningún otro participante en aquel torneo hubiera entrenado tanto como yo ni con un preparador tan exigente como el mío. También pienso que, gracias a Toni, conocía el juego mejor que los demás chicos. Aquello me dio ventaja, y probablemente me la siga dando.

Viendo entrenar al número diez del mundo y al número quinientos, no siempre se acierta cuál de ellos está más arriba en la clasificación. Sin la presión que una competición ejerce sobre uno, los dos golpearán la bola y se moverán más o menos igual. Porque saber jugar no consiste sólo en golpear bien la pelota: es saber elegir bien, cuándo hacer una dejada o dar un golpe recio, o alto, o bajo, o profundo, cuándo dar a la bola un efecto de retroceso o un efecto liftado, y hacia qué zona de la pista apuntar cuando golpeas. Toni me obligaba ya desde los primeros tiempos a reflexionar sobre la táctica básica del tenis. Cuando algo me salía mal, me preguntaba: «¿En qué has fallado?» Y lo comentábamos, analizábamos en profundidad los errores que había cometido. Lejos de querer convertirme en una marioneta, se esforzaba por hacer que pensara por mí mismo. Toni decía que el tenis era un deporte en el que había que procesar mucha información con mucha rapidez; para ganar a un rival, tenías que pensar mejor que él, y para pensar correctamente, tenías que mantener la calma.

Al llevarme siempre hasta el límite, Toni aumentaba mi capacidad mental, un esfuerzo que dio sus frutos en los cuartos de final de aquel primer campeonato sub 12, en los que jugué frente a un rival que era el favorito, un chico tres años mayor que yo. Perdí los tres primeros juegos sin hacer ningún punto, pero acabé ganando sin perder ni un solo set. Después también gané la final en dos sets. Todavía guardo la copa en casa, junto a los trofeos que he conseguido siendo ya profesional.

Fue una victoria muy importante, pues me dio el empuje que necesitaba para todo lo que vino después, aunque el escenario no fue muy espectacular que digamos. A la final, que se jugó en Ibiza, acudieron unos cincuenta espectadores y casi todos eran de mi familia. Se pusieron contentos cuando gané, eso lo recuerdo, pero no fue nada del otro mundo. Después no hubo celebraciones por todo lo alto: no es nuestro estilo. En el tenis, como en otros deportes, hay chicos a quienes guía la ambición de su familia, sobre todo de sus padres. Yo tenía a Toni. Pero su deseo de verme triunfar se compensaba saludablemente con la relajada actitud de mi padre. Él estaba muy lejos de compartir la ambición de esos padres que quieren que sus hijos triunfen para realizar los sueños que ellos no pudieron cumplir. Todos los fines de semana me llevaba en coche a distintos puntos de Mallorca —nunca podré agradecérselo lo suficiente— y se quedaba a verme jugar, no porque quisiera que me convirtiera en una estrella, sino porque quería verme contento. Nunca se le pasó por la cabeza entonces que yo pudiera acabar siendo un tenista profesional y menos aún que ganase lo que he ganado.

Hay una anécdota de mi infancia que mi padre y yo recordamos bien y que pone de manifiesto su actitud hacia mí y mi actitud hacia el tenis, y la diferencia entre ambos enfoques. Fue dos años después de que ganara el campeonato de Baleares, inmediatamente después de las vacaciones de verano, en septiembre. Aquel mes de agosto lo había pasado estupendamente con los amigos, pescando, bañándome en el mar, jugando a fútbol en la playa. Pero había entrenado poco y de pronto tuve que jugar en un torneo en Palma. Mi padre me llevó en coche, como de costumbre, y perdí. Recuerdo el marcador: 6-3, 6-3, frente a un chico al que debería de haber vencido. Durante el regreso yo guardaba un silencio sepulcral. Mi padre, que nunca me había visto tan deprimido, quiso animarme.

«Vamos —dijo—. No es para tanto. No te lo tomes así. No puedes ganar siempre.»

Yo no respondí. Sus palabras no podían sacarme de aquel abatimiento.

«Mira —añadió—, has pasado un verano fantástico con tus amigos. ¿Qué más quieres? No puedes tenerlo todo. No puedes ser esclavo del tenis.»

Él pensaba que me estaba exponiendo un argumento convincente, pero yo me eché a llorar, lo cual lo dejó bastante atónito, porque yo no lloraba nunca. Quiero decir por entonces.

«Vamos —insistió—, este verano te lo has pasado de miedo. ¿Es que no te basta?»

«Sí, papá —respondí finalmente—, pero todo lo bien que me lo he pasado no compensa lo mal que me siento ahora. No quiero volver a sentirme así nunca más.»

Mi padre repite esas palabras incluso en la actualidad y sigue tan asombrado como entonces de que yo hubiera dicho algo tan agudo y tan profético, siendo tan joven. Él entiende aquella breve conversación como un momento decisivo, como el día en que cambió la imagen que se había hecho de su hijo y en que mi forma de entender mis ambiciones en la vida cambió asimismo. Me di cuenta de que lo que más me afectaba de todo era la idea de que me había decepcionado a mí mismo, de que había perdido sin dar lo máximo de mí. En vez de llevarme a casa, mi padre me condujo a un restaurante de la costa para que comiera el que por entonces era mi plato favorito, las gambas. Hablamos poco mientras comimos, pero los dos sabíamos que se había cruzado un umbral. Se había dicho algo que me definiría y moldearía durante muchos años.

Once años después, en 2007, sentí una desesperación parecida al perder la final de Wimbledon frente a Roger Federer. Con los ojos anegados en lágrimas, pensé: «No quiero volver a sentirme así nunca más.» Y de nuevo lo pensé, aunque con un enfoque más sereno y constructivo, al comenzar la revancha de 2008.

Ganar aquel primer punto durante el servicio de Federer, y ganarlo bien, fue el primer paso para la curación de una herida que arrastraba desde hacía doce meses. Pero en el segundo punto, en el que después de un peloteo adecuado acabé yendo en busca de un golpe ganador demasiado pronto y asesté una derecha que botó fuera, quedamos como al principio. Así es el tenis. Juegas un punto extraordinario que ganas con un excelente disparo después de un largo y tenso intercambio de golpes, pero para el marcador final tiene el mismo valor que el punto que a continuación regalé. Ahí es donde interviene la fortaleza mental, lo que distingue a los campeones de los subcampeones. Has de olvidar inmediatamente ese fallo, quitártelo de la cabeza. No debes permitir que tu cabeza se entretenga pensando en él. Por el contrario, has de sacar provecho de haber ganado el primer punto y apoyarte en eso, pensando sólo en lo que viene a continuación.

El problema fue que Federer empezó a demostrar muy de prisa por qué era el mejor del mundo. Ganó el juego con un revés cruzado, con una derecha en paralelo y con un *ace*. Volví a la silla sintiéndome más prudente y, a la larga, más fuerte por haber recordado a tiempo que no iba a poder repetir la fácil victoria que había conseguido en Roland Garros veintiocho días antes; y por haber recordado además que el saque de Federer, en una superficie de hierba que da ventaja a los buenos sacadores, era mucho mejor que el mío.

Federer ganó el primer juego dejándome a 15, pero sentí cierto consuelo, el suficiente para seguir creyendo en la victoria. Aunque había perdido cuatro puntos de los cinco que habíamos jugado, los puntos habían durado mucho y en todos había movido bien la bola. Él, en cambio, había tenido que pelear para ganar su servicio. Lo malo era que ahora iba a tener que remontar, quizá durante lo que durase el set, para acortar la distancia.

Las cosas fueron mejor de lo que esperaba. El plan era sacarle a su revés, lo cual hice en todos los puntos del segundo juego, y prácticamente en todos los puntos de servicio. El cuarto punto me incitó a seguir con aquella táctica. Saqué contra su revés; restó con una bola alta y con efecto cortado y yo volví a soltar un trallazo contra su revés. Esta tónica se repitió varias veces: yo le devolvía la pelota alta en profundidad y con efecto liftado contra su revés, haciendo que retrocediera y se sintiera muy incómodo. Cuatro pelotas, una tras otra, al mismo sitio, altas y hacia su izquierda. Aquello no le dejaba más alternativa que devolverme una pelota cortada hacia el centro de la pista, lo cual me daba tiempo para situarme y colocarle la bola exactamente donde yo quería. Si yo hubiera tirado contra su derecha, se habría arriesgado a devolverme un golpe plano y más fuerte y yo habría podido perder el control del punto. De aquel modo fui yo quien lo controló; él acabó perdiendo la calma durante un instante crítico y me envió un pelotazo de revés que se le fue alto y desviado. No iba a ser fácil ganarle todos los puntos de esta forma, pero era un claro indicio de que era el plan al que tenía que ceñirme.

En el siguiente juego hubo un tanto decisivo. Federer sólo había perdido dos juegos teniendo el servicio en los seis partidos que había disputado para llegar a la final; aquél iba a ser el tercero. Gané un punto con un tiro profundo hacia su derecha, pero por lo demás seguí devolviéndole las bolas contra su revés. Falló tres golpes. Yo ganaba 2-1, el siguiente servicio sería mío y por el momento ganaba la batalla psicológica, lo que, por lo general, significa que juegas mejor que tu oponente porque piensas con más claridad. Me sentía satisfecho, aunque no entusiasmado. Quedaba mucho partido por delante y cualquier idea de victoria, cualquier insinuación de que fuera a haber una película con final feliz, habría sido suicida. Lo que yo tenía que hacer era concentrarme y darle a entender con mis actos y mi comportamiento que no iba a regalarle ningún punto. Si quería derrotarme, iba a tener que jugar bien todos y cada uno de los puntos, pero que muy bien; no sólo tendría que jugar del mejor modo posible, sino que tendría que jugar así todo el tiempo. Mi objetivo era darle a entender que iba a tener que jugar al límite de sus posibilidades durante horas.

Captó el mensaje. No volvió a aflojar, aunque ya era demasiado tarde. Los dos dimos lo mejor de nosotros hasta el último punto del primer set, pero yo conservé intactos todos mis servicios y gané 6-4.

EL TÍO TONI

Pregunten a Toni Nadal cuáles fueron las últimas palabras que dirigió a su sobrino antes de salir del vestuario de Wimbledon para empezar la final de 2008 y dirá: «Le dije que pelease hasta el final y aguantara.» Pregúntenle por qué Rafa ha llegado a la cima del tenis mundial y responderá: «Porque la cabeza lo es todo, y la actitud, el querer más, el aguantar más que el contrario.» Pregúntenle lo que le dice a Rafa esos días en que el cuerpo se rebela y el dolor parece demasiado fuerte para competir en la pista, y su respuesta será: «Le digo: "Mira, tienes dos caminos para elegir: decirte a ti mismo que ya ha sido suficiente y abandonar, o bien prepararte para sufrir y seguir adelante." Tienes que elegir: aguantar o rendirte.»

«Aguantar» es una palabra que Toni le ha martilleado en el cerebro a Nadal desde su más tierna infancia. Refleja una filosofía espartana de la vida que es poco frecuente en una isla, y en todo un país, donde lo que suele reinar es el principio del placer. Toni se nos presenta como un español de los tiempos antiguos, como si descendiera de Hernán Cortés, el conquistador del siglo XVI que desembarcó en México con varios centenares de hombres, quemó sus naves para que nadie sintiera la tentación de volver a la patria y, tras superar privaciones terribles y adversidades sin cuento, derrotó al imperio azteca y se apropió de sus tesoros y grandes extensiones de tierra en nombre de la corona española.

Toni, fornido y moreno, de piernas gruesas y poderosas, parece hecho de la materia con que se forjan los conquistadores. De mirada fría y decidida, es un hombre franco que no se esfuerza mucho por congraciarse con quienes lo rodean. No es arisco; desde el punto de vista de su familia peca de ser demasiado generoso con los desconocidos que le piden entradas para un partido o con periodistas que necesitan unas declaraciones. Pero en sus relaciones con los más íntimos, si bien es insobornablemente leal, puede llegar a ser distante y peleón. No es la oveja negra de la familia, porque los Nadal son un clan muy unido y no cabe el concepto de la oveja negra. Carlos Costa, que conoce bien a la familia, dice que «Toni es diferente a los demás». Es más gruñón que sus hermanos, más respondón; es un moralista, categórico en sus opiniones y siempre pronto a discutir.

Pero no es tan estricto, ni tiene tanto de soldado conquistador como podría parecer. Hay una cierta tendencia en los medios a sugerir que Rafa no sería nada sin Toni. Lo cierto es que son un dúo; se necesitan el uno al otro, se complementan.

Toni soñó una vez con ser campeón de tenis. De joven destacaba en este deporte, se forjó una reputación y llegó a ser uno de los mejores tenistas de Mallorca. Durante un tiempo fue también el mejor jugador de tenis de mesa de la isla y un ajedrecista de fama local. Tenía buen físico y buen cerebro, pero cuando se hizo tenista profesional y dejó el archipiélago para conquistar el resto de España, descubrió que, aunque era un jugador sólido, le faltaba el impulso asesino, una cualidad que, cuando se dedicó a entrenar, procuró inculcar en sus jóvenes alumnos. Los muchachos a quienes enseñó con su sobrino recuerdan que otros entrenadores subrayaban la importancia de controlar la bola, mientras que Toni hacía hincapié en la agresividad de los ganadores. El mismo Toni cita el caso del golfista Jack Nicklaus, que dijo una vez en un vídeo educativo que a los jóvenes jugadores les aconsejaba que «primero le den fuerte a la bola y luego se preocupen por meterla en el hoyo». Toni se tomó esta lección muy a pecho. El consejo que dio a su sobrino al comienzo mismo, cuando éste tenía cuatro años, fue: «Primero pégale fuerte a la bola; ya nos preocuparemos después por controlarla.»

Luego se dedicó a una tarea más difícil: forjar un competidor que estuviera blindado mentalmente. Empezó (con la intención de continuar así) tratando a su sobrino de manera indisimuladamente injusta en relación con sus compañeros, pero exigiéndole que nunca se quejara. Los chicos con los que entrenó Nadal recuerdan que cuando Toni le gritaba una orden, como que se quedara rezagado y recogiera las pelotas, o que barriera las pistas después del entrenamiento, el joven sobrino bajaba la cabeza y obedecía. Cuando entrenaban solos y el sol daba de lleno en una mitad de la pista, Toni le decía a Rafa que jugara en esa mitad. Si al comienzo de una sesión jugaban con pelotas buenas, Toni, de manera inesperada, sacaba del bolsillo una mala, una bola pelada que rebotaba caprichosamente, o una empapada y floja que apenas botaba. Si el sobrino se quejaba, Toni decía: «¡Puede que las pelotas sean de tercera categoría, pero tú eres de cuarta!»

Según Toni, su dureza era en provecho de Rafa. Por ejemplo, jugaban partidos en los que ganaba el primero que llegase a veinte puntos. Toni dejaba que el emocionado niño llegara a diecinueve para entonces endurecer su juego y derrotarlo sin piedad, amargándole el día después de permitir que saboreaseel placer de una pequeña e improbable victoria. Aquellos golpes a su moral y la implacable disciplina a la que sometía a Rafa tenían una importante finalidad estratégica: enseñarle a aguantar.

Por otro lado, la relación del propio Toni con el principio del aguante es contradictoria. Toni y su hermano Sebastián aprendieron las virtudes de esta cualidad durante la adolescencia, cuando estuvieron en un internado de Palma, a una hora de Manacor en coche. El director del colegio sermoneaba a los alumnos largo y tendido sobre los beneficios de aceptar con entereza viril las inevitables pruebas y decepciones de la vida. La prueba más inmediata que los dos hermanos tuvieron que pasar fue el estar en aquel internado, lejos de su excepcionalmente unida y protectora familia. Sebastián aguantó hasta el final. Se quedó en el internado hasta que terminó el ciclo de estudios. Toni soportó un año, transcurrido el cual suplicó a sus padres que le permitieran volver, a lo que éstos accedieron. Luego se puso a estudiar derecho e historia en la universidad, pero lo dejó antes de licenciarse. Tras probar como tenista profesional, regresó a Manacor y se dedicó a entrenar a niños en el club de la ciudad, lo que más le gustaba hacer y por lo que tenía vocación.

Allí habría podido quedarse, como fracasado discípulo de la doctrina de aguantar, si la suerte no le hubiera deparado un sobrino que poseía un temple y una capacidad que no había visto en ningún otro chico hasta entonces. Por los golpes que daba Rafa a la pelota, por su sentido natural de colocación en la pista y por su fuerza de voluntad, Toni comprendió rápidamente que tenía en sus manos a un futuro campeón de España. Decidió que no debía permitirle desperdiciar su talento del mismo modo que él había echado a perder el suyo. La suerte había llamado a la puerta de la familia e iba a aprovecharla al máximo. Tuvo la inteligencia de extraer lecciones de sus propios errores e inculcar a su sobrino los hábitos de un ganador, ayudándole a forjarse un futuro cuyos laureles pudiera merecidamente compartir.

El éxito de Rafa ha sido la recompensa a la honestidad de la autocrítica de Toni, que se ha sentido estimulado y ha dado a sus opiniones franqueza y a sus certidumbres una severidad propia de los enlutados católicos de la corte española en la época de Cortés. Sin embargo, no busca consuelo en el más allá ni en un Dios benévolo. No es católico, y es muy categórico, igual que en cualquier otro asunto, al afirmar que religión equivale a debilidad e insensatez. Desdeña la fe en Dios alegando que es una creencia mágica primitiva tan infantil como la de su sobrino cuando éste estaba convencido de la capacidad de su tío para producir lluvia.

En lo que Toni es inflexiblemente dogmático es en sus ideas relativas a la educación de los niños.

«El problema actual —dice— es que los hijos han pasado a ser el centro de atención. Los padres, la familia, todos cuantos los rodean se sienten obligados a ponerlos en un pedestal. Se invierte tanto esfuerzo en potenciar su autoestima que acaban sintiéndose especiales por sí mismos, sin tener que hacer nada. Viven confundidos: no entienden que la gente no es especial por ser quien es, sino por hacer lo que hace.

Es algo que veo todo el tiempo. Y si luego resulta que ganan dinero y adquieren un poco de fama, y todo se les pone fácil y nadie los contraría, y se les complace en todos los pequeños detalles de la vida, bueno...»

El fenómeno es tan frecuente en el deporte profesional que, según Toni, la gente se lleva una sorpresa cuando un joven deportista brillante no se comporta como un niñato, sino como un ser humano amable y normal. Adulados, rodeados de pelotilleros que intentan aprovecharse de ellos, a las figuras del deporte se les repite sin cesar que son dioses y acaban por creérselo. La cortesía llana de Rafa Nadal, que es una excepción a la norma, sale a colación constantemente y es motivo de orgullo para Toni.

Toda la educación que recibió Rafa Nadal lo preparó para comportarse así. Si acabara siendo una superestrella, Toni y los padres de Nadal se asegurarían de que fuera una superestrella modesta. Y si lo elogiaran por su modestia, como ha ocurrido ya tantas veces, también eso habría que rechazarlo por excesivo.

«Hay que ser humilde y punto —dice Toni—. Serlo no es ningún mérito especial. Más aún, yo no utilizaría la palabra "humilde" para describir a Rafael. Él ya sabe cuál es su lugar en el mundo. Todos deberían conocer su lugar en el mundo. La cuestión es que el mundo ya es lo bastante grande, sin necesidad de imaginar que también lo somos nosotros. La gente exagera a veces este tema de la humildad. Es simplemente cuestión de saber quiénes somos, dónde estamos y que el mundo seguirá exactamente igual sin nosotros.»

La tendencia instintiva de Toni a borrar la menor insinuación de complacencia o consideración por sí mismo en su sobrino no le impide ver sus cualidades innatas ni la influencia de sus padres en él.

«Yo no creo que le hubiera ido mal si lo hubieran dejado a su aire —admite—. Por sus padres, gente sensata, y por la forma de ser de Rafael. Rafael siempre ha sido obediente, lo cual es un signo de inteligencia en un niño, ya que demuestra que entiende que sus mayores saben más que él y que respeta su mayor experiencia del mundo. Creo, pues, que la materia prima con la que trabajamos en este caso fue de primera calidad. Pero mi misión fue fomentar esa tendencia. Cuando vi su enorme potencial, me pregunté a qué clase de persona me gustaría ver en la pista, al margen de su capacidad como jugador, y me dije que quería ver a un chico con personalidad, pero sin alardes. No me gustan los divos y el mundo del tenis está lleno de ellos. Por eso le prohibí desde siempre que tirase la raqueta al suelo durante un partido; por eso le insistí siempre para que pusiera lo que yo llamo "buena cara" cuando juega: tranquila y seria, sin enfados ni irritaciones; por eso era importante ser siempre amable y caballeroso con el rival, en la victoria y en la derrota.»

Respeto por los demás, por todos, al margen de quiénes sean y de lo que hagan; ése es el punto de partida de todo, dice Toni.

«Lo que no es admisible es que personas que lo han tenido todo en la vida se comporten con grosería con los demás. No; cuanto más arriba estás, más obligación tienes de tratar a la gente con respeto. Habría detestado que mi sobrino se hubiera comportado de otro modo, si hubiera tenido pataletas en la pista, si hubiera sido impertinente con sus oponentes o con toda la gente que lo estuviese viendo por televisión. O, para el caso, ser maleducado con los árbitros o los fans. Yo siempre digo, y sus padres también, que es más importante ser buena persona que buen jugador.»

También Toni es lo bastante buena persona para reconocer que a veces ha podido ir «demasiado lejos en la otra dirección» con su sobrino. Su dureza durante los entrenamientos era una estrategia consciente y calculada, como también lo era su constante tendencia a reducir los méritos de los primeros éxitos competitivos del sobrino. Si Rafa daba una derecha genial durante un partido, bueno, aún faltaba mucho que practicar con el revés. Si encadenaba una impresionante serie de golpes hacia la línea de fondo, estupendo, pero ¿y las voleas? Si ganaba un torneo, tampoco era para echar las campanas al vuelo, y además, ¿qué pasaba con su saque?

«Todavía no has conseguido nada —le decía Toni—. ¡Necesitamos más, mucho más!»

Los demás miembros de la familia estaban desconcertados y, en ocasiones, la madre reaccionaba con enfado. Sebastián, el padre, tenía sus dudas. El tío Rafael se preguntaba en ocasiones si Toni no estaría presionando demasiado al sobrino. Juan, su padrino, hermano de la madre, llegó al extremo de decir que lo que estaba haciendo Toni con el muchacho era «crueldad mental».

Pero Toni era duro con Rafa porque sabía que éste podía encajarlo y que, con el tiempo, se crecería. Según dice, no habría aplicado los mismos principios si se hubiera tratado de un chico más débil. La idea de que a lo mejor tenía razón impedía rebelarse abiertamente a los parientes más inclinados a la duda. El que no dudaba de Toni era Miguel Ángel, el futbolista profesional. También él partidario del principio de aguantar, en el que cree casi con la misma veneración que el propio Toni, Miguel Ángel dice que el éxito del deportista de élite se basa en su capacidad «para sufrir», incluso para disfrutar sufriendo.

«Significa aprender a aceptar que si has de entrenar dos horas, entrenas dos horas; si has de entrenar cinco, entrenas cinco; si tienes que repetir un ejercicio cincuenta mil veces, lo repites. Eso es lo que diferencia a los campeones de los que sólo tienen talento. Y todo está directamente relacionado con la mentalidad de los ganadores; mientras das muestras de resistencia, tu cabeza se fortalece. Las cosas que recibes como regalos, a menos que lleguen con un apego sentimental especial, no se valoran; en cambio, se valora mucho más las cosas que se consiguen con el propio esfuerzo. Cuanto mayor es el esfuerzo, mayor es el valor.»

Este argumento era decisivo para la familia y se vio en el hecho de que nadie, ni siquiera la madre de Rafa, se enfrentara nunca de verdad a Toni para decirle que no atosigara al chico. Todos entendían que pasar tantas horas con Toni era agotador, pero también que los dos habían llegado a un punto en el que ya no podían vivir el uno sin el otro y mucho menos triunfar en el tenis por separado.

La familia murmuraba, pero dejaba que Toni hiciera su trabajo, respetaba la autonomía de su reino, de aquel régimen espartano en el que no se permitía ni un gemido, en el que el joven guerrero en ciernes era sometido a toda clase de pruebas y privaciones, y al que nunca se le admitían excusas por muy justificadas que estuvieran. La culpa siempre era suya. Si perdía un partido porque se le había rajado el marco de la raqueta, a Toni le daba igual; si jugaba mal porque la red de la raqueta no estaba tensa y la bola se le iba, a Toni le traía sin cuidado. Si tenía fiebre, si le dolía la rodilla, si había tenido un mal día en el colegio: ninguna excusa era válida ante Toni. Rafa tenía que sonreír y aguantar.

CAPÍTULO 3

EL AS DEL FÚTBOL
QUE NUNCA FUE

Federer sacó y ganó el primer juego del segundo set sin perder un solo punto. Si por casualidad había habido el menor rastro de complacencia en algún rincón perdido de mi cabeza por haber ganado el primer set, aquel resultado lo borró. Me atizó cuatro saques buenos con esa facilidad engañosamente sencilla tan propia de él y no pude restar. Decididamente, no iba a ser una repetición de la final del Abierto de Francia, en la que Federer sólo ganó cuatro juegos en total y yo gané el último set por 6-0. Estaba peleando duro. Si ese día ganaba, sería su sexto Wimbledon seguido, una hazaña no conseguida por nadie hasta el momento. Había alcanzado tantas victorias y había dominado durante tanto tiempo que una parte de él jugaba, como él mismo había dicho en cierta ocasión, «para la historia». Ganar aquel partido significaba tanto para él como para mí; perder sería igual de doloroso para los dos.

Durante el segundo juego, cuando yo servía, se mostró más motivado de lo que le había visto nunca. Aunque normalmente es más sereno que yo en la pista, ganó los dos primeros puntos con un par de derechas sensacionales. Un golpe en paralelo y el otro una derecha cruzada, y los dos los coronó con un grito de desafío. Ganó el juego, rompió mi servicio y me machacó. Cuando Federer tiene esas rachas de genialidad, lo único que cabe hacer es conservar la calma y esperar a que pase la tormenta. Apenas se puede hacer nada cuando el mejor jugador de la historia ve la bola del tamaño de un balón de fútbol y la golpea con fuerza, confianza y la precisión de un rayo láser. Son cosas que ocurren y hay que estar preparado para encajarlas. No puedes desmoralizarte en esos momentos; tienes que acordarte —o convencerte— de que probablemente no podrá mantener ese nivel juego tras juego, de que —como Toni se cree obligado a recordarme— también él es humano, de que si yo conservo la sangre fría, me ciño a mi plan de juego y procuro agotarlo y hacer que se sienta incómodo, antes o después se resentirá. Su fuerza mental cederá y será mi oportunidad. Esa ocasión llegaría más tarde que temprano. Volvió a ganar su servicio con comodidad. Yo a duras penas conseguí ganar el mío y él volvió a ganar el suyo. Me vencía 4-1 y a mí me parecía que sólo llevábamos cinco minutos de juego. La victoria que había conseguido en el primer set me parecía ya muy lejana.

Pero yo contaba con un larguísimo historial de partidos en los que había remontado las peores situaciones. Poseía suficiente experiencia para hacer frente a aquélla. No hay nada más grande que una final de Wimbledon, pero hay un límite en cuanto a los nervios que se pueden acumular durante un encuentro, durante cualquier encuentro, y a la importancia que la victoria tiene para nosotros; y, como no olvido nunca, la tensión y la euforia son igual de grandes que cuando de niño juegas un partido o cuando el horizonte de tus deseos no va más allá de la copa de fútbol juvenil de Baleares o de ganar el campeonato nacional de tenis sub 12. Todos nos pusimos muy contentos la tarde que gané ese campeonato con once años, pero fue Toni, incapaz como de costumbre de contener su tendencia a ponerme con los pies en la tierra, quien aguó la fiesta. Llamó por teléfono a la Federación Española de Tenis, fingiéndose periodista, y pidió la lista de los últimos veinticinco ganadores del campeonato. Entonces, delante de la familia, leyó los nombres en voz alta y me preguntó si alguna vez había oído hablar de ellos. Fulano de tal, ¿lo conoces? No. ¿Y a este otro? No. ¿Y éste? Tampoco. Sólo cinco habían alcanzado un nivel decente como profesionales y cuyos nombres me sonaban. Toni sonrió.

«¿Te das cuenta, Rafael? Tus probabilidades de llegar a ser un profesional son de una entre cinco. Así que no te emociones demasiado por la victoria de hoy. Aún te queda mucho camino que recorrer, y es un camino difícil. Y que lo recorras depende de ti.»

Otra cosa que dependía de mí era si iba a tomarme el tenis lo suficientemente en serio para renunciar al fútbol. Fue una de las decisiones más difíciles que he tenido que tomar, aunque al final se produjeron unas circunstancias que decidieron por mí.

Por entonces entrenaba cinco veces por semana y viajaba al extranjero para competir en torneos de tenis, ganando en Europa frente a algunos de los mejores tenistas del mundo de mi edad. Sin embargo, durante la semana seguía entrenando con mi equipo de fútbol y los fines de semana jugaba partidos de competición. Y como me recuerda mi madre, tenía que ir al colegio y estudiar. Debía renunciar a alguna de estas cosas, aunque no quería que fuera el fútbol. La sola idea me partía el corazón. Pero al final no tuve mucha opción. Yo sabía, y mis padres también, que no podía hacerlo todo. Habría sufrido mucho más si el equipo de fútbol no hubiera sido cogido por un nuevo entrenador. El anterior, al que yo quería mucho, había comprendido que no podía esperar que me presentase a todas las sesiones de entrenamiento, a pesar de lo cual se sentía contento de que jugara en el equipo, dado que yo era el máximo goleador. El nuevo míster fue más inflexible. Dijo que o me presentaba para entrenar, como los demás chicos, o no jugaba. Si faltaba un solo día en el curso de una semana, me echaba del equipo. Y eso fue lo que pasó. Si no hubiera sido por aquel entrenador, mi vida habría sido diferente. Mi padre cree que de todos modos habría podido ser un buen futbolista profesional. Dice que cuando entrenaba, lo hacía con más empeño que los demás muchachos. Y, además, tenía esa confianza inusual —o fe fanática— en la capacidad de mi equipo para ganar en las condiciones más adversas.

En cualquier caso, sospecho que mi padre confiaba demasiado en mi talento futbolístico. Yo era bueno, pero no tan especial. El deporte en el que sobresalía era el tenis, aunque el fútbol me gustaba tanto como el tenis o incluso más. En fútbol era jugador del equipo que había ganado el campeonato de Baleares, pero en tenis era campeón de España en la categoría sub 12, y aquel mismo año quedé finalista en el campeonato nacional sub 14. Tenía un año menos que los compañeros del equipo de fútbol, pero por lo general dos menos —y a veces tres— que mis rivales en la pista.

Había que tomar una decisión y no podía negar lo evidente. Tenía que ser el tenis. No lo lamento, primero porque fue la decisión correcta, y segundo, porque no soy una persona que conceda ningún valor a emperrarse en las cosas que no se pueden cambiar. Creo que lo entendí muy bien ya por entonces. Hay un vídeo en YouTube en el que Televisión Española me entrevista durante las finales del campeonato sub 14 de España. Tras explicar que entrenaba todos los días de cuatro a ocho de la tarde, añado: «Me gusta el fútbol, pero sólo para entretenerme.» Apenas había cumplido doce años y ya tenía una profesión.

No soy una persona muy coordinada por naturaleza. Si he encontrado mi ritmo en la pista es porque lo he trabajado. En mi familia tengo cierta fama de torpe. Mi madrina Marilén recuerda que cuando era pequeño, mi familia se iba de paseo en bicicleta los domingos por la mañana, pero a mí no me gustaba ir. Nunca me sentía a gusto en bicicleta, ni en moto tampoco. Son las formas preferidas de transporte en la mitad oriental de Mallorca, en la que vivo, porque el terreno es muy llano, pero a mí me daba miedo de caerme y nunca me acostumbré. Cuando me saqué el carnet de conducir, Marilén exclamó: «¡Qué peligro!» Pillé la indirecta y desde entonces conduzco con prudencia.

No siempre he sido prudente en la pista de tenis. A veces he jugado pese a estar gravemente lesionado.

Una de las victorias más memorables de mi vida, no sólo porque tuve que batir a un muy buen jugador en la final, sino porque tuve que superar la barrera del dolor minuto a minuto, fue cuando gané el campeonato nacional sub 14. El torneo se celebró en Madrid y mi rival era uno de mis mejores amigos de entonces, que lo sigue siendo en la actualidad: Tomeu Salvà, con quien me había entrenado desde los doce años.

En la primera ronda del torneo me caí y me fracturé el dedo meñique de la mano izquierda, aunque no quise retirarme ni, bajo los vigilantes ojos de Toni, quejarme. El año anterior había llegado a semifinales y en aquella ocasión tenía intención de ganar. Jugué bien todos los partidos y batí a Tomeu en la final, en la que quedamos 6-4 a mi favor en el tercer set. Tenía que coger la raqueta con cuatro dedos, mientras el meñique fracturado colgaba, hinchado e inutil. No me lo vendé porque me habría dificultado darle a la bola. Lo peor era cuando tenía que propinar una derecha. Con el revés a dos manos el peso cae más sobre la derecha. Yo jugué con aquel dolor incesante hasta el extremo de que casi lo olvidé. Es cuestión de concentrarse, de borrar todo lo que tienes en la mente excepto el juego. Durante toda mi trayectoria he aplicado este principio. A juicio de Titín, que me ha visto en multitud de ocasiones con una forma física desastrosa antes de comenzar un partido, pero totalmente a tono en cuanto empieza, es la adrenalina de la competición lo que contribuye a calmar el dolor. Sea cual fuere la explicación, cuando vuelvo la vista atrás y veo a aquel Rafael adolescente, me siento orgulloso de él. Estableció un modelo de referencia que me ha servido como ejemplo y como lección de que la mente puede vencer a la materia, y cuando quieres algo con mucha intensidad, ningún sacrificio es demasiado grande.

Tuve ocasión de comprobar los efectos de lo que hice en aquella final contra Tomeu después de ganar el último punto. El dolor me golpeó con tanta fuerza que no tenía fuerzas para levantar la copa y, en el momento de posar para la foto conmemorativa, otro chico tuvo que ayudarme a sostenerla.

Más o menos por entonces, cuando aún tenía catorce años, se me presentó una oportunidad de romper mi conexión con Toni. Me ofrecieron una beca para trasladarme a Barcelona, a media hora en avión desde Mallorca, para entrenar en el Centro de Alto Rendimiento de San Cugat del Vallés, una de las mejores academias de tenis profesional de Europa. Fue el momento de enfrentarme a otra gran decisión y la verdad es que no soy muy bueno tomando decisiones, ni siquiera ahora. En las que se toman en la pista en una fracción de segundo, claro que sí; en las que se necesita algo de meditación, no tanto. (Por eso supongo que tenía que estar agradecido al nuevo entrenador que había aparecido un par de años antes en el escenario futbolístico, porque en cierto modo él decidió por mí que debía renunciar al fútbol y optar por el tenis.) En estas situaciones escucho las opiniones de los demás antes de contrastar argumentos. No me gusta opinar sobre nada hasta que no conozco todos los datos. Para meditar aquella decisión, escuché más a mis padres que a Toni, y ellos lo tenían muy claro. Dado que nos lo podíamos permitir, puesto que nuestra situación acomodada no hacía obligatorio aceptar la beca, mis padres dijeron: «Le va muy bien con Toni, y además, ¿dónde va a estar un chico mejor que en su casa?» Su principal temor no tenía nada que ver con mi juego tenístico, sino con la posibilidad de que me desorientara en Barcelona, solo y sin familia. No querían que me convirtiera en un adolescente problemático. Evitar eso era para ellos más importante que verme triunfar en el tenis.

Me alegró que mis padres optaran por aquello porque, en el fondo, tampoco yo quería irme de casa, y hoy me alegro más aún cuando lo recuerdo. Aunque en ocasiones Toni me crispaba los nervios (por entonces tenía la costumbre de citarme para entrenar a las nueve de la mañana y no aparecer hasta las diez), yo sabía que seguir con él tenía sus ventajas. No iba a encontrar un entrenador mejor, ni mejor guía.

El éxito se me habría podido subir a la cabeza en Barcelona, sin Toni y mi familia cerca (y sin descontar a Maribel, mi hermana menor), que se confabulaban para que mantuviese los pies sobre la tierra. Recuerdo un pequeño incidente relacionado con Maribel durante un torneo juvenil que se celebró en Tarbes, Francia, llamado *Les Petits As*, «Los pequeños ases». Yo tenía catorce años. El torneo se consideraba el mejor del mundo para los chicos de mi edad. Había mucho público, ya que la gente creía que tendría una oportunidad de ver por primera vez a algunas de las grandes estrellas del futuro. Aquel año gané yo y, a modo de anticipo de lo que sucedería después, se me acercaron chicas de mi edad y otras mayores para pedirme autógrafos. Mis padres lo encontraron divertido, aunque no dejaron de alarmarse un poco, así que mi padre indicó a Maribel, que entonces tenía nueve años, que se pusiera junto a las chicas que hacían cola y, cuando le tocó el turno, me preguntó con la voz más cursi y aduladora del mundo: «Señor Nadal, por favor, ¿me firma un autógrafo?» Mis padres, que miraban de lejos, se rieron de lo lindo. Puede que yo impresionara a otros, pero a mi familia, jamás.

Aquel mismo año fui a Sudáfrica. Hasta entonces no había viajado tan lejos. Había ganado en España una serie de torneos patrocinados por Nike y me clasifiqué para participar en una gran final en Sudáfrica, el Nike Junior Tour International, en la que competirían los ganadores de todos los países. Toni no estaba convencido de si debía ir. Como siempre, no quería que me hiciera ideas elevadas sobre mí mismo, pero como desde otro punto de vista era prepararme para la vida errante de un tenista profesional, veía las ventajas de que jugase en un país lejano contra algunos de los mejores tenistas extranjeros de mi edad. Aunque Toni vacilaba (tiene opiniones firmes sobre las cosas, pero le cuesta tomar decisiones incluso más que a mí), mi padre no abrigaba la menor duda. Llamó por teléfono a otro entrenador con el que a veces yo trabajaba en Palma, Jofre Porta, y le preguntó si me acompañaría a Sudáfrica. Jofre contestó que sí y aquella misma tarde tomamos un vuelo nocturno a Johannesburgo que hacía escala en Madrid. Toni no parecía muy complacido, pero hasta cierto punto se sentía aliviado por haberse ahorrado doce horas de vuelo, ya que tiene pánico a los aviones.

Recuerdo aquel torneo menos como tenista que como chico emocionado que viaja por primera vez a África. Se celebró en Sun City, un complejo sorprendentemente lujoso en el corazón de la sabana africana, con piscinas gigantescas, cataratas e incluso una playa artificial, y no lejos de allí, leones y elefantes. Fue toda una aventura estar cerca de aquellos animales salvajes, aunque no me acerqué mucho. Nos llevaron a un lugar donde podíamos coger a unos cachorros de león y acariciarlos, pero yo no toqué ninguno. No me siento tranquilo con los animales, ni siquiera con los perros; no me fío de sus intenciones. Pero recuerdo aquellos días en Sudáfrica como unas breves y emocionantes vacaciones durante las que, casualmente, gané un torneo de tenis. Una prueba de lo infantil que seguía siendo, de lo poco profesional que era a pesar de las horas de práctica que le echaba y de todo el engatusamiento de Toni, fue lo que ocurrió la mañana de la final: pasé dos horas jugando al fútbol. Los organizadores se escandalizaron, como si no nos tomáramos en serio su torneo, y recurrieron a

Jofre para que me obligara a dejar de jugar. Jofre no lo hizo. Sabiendo que reflejaba la opinión de mis padres, les recordó que si no me divertía después de recorrer medio mundo para jugar un torneo, la consecuencia se vería cuando perdiera el entusiasmo por el tenis.

Cuando regresé de Sudáfrica me encontré con que mi madrina Marilén había preparado una fiesta en casa de mis abuelos para celebrar mi victoria. Incluso había colgado una pancarta, aunque no llegué a verla. Toni se enteró de lo que se cocía, se enfadó, arrancó la pancarta de la pared y se la llevó. Marilén había escrito en la pancarta una frase en broma que me halagaba y me tiraba por tierra al mismo tiempo, pero Toni no le vio la gracia. Me interceptó en la puerta de mis abuelos y me dijo:

«Vete a casa. Yo iré después, cuando haya tenido unas palabras con tu madrina y tus abuelos.»

No sé exactamente qué les dijo, pero por lo que mi madrina me contó más tarde, más o menos les espetó:

«Pero ¿estáis locos? ¿Qué estáis haciendo con ese muchacho? Lo vais a echar a perder. No le deis tanta importancia a lo que hace».

Toni no se contentó con aquello. Por la noche se presentó en mi casa y dijo:

«Bueno, no podemos perder el tiempo. Te quiero ver mañana a las nueve abajo, en la puerta. Iremos a Palma a entrenar.»

Atónito, estupefacto y al borde de la rebelión, repliqué:

«¿Te das cuenta de lo que me estás pidiendo?»

«¿Y qué te estoy pidiendo? —respondió—. Nada más que estés mañana a las nueve en la puerta, listo para entrenar. Te estaré esperando. No me obligues a subir.»

Yo estaba indignado y volvía a tener la sensación de que se me trataba injustamente.

«¿Hablas en serio? —pregunté—. Porque si es así, entonces estás loco. ¿Crees que es justo que después de catorce o quince horas de avión no me perdones ni una, ni una sola sesión de entrenamiento?»

«Entonces nos veremos a las nueve.»

«Pues no voy a estar.»

Pero estuve. Mohíno, malhumorado y echando chispas, a las nueve en punto.

Toni tenía razón y, a pesar de toda mi indignación, yo también, en lo más hondo, sabía que la tenía. Una vez más, su intención había sido evitar que «me creyera» el éxito alcanzado, que pensara que merecía una celebración o que se me eximiese del entrenamiento. Mis padres son más alegres que Toni, no tan aguafiestas, pero en aquella ocasión estuvieron de acuerdo con su enfoque. Cuando un tío o una tía me felicitaba por una victoria, mi madre respondía siempre del mismo modo:

«Vamos, que no es para tanto.»

Mi madre me inyectaba energía y estímulo en los aspectos en que yo andaba más flojo, como los estudios del colegio. Con respecto a este tema mis padres, que ya me habían protegido de Barcelona, decidieron cuando cumplí quince años que

*De bebé, se deja entrever
una obsesión venidera.*

*Empiezo a andar, refrescándome
bajo el sol mallorquín.*

*Con el uniforme del Real Madrid,
el equipo de fútbol de mi vida.*

Cogiéndole gusto tempranamente a otro de los placeres de mi vida: paseos en barca.

Con mi tío Miguel Ángel Nadal, jugador profesional de fútbol.

Disfrazado.

Con mis compañeros, a todos nos entrenaba Toni.

Reflexionando sobre el juego.

*Con Boris Becker
y amigos.*

Yo y Goofy tenista.

*A los 16 años,
haciendo
ejercicios
de velocidad
y agilidad
en Manacor.*
© Joan Forcades

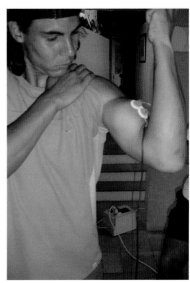

*Pasando pruebas
y entrenándome
en el gimnasio
en Mallorca.*
© Joan Forcades

*París, 2008.
Con mi trofeo del
Abierto de Francia.
De izquierda a
derecha, en la
segunda fila: mi
padre, mi madre,
Rafael —Titín—
Maymó. En
primera fila:
Bemito Pérez-
Barbadillo, Jordi
—Tuts— Robert.*
© Jordi Robert

*Titín, Tuts, yo,
Carlos Costa y
Toni en los
jardines del
palacio de Versalles
(de izquierda a
derecha) antes
del inicio del
Abierto de Francia
de 2008.*
© Jordi Robert

Tuts, Titín, yo (de izquierda a derecha) en un restaurante japonés en Melbourne durante el Open de Australia, 2009.
© Jordi Robert

Titín, Tuts, Carlos Costa, yo, mi padre, Toni (de izquierda a derecha) en Melbourne, Australia, 2009.
© Jordi Robert

Mi padre, Benito Pérez-Barbadillo, Tuts, Carlos Costa, yo, mi hermana, mi madre (de izquierda a derecha). Con el trofeo que atestigua mi condición de número uno en la clasificación mundial en 2010.
© Jordi Robert

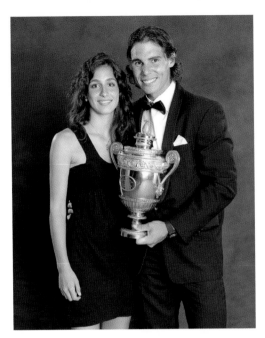

Con mi novia, María Francisca Perelló, en la cena oficial en celebración de mi victoria en Wimbledon en 2010
(Bob Martin/AELTC)

En la casa que alquila mi equipo en Wimbledon, junio 2010. Benito Pérez-Barbadillo, Titín, Tuts, yo.
© Jordi Robert

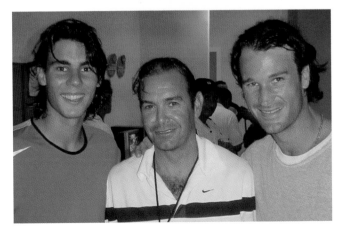

En Acapulco en 2005, de camino a ganar mi primer Grand Slam, el Abierto de Francia. Yo, Joan Forcades, Carlos Moyá (entonces entre los diez mejores del mundo).
© Joan Forcades

podía hacer lo mismo que mi padre y que Toni e ir a un internado de Palma. Se llamaba Escuela Balear del Deporte, respondía exactamente a mis necesidades —clases normales y mucho tenis— y estaba a una hora de mi casa en coche, pero allí me sentí fatal. Mis padres —mi madre en particular— temían que tanto tenis perjudicara mis estudios; mi temor era que los estudios perjudicaran mi tenis. De hecho perjudicaron mis posibilidades de participar en el Torneo Juvenil de Wimbledon, así como en el de Roland Garros.

«¡Pero esos torneos son importantes!», me quejé a mi madre.

«Sí —replicaba ella—, sin duda lo son, pero seguro que tendrás más oportunidades para jugar en esas competiciones; en cambio, si abandonas los estudios, no tendrás ninguna otra posibilidad de aprobar los exámenes.»

Mis padres pensaban que el internado deportivo era la mejor solución para conseguir los dos fines. No voy a decir que cometieran un grave error, porque aprobé los exámenes, pero fue un año horrible para mí. No necesitaba ni quería que cambiase nada en mi vida. Me sentía contento con lo que tenía. Y, de pronto, me invadió una nostalgia tremenda: echaba de menos a mis padres, a mi hermana, las comidas en familia con mis tíos y mis abuelos, ver los partidos de fútbol en televisión por la noche —me mataba perderme eso— y la comida de casa. Y el horario que teníamos era brutal. Nos levantábamos a las siete y media, teníamos clase desde las ocho hasta las once, luego tenis durante dos horas y media, y después comíamos.

Por la tarde, más clases, entre las tres y las seis, y luego tenis y gimnasia entre las seis y las ocho. Y después, de las nueve a las once, a estudiar otra vez. Era demasiado. Nada de lo que tenía que hacer lo hacía bien, ni estudiar ni jugar al tenis. Lo único bueno que recuerdo de aquella experiencia era que, al finalizar el día, estaba tan cansado que dormía como un lirón. Otra cosa buena era que volvía a mi casa los fines de semana y, sí, al final conseguí las notas que necesitaba para terminar bien el curso.

Mi madre quería que siguiera estudiando y que hiciese los exámenes de acceso a la universidad. Cuando tenía dieciséis años me matriculó en un curso a distancia, pero perdí todos los libros, me los dejé en un avión cuando viajaba a Canarias y allí terminó mi educación formal. No creo que me dejara olvidados aquellos libros a propósito; fue otra consecuencia de no pensar en nada que no fuera el tenis. Y no lamenté haber renunciado a la posibilidad de ir a la universidad, porque no creo en lamentaciones y punto. Siento curiosidad por el mundo; me gusta estar informado de lo que pasa y creo que en los últimos años he aprendido sobre la vida muchas cosas que la universidad no habría podido enseñarme nunca.

Lo gracioso es que en el internado me pasó lo mismo que a Toni, que también añoraba su casa de un modo terrible. A mi padre, en cambio, no le ocurrió. Él siempre juega con las cartas que le da la vida. Yo no tengo ese carácter tan sólido que tiene él, ni Toni tampoco, pero aplico al tenis el principio de aguantar. Toni me dio la teoría, mi padre, la práctica; Toni me enseñó a aguantar, mi padre me dio un ejemplo que imitar.

Su personalidad es el polo opuesto de la de Toni. Toni habla mucho, es un filósofo; mi padre escucha, es un pragmático. Toni tiene opiniones; mi padre toma decisiones, siempre con las ideas claras. Toni es imprevisible; mi padre es ecuánime. Y es el emprendedor de la familia. El proyecto de Toni he sido yo y ha hecho su trabajo de forma impecable. Pero mi padre, que es dos años mayor que Toni, ha emprendido un negocio tras otro partiendo de cero; es tenaz cuando se trata de fijarse objetivos, aunque ha hecho de su familia su prioridad. Es muy sincero y celoso de mantener el buen nombre de la familia. Ha dado empleo a docenas de personas en sus diversas actividades y ha creado las condiciones para que nosotros vivamos bien y para que Toni se dedicara en cuerpo y alma a mí.

Una cosa no habría ocurrido sin la otra. Toni no ha recibido nunca ningún dinero, ni mío ni de mi familia, por la atención vitalicia que me ha dedicado, pero ha podido hacerlo porque posee la mitad del negocio de mi padre y percibe el cincuenta por ciento de los beneficios sin trabajar en él. Es un trato justo porque yo no habría recibido las horas de entrenamiento que me ha dado Toni si mi padre no hubiera trabajado toda su vida con esa finalidad.

Lo que define a mi padre en su trabajo es que afronta los problemas, encuentra soluciones y consigue que la tarea se lleve a cabo. Y pienso que en eso me parezco más a él que a Toni. Toni es mi entrenador de tenis y también mi guía en muchas otras cosas de la vida. Para ello se vale de palabras: me apremia, me reprende, me aconseja, me enseña. Pero ahí es donde termina su trabajo y donde empieza el mío. Quien ha de poner sus palabras en acción soy yo. Mi madrina dice que mi padre es por naturaleza un ganador y que en la pista yo tengo su carácter. Creo que es verdad. Yo soy el luchador en mi espacio, como mi padre lo es en el suyo.

Sin embargo, desde el punto de vista del público, es el que queda en la sombra. Le gusta decir: «Soy el hijo de Rafael Nadal, el hermano de Miguel Ángel Nadal, el padre de Rafael Nadal; nunca soy yo a secas.» Otros podrían reaccionar a esta circunstancia con envidia o sin ocultar apenas el resentimiento; a mi padre le gusta de verdad. Su padre se hizo famoso en Manacor gracias a sus logros musicales; su hermano fue un futbolista famoso; su hijo es un tenista famoso. Esto significa que, en diferentes etapas de su vida, ha tenido que presentarse, o ser presentado, como el hijo, el hermano o el padre de otro Nadal. O si dice: «Hola, soy Sebastián Nadal», la respuesta es invariablemente: «Ah, ¿el hijo/ el hermano/ el padre de...?» Que él recuerde, siempre ha habido al menos una noticia por semana sobre un Nadal en los medios locales, pero ninguna sobre él. Eso nunca le ha molestado, porque no tiene ningún interés en ser conocido o reconocido, y mucho menos agasajado. Se contenta con que los demás miembros de la familia reconozcan que sólo ha querido ser un pilar para la familia y, en los últimos años, el pilar que, en concreto, me sostiene a mí.

Fue mi padre, con su experiencia en el mundo empresarial, quien pensó en la necesidad de rodearse de un equipo profesional. Además de Toni, nos asociamos con Joan Forcades, mi preparador físico; Rafael "Titín" Maymó, mi fisioterapeuta; Ángel Cotorro, mi médico; Benito Pérez-Barbadillo, para ocuparse de la comunicación con los medios; y como representante, Carlos Costa, que trabaja para IMG, una compañía de marketing deportivo muy bien conectada en el mundo del tenis. En lo referente a los asuntos económicos relacionados con mi carrera tenística, contrariamente a lo que él acostumbra, mi padre me comentó que creía mejor que alguien externo a la familia nos ayudara. Le contesté que me fiaba de él plenamente, pero que, si se sentía más cómodo trabajando con gente que pudiera aportar un punto de vista más objetivo, por mí no había ningún problema, de modo que se alió con varios socios de confianza con los que había trabajado en anteriores ocasiones y a los que yo conozco desde niño. No obstante, para ser sincero, es la parte que menos me preocupa del equipo. Toni, siempre el prudente, era reacio a ampliar la cosa más allá del círculo familiar, pero fue mi padre quien dijo que no, que si nos proponíamos llegar a la cumbre, teníamos que reconocer nuestras limitaciones y conseguir que unos buenos profesionales trabajaran con nosotros.

Mi padre es el cerebro estratégico del equipo, pero también se encarga de asuntos menores cuando los demás no pueden, como, por ejemplo, de conseguir un par de entradas de Wimbledon para un patrocinador o solucionar el traslado desde un hotel hasta el club donde tiene lugar un torneo. Ante los asuntos grandes y pequeños que se presentan es mi padre quien pone orden, calma y el buen humor que necesito para funcionar a tope en la pista.

Ello no implica reducir en modo alguno el papel que Toni ha desempeñado en mi vida. Pese a todos los choques que hemos tenido, es mi tío y lo quiero. Pero la principal fuerza impulsora en mi vida ha sido mi padre, quien, junto con mi madre, ha creado una base familiar feliz y estable sin la que yo no sería el tenista que soy. Puede que para mi madre no haya sido lo mejor, porque prácticamente se olvidó de sí misma —dejando una perfumería que era suya— y lo sacrificó todo por nosotros, por mi hermana, por mi padre y por mí. Es una persona sociable por naturaleza, le encanta aprender y ver cosas nuevas, pero desde que nací yo su vida se ha limitado a la familia. Lo hizo porque quería, porque nunca le entró la menor duda de que era eso lo que tenía que hacer. A veces pienso que se ha sacrificado demasiado por nosotros, pero si su objetivo era que tuviéramos el espacio y el amor necesarios para prosperar, funcionó. Mientras mi padre estaba fuera administrando sus negocios, ella daba forma a nuestros valores, se encargaba de mi educación y de la de mi hermana, nos ayudaba con los deberes escolares, nos daba de comer y estaba con nosotros todos los días, siempre disponible para lo que fuera. Subestimar el valor de su papel en todo lo que me ha sucedido, pensar que es menos importante que Toni, por ejemplo, sería estar ciego y cometer una injusticia. Como ella misma dice a veces, «a nadie le gusta ver escrito por todas partes que su hijo ha sido educado por otra persona».

Sin embargo, como le repito a mi madre, me viene bien que Toni ocupe un papel central en mi vida tenística. Redunda en mi beneficio. Toni me da algo sin lo que mi juego sufriría, y creo que mi madre lo comprende.

Nunca podré devolver a mis padres todo lo que me han dado, pero lo mejor que puedo hacer por ellos es ser fiel a los valores que me han inculcado, ser «buena gente», porque sé que nada les dolería más o les haría sentirse más traicionados que si fuera mala persona. Si además puedo darles diversión, alegría y la satisfacción de ganar un torneo importante como Wimbledon, es un plus muy emocionante. Porque una victoria para mí es una victoria para todos nosotros. Yo lo sé y ellos también.

No era esto lo que más me preocupaba cuando perdía 4-1 frente a Federer en el segundo set de la final de Wimbledon, pero si tenía la convicción de que era una montaña que podía escalar, en grandísima parte se debía a la estabilidad y al ejemplo que mi familia me había dado.

La situación, sin embargo, distaba de ser ideal. Allí me encontraba yo ante el archicampeón de Wimbledon, que estaba jugando mejor que nunca. Me sentía superado por él. Desde fuera debía de dar la impresión de que Federer se sentía majestuosamente cómodo en su reino de la Centre Court. Cualquier espectador podría imaginar que yo estaba pensando: «Por favor, esto se me va de las manos. Va a repetirse lo de 2007.» Pero no. Lo que yo pensaba era: «No va a poder mantener este ritmo ni en este set ni en los tres o cuatro siguientes. Yo aún me siento bien. Noto las buenas sensaciones. Me aferraré a mi plan de juego y entonces volveré a tener oportunidades.» Y no regalar ni un solo punto, nunca jamás.

Y empecé a ganar. Antes de lo que esperaba o, para el caso, de lo que me merecía. Gané mi servicio y luego tuve la suerte de romper el suyo. Fue un serio contratiempo para él. Lo encajó mal, perdió la concentración, salió del estado de gracia en el que se había enclaustrado y volví a romperle el servicio. Daba golpes flojos, en general debido a que adoptaba posturas difíciles para intentar devolver el aluvión de bolas que yo lanzaba contra su revés, y me regalaba puntos donde antes me los ganaba con aparente facilidad. Estaba empezando a sentirse incómodo de nuevo, a notar la presión, y se le veía en la cara. En un par de ocasiones incluso gritó con rabia. Aquél no era el estilo de Roger, de ningún modo. Pero a esas alturas yo estaba más sereno por fuera que él y, probablemente, también por dentro. No es que mi juego hubiera mejorado. También yo daba malos golpes, fallaba algunas ocasiones ganadoras que debería haber materializado con facilidad. En momentos como esos, mi cara tampoco es una máscara impasible. Se me escapan gritos de contrariedad y cierro los ojos de desesperación, como sabe cualquiera que me haya visto jugar. Pero, en cuanto me coloco para disputar el siguiente punto, la contrariedad desaparece, olvidada y borrada; lo que cuenta, lo único que existe, es el momento.

Ganaba 5-4 y me tocaba a mí sacar. Ganó el primer punto. Luego saqué con un buen primer servicio directo al cuerpo. Inapelable. Quince iguales. Gané el siguiente punto con una derecha en profundidad abierta hacia su derecha, muy parecido al trallazo con que había ganado el primer punto del partido. Pero el siguiente punto lo ganó él: treinta iguales. Un punto sensacional. Y entonces, mientras botaba la bola contra el césped y estaba ya a punto de arquearme y sacar, intervino el juez: «Infracción de tiempo: aviso, señor Nadal.» Al parecer, había dejado transcurrir demasiado tiempo entre un punto y otro, había sobrepasado el límite legal de veinticinco segundos antes del saque. Es una norma que se aplica muy pocas veces, pero es peligrosa porque, una vez que se ha recibido el primer aviso, las demás infracciones restan puntos. Aquello ponía a prueba mi concentración. Habría podido montar una escena. Estaba seguro de que el público compartía mi indignación. Pero sabía, sin necesidad de pensarlo dos veces, que descubrir mis emociones no me beneficiaría. Me arriesgaría a perder aquella preciosa baza, la concentración. Además, estaba en una buena racha, a dos puntos de ganar el segundo set. Me olvidé inmediatamente de la interrupción del juez y gané el punto con un golpe tremendo y poco habitual en mí, un revés cortado cruzado que hizo que Federer fallara en la red. Fue especialmente satisfactorio, no sólo por la importancia del tanto, sino porque me gusta creer que, por muchos torneos que gane, sigo mejorando mi juego, y aquel revés cortado era un golpe que venía entrenando y fortaleciendo desde hacía tiempo. No es un golpe que muchos jugadores opten por tener en su repertorio porque el juego actual es muy rápido, pero creo que me da una ventaja ya que me permite cambiar el ritmo del juego, plantear problemas nuevos a mi oponente. Sin embargo, aquel golpe concreto superó todas mis expectativas. Normalmente, el revés cortado es un golpe defensivo, pero el que acababa de sacarme de la manga había sido uno de los mejores golpes ganadores de mi vida y, además, me dio un punto de set. Federer volvió con fuerza y nos pusimos iguales en el marcador, aunque yo me sentía en mi mejor momento, capaz de todo. Llegamos a otros dos *deuces* y Federer tuvo tres puntos de *break* en total, pero finalmente entregó el juego y el set con un revés vacilante que se estrelló contra la red. Fue un error en el que yo no intervine, un error en un momento decisivo, en un partido que iba a caracterizarse por un elevadísimo porcentaje de golpes ganadores. Yo ganaba ya 6-4, 6-4. Otro set más y sería campeón de Wimbledon.

Pero todavía no cantaba victoria. En absoluto. Mi rival era Federer y frente a él no había relajación posible. Más aún, yo sabía que aquel 6-4 era injusto. Él había jugado mejor que yo durante todo el set. Podía jugar al mismo nivel, o no tan bien, y ganar el siguiente. Puede que yo lo hubiera derrotado mentalmente; pero si yo aflojaba mentalmente, me derrotaría. Alcé la mirada y vi que el cielo se oscurecía. Parecía que fuera a llover de nuevo; tal vez se aplazase el partido hasta el lunes. Ocurriera lo que ocurriese, tendría que afrontarlo. El marcador indicaba que yo ganaba dos sets a cero; pero en mi cabeza estábamos todavía 0-0.

EL CLAN

Sebastián Nadal tuvo que aguantar no pocas bromas de su familia por culpa de la chaqueta que se puso para ver jugar a su hijo contra Federer en la final de Wimbledon de 2008. No era suya, aclaró en son de queja; antes de que comenzara el partido no llevaba ninguna y pidió a Benito Pérez, jefe de prensa del tenista, que le buscase algo que ponerse. Lo mejor que pudo agenciarse Benito fue una chaqueta azul oscuro con rayas verticales plateadas y, con las gafas oscuras, Sebastián parecía un *capo* de tercera fila de la mafia siciliana, que chocaba un poco en aquel escenario tenístico con sabor a fresas con nata. En cualquier caso, así es cómo lo describieron sus hermanos, una impresión que él mismo luchó por rebatir.

No obstante, había una faceta en la que el *look* de gángster no resultaba del todo inadecuada. Hay algo siciliano en la intimidad del círculo familiar de los Nadal. Viven en una isla del Mediterráneo y, más que una familia, son un clan, algo así como los Corleone o los Soprano, pero sin maldad ni pistolas. Se comunican en mallorquín, una variante del catalán que sólo hablan los habitantes del archipiélago; son rigurosamente leales entre sí y todas las cuestiones económicas se tratan dentro de la familia, ya sean las condiciones del contrato de Miguel Ángel con el Fútbol Club Barcelona, la empresa cristalera que dirige Sebastián o los negocios inmobiliarios con los que todos han sacado provecho.

Fijémonos, por ejemplo, en el edificio de cinco plantas que la familia adquirió en el centro de Manacor, junto a la iglesia de la Virgen de los Dolores, cuyo alto campanario sobresale entre los tejados de la ciudad. Cuando Rafael tenía entre diez y veintiún años, todos los Nadal —los abuelos, sus cuatro hijos, su hija, sus respectivos cónyuges y su creciente descendencia— vivían en la misma finca, unos encima de otros, y tenían las puertas abiertas de día y de noche, lo que convertía todo el edificio en una gran mansión familiar.

En Porto Cristo, el centro turístico costero situado a ocho kilómetros de Manacor, vivían distribuidos del mismo modo. En la planta baja, los abuelos; en el primer piso, la familia de Sebastián; en el segundo, Marilén, la madrina del tenista; en el tercero, el tío Rafael. En la acera de enfrente, Toni y, en la misma calle, un poco más abajo, Miguel Ángel.

Los abuelos de Rafael fueron los cerebros que orquestaron un orden que no es del todo insólito en una sociedad tan ligada a la familia como es la mallorquina, en la que no es raro que los hijos sigan viviendo con los padres hasta bien entrada la treintena.

«Mantener a todos unidos fue una misión que nos impusimos mi mujer y yo —afirma don Rafael Nadal, el abuelo músico—. No tuvimos que insistir demasiado para convencer a nuestros hijos de que comprasen la finca. Desde que eran muy pequeños les inculqué la idea de que todo debía hacerse en familia.»

Cuando Miguel Ángel se dedicó al fútbol profesional, no hubo la menor duda de que su agente debería ser su hermano mayor, Sebastián, quien, además, lo haría gratis. A Sebastián no se le habría ocurrido pedir un porcentaje de las ganancias de su hermano. Cuando se vive según el código de la familia Nadal, explicaba Sebastián, esas cosas no se hacen. Los tres hermanos, Sebastián, Miguel Ángel y Toni, y Rafa con ellos, han fundado una compañía llamada Nadal Invest S.L., que, bajo la batuta de Sebastián, ha invertido en bienes raíces. En cuanto a los tratos con los patrocinadores de Rafa, en España y a nivel internacional, al principio Sebastián se encargó de gestionar los contratos personalmente, sobre todo los primeros acuerdos con Nike. La persona sobre la que, en último término, recaen las decisiones importantes es Sebastián, quien ha sustituido a don Rafael en el puesto de patriarca de la familia: definidor de los valores, guardián de las normas.

«Perdería lo que fuera, renunciaría a cualquier cosa, dinero, propiedades, coches, cualquier cosa, antes que pelearme con mi familia —afirma Sebastián—. Para nosotros, una pelea es algo inconcebible. Nunca nos hemos peleado y nunca nos pelearemos. Lo digo en serio. No es ninguna broma. Nuestra primera y última regla es la lealtad a la familia. Es lo más importante de todo. Mis mejores amigos, los más íntimos, son mi familia; luego están los demás. La unidad familiar es la base de nuestras vidas.»

Lo es, porque este principio se lleva a tales extremos que rehúyen el impulso, en otras circunstancias perfectamente natural, de felicitar a Rafa cuando gana. Marilén, la madrina, lo intentó una vez y la respuesta inmediata de Toni y del propio Rafa fue mirarla con incredulidad y decirle: «Pero ¿qué haces?»

«Tenían razón —confiesa Marilén—. Fue como si me estuviera felicitando a mí misma. Porque si gana uno de nosotros, ganamos todos.»

CAPÍTULO 4

EL COLIBRÍ

Aflojar no era una opción. Dos sets a cero, me faltaba uno para ganar la final de Wimbledon; los espectadores habrían podido creer que me sentía a un paso de conseguir el sueño de mi vida. Pero no podía permitir que tales pensamientos me rondaran la cabeza. Afrontaría los puntos según llegaran, uno por uno. Olvidaría todo lo demás, borraría el futuro y el pasado, existiría sólo en el momento presente.

Que Federer ganara el primer juego del set dejándome a cero, que sacara y me metiese golpes ganadores con la voluntad del hombre que no tenía la más remota intención de rendirse, en realidad me ayudaba a concentrarme, me recordaba que ir por delante no significaba nada; lo decisivo era ganar al final del largo trayecto. Así que me preparé para lo que de pronto me parecía que, de hecho, iba a ser un trayecto realmente largo. En parte porque el cielo volvía a oscurecerse, amenazando lluvia, pero más que nada porque Federer seguía jugando tal como había empezado: consiguiendo un elevado porcentaje de golpes ganadores, conservando el servicio con facilidad, presionándome con un punto de *break* tras otro, dificultándome las maniobras para impedirle que se llevara el set.

La gente me pregunta a veces si me creo el aguafiestas de Federer, si mi aparición en la escena tenística le ha impedido batir más marcas. A lo cual suelo responder: «¿Por qué no lo miramos desde el otro lado? ¿Por qué no pensar que es él quien me ha aguado la fiesta a mí?» Sin Federer, es posible que en 2008 yo hubiera sido ya número uno del mundo por tercer año consecutivo, en vez de verlo a él con ese título y esperar todo el tiempo en calidad de número dos. La verdad es que sin uno de los dos en el circuito, es probable que el otro hubiera conseguido más victorias. Pero no es menos cierto que la rivalidad nos ha beneficiado a ambos desde el punto de vista de nuestro perfil internacional —que, entre otras cosas, ha aumentado el interés de los patrocinadores—, porque ha hecho que el tenis resulte más atractivo a más personas. Cuando un jugador se pasea por las pistas, cuando un jugador gana una vez tras otra, sin duda eso es bueno para el jugador, aunque no necesariamente para el deporte. Y creo que, al final, lo que es bueno para el deporte ha de ser bueno para nosotros dos. Los fans se emocionan cuando vamos a enfrentarnos, sobre todo en las finales, porque somos los dos cabezas de serie, y esa emoción también nos afecta a nosotros. Hemos jugado muchas veces el uno contra el otro y ha habido numerosos partidos que han sido muy reñidos y emocionantes, cruciales para la trayectoria profesional de cada uno, porque a menudo hemos sido finalistas de un Grand Slam. Si he tenido ventaja en partidos ganados —y antes de la final de Wimbledon de 2008 yo iba por delante con 11-6— es porque hemos disputado muchos encuentros en tierra batida, donde yo me desenvuelvo mejor; pero si nos fijamos en las otras superficies en que hemos jugado, nos damos cuenta de que los resultados están más igualados.

Esto no quiere decir que no haya muchos otros jugadores más que capaces de derrotarnos y que, de hecho, nos han derrotado. Pienso en Novak Djokovic —sobre todo en Djokovic—, pero también en Andy Murray, en Soderling, en Del Potro, en Berdych, en Verdasco, en David Ferrer, en Davydenko... Sin embargo, la historia demuestra que, desde que pasé a ser el número dos en 2006, Federer y yo hemos dominado los grandes torneos y nos hemos enfrentado en muchas grandes finales. Esto ha tenido un efecto innegable, y creo que los dos pensamos igual en este aspecto, y es que nuestra rivalidad ha adquirido una magia creciente en la imaginación del público. La expectación que generan nuestros encuentros hace que yo rinda al máximo. Cada vez que juego contra Federer tengo la impresión de que tengo que jugar al límite de mi capacidad, de que tengo que ser perfecto y de que para ganar tengo que jugar a la perfección durante mucho tiempo. En cuanto a Federer, creo que me ataca más, juega con mayor agresividad, busca más los golpes ganadores con derechas y voleas que cuando se enfrenta a otros jugadores, lo cual le obliga a correr más riesgos y a jugar al cien por cien si quiere ganar.

No sabría decir si Federer me ha hecho mejor jugador o si yo lo he hecho mejor a él. Toni nunca ha dejado de recordarme —y admito que tiene razón— que Federer está mejor dotado técnicamente que yo, pero no lo dice para desanimarme, sino porque sabe que, repitiéndomelo, me motiva y me obliga a mejorar el juego. A veces veo jugar a Federer en un vídeo y me quedo asombrado al comprobar lo bueno que es; me sorprende que haya sido capaz de derrotarlo. Toni y yo vemos muchos vídeos de tenis, sobre todo de mis partidos, los que he ganado y los que he perdido. Todo el mundo procura aprender de las derrotas, pero yo procuro aprender también de mis victorias. Hay que recordar que en tenis se gana a menudo por un margen reducidísimo, que en el deporte hay cierta injusticia matemática. No es como en baloncesto, donde el ganador es siempre el que ha conseguido más canastas. En tenis, el resultado no suele depender tanto de ser el mejor jugador en general como de ganar puntos en los momentos críticos. Por eso el tenis es un juego tan psicológico. Y también por eso no hay que permitir que la victoria se te suba a la cabeza. En el momento del triunfo, sí, puedes embriagarte con la euforia. Pero después, cuando ves el partido que has ganado, a menudo te das cuenta —a veces con un escalofrío— de lo cerca que has estado de perder. Entonces tienes que analizar por qué: ¿fue porque perdí la concentración, porque hay aspectos de mi juego que debo mejorar o por ambas cosas a la vez?

Otra ventaja de ver mis partidos con detenimiento y con la cabeza fría es que, al apreciar y respetar la capacidad de mis rivales, al verlos dar fabulosos golpes ganadores, aprendo a perder los puntos con más resignación y serenidad. Algunos jugadores se enfadan y se desesperan cuando les meten un *ace* o se quedan clavados ante un magnífico *passing shot*. Es el camino de la propia destrucción y, además, es ridículo, porque significa que te crees capaz, en una especie de mundo tenístico ideal, de superar el juego de tu oponente de principio a fin. Si le concedes más mérito al contrario, si admites que te ha metido una bola ante la que no podías hacer nada, si por un momento te pones en el lugar del espectador y reconoces generosamente que ha jugado de maravilla, ganas equilibrio y serenidad interior. Te quitas la presión de encima. En tu cabeza aplaudes al otro, mientras por fuera te encoges de hombros y sigues adelante para pelear por el punto siguiente, pensando no que los dioses del tenis se han aliado contra ti ni que tienes un mal día, sino que la próxima vez va a haber muchísimas posibilidades de que seas tú quien meta un golpe ganador indiscutible.

Al final, tienes que comprender que la diferencia que hay entre la capacidad de un cabeza de serie y la de otro es insignificante, prácticamente nula, y que lo que decide los partidos que disputan es un puñado de puntos. Cuando digo, al igual que Toni, que gran parte de la razón de mi éxito se debe a mi humildad, no estamos vendiendo la imagen de un timorato, ni haciendo relaciones públicas en plan listillos, ni dando a entender que soy un tipo muy equilibrado y moralmente superior. Comprender la importancia de la humildad es comprender la importancia de conseguir un estado de máxima concentración en las etapas cruciales de un partido, saber que no vas a pisar la pista y ganar sólo con el talento que Dios te ha dado. No me siento cómodo hablando de mí mismo en comparación con otros jugadores, pero creo que quizá he llegado a desarrollar cierta ventaja en el aspecto psicológico. Con esto no quiero decir que no tenga miedo ni dudas al comienzo de la temporada sobre cómo van a ir las cosas. Porque las tengo, precisamente porque sé que existe muy poca diferencia entre un jugador y otro. Sin embargo, también creo que tengo una capacidad para aceptar las dificultades y para sobreponerme a ellas ligeramente mayor que la de muchos de mis rivales.

Puede que por eso me guste tanto el golf, porque es un deporte en el que también interviene esa disciplina para mantener la calma bajo circunstancias adversas que he adquirido en el tenis. Necesitas, evidentemente, una base de talento y muchísima práctica, pero lo decisivo en el golf es no dejar que un golpe fallido afecte al resto de tu juego. Si hay un deportista al que admiro fuera del mundo del tenis es Tiger Woods. Cuando está en plena forma, veo en él lo que me gustaría ser a mí. Me gusta esa mirada ganadora que tiene cuando juega, y lo que más me gusta es su actitud, su forma de encarar los momentos de crisis cuando gana o pierde un partido. A lo mejor falla un golpe y se enfada consigo mismo, pero cuando le vuelve a tocar recupera la concentración y sólo se preocupa de darle a la bola. Casi siempre, en sus mejores momentos, ha hecho lo que hay que hacer cuando hay mucha presión; casi nunca ha tomado la decisión que no debe. Lo prueba el hecho de que nunca ha perdido un torneo cuando, en la última ronda, sale en el primer puesto de la clasificación. Para poder hacer eso hay que ser muy bueno, aunque eso solo no basta. Hay que ser capaz de valorar cuándo arriesgarse y cuándo contenerse; hay que ser capaz de admitir los propios errores y aprovechar las oportunidades que salen al paso, cuándo optar por una clase de golpe y cuándo por otra. Yo nunca he tenido ídolos en ningún deporte, ni siquiera en el fútbol. De pequeño sentía una admiración especial por mi paisano mallorquín Carlos Moyà, pero nunca la admiración ciega del fanático. No va con mi carácter, no es propio de mi cultura ni de la educación que he recibido. Lo más parecido a un ídolo que he tenido en mi vida es, sin duda, Tiger Woods. Pero no por sus *swings* ni por su forma de darle a la bola, sino por su lucidez, su determinación, su actitud. Me encanta.

Es un ejemplo e inspiración cuando juego a tenis y, por supuesto, cuando juego a golf. De hecho, en golf lo es de un modo exagerado, según mis amigos, que piensan que me tomo el deporte demasiado en serio. La diferencia es que ellos juegan por diversión y a mí me resulta imposible practicar ningún deporte sin entregarme al cien por cien. Esto significa que, cuando salgo al campo de golf con mis amigos, al igual que cuando salgo a la pista para enfrentarme a Federer, dejo de lado los sentimientos humanos cotidianos. Hay una expresión que utilizo antes de jugar para trazar la línea que separa la rivalidad y el afecto en el terreno de juego. Miro a mis colegas golfistas fijamente y digo: «Partido hostil, ¿estamos?» Sé que a mis espaldas se ríen de mí por eso, pero no tengo intención de cambiar. Durante un partido de golf soy decididamente no amistoso, desde el primer hoyo hasta el último.

Es cierto que no se necesita la misma concentración que en el tenis, donde, si te distraes tres o cuatro minutos, puedes perder tres o cuatro juegos. En golf, entre un golpe y otro transcurren más de tres y cuatro minutos. En tenis tienes que decidir en una fracción de segundo si optas por una derecha ganadora, un golpe defensivo o por correr a la red para volear. En el golf, si lo deseas, puedes quedarte treinta segundos mirando la bola para preparar el golpe, lo cual significa que durante un recorrido hay tiempo de sobra para contar chistes y hablar de otras cosas. Pero yo no juego así, ni siquiera con mis tíos, ni siquiera con mi amigo Tomeu Salvà y mucho menos con el novio de mi hermana, que es un jugador de primera. Yo imito a Tiger Woods. Desde el principio hasta el final apenas dirijo la palabra a mis contrincantes y, desde luego, no los felicito cuando consiguen un buen golpe. Se quejan, se enfadan conmigo, me insultan por mi grosería. Dicen que soy más agresivo si cabe que en la pista de tenis, que en la pista al menos alguna vez se me ha visto sonreír, pero en el campo de golf nunca, no hasta que el partido termina. La diferencia entre mis amigos, algunos de los cuales son mucho mejores golfistas que yo (mi hándicap es de 11 golpes), es que yo no le veo ningún sentido a jugar a un deporte al que no te entregues por completo.

Lo mismo cabe decir de los entrenamientos, lo que a veces me ha causado problemas cuando los jugadores que elijo para practicar durante los torneos dicen que entreno con demasiada intensidad demasiado pronto, que no les doy la oportunidad de calentar y que se cansan a los diez minutos. Ha sido una queja frecuente desde el principio de mi trayectoria profesional. Sin embargo, no he vendido mi alma al tenis. El esfuerzo que realizo es grande, pero no lo considero un sacrificio. Es verdad que he entrenado cada día prácticamente desde los seis años y que me exijo muchísimo, mientras mis amigos están por ahí de marcha o se levantan tarde. Pero yo no lo he sentido como un sacrificio ni como perderme algo, porque siempre me lo paso bien. Con esto no digo que no haya habido veces en que me habría gustado hacer otra cosa en vez de entrenar, por ejemplo quedarme en la cama si he trasnochado. Pero, como digo, también salgo de noche. Y he estado de marcha hasta las tantas, como es costumbre en Mallorca, especialmente en verano. Bebo muy poco, pero voy a bailar con los amigos y a veces me quedo por ahí hasta las seis de la mañana. Puede que me haya perdido cosas de las que disfrutan otros jóvenes, pero en general creo que he salido ganando.

Algunos jugadores son como monjes; yo, no. No es mi forma de entender la vida. El tenis es mi pasión, pero también lo veo como un trabajo, como un empleo en el que procuro trabajar bien y con honradez, como si se tratara de la cristalería de mi padre o de la tienda de muebles de mi abuelo. Y como en cualquier trabajo, por grande que sea la recompensa económica que obtienes, hay una parte que se hace pesada. Ni qué decir tiene que tengo una suerte increíble de ser una de las pocas personas en el mundo que tienen un trabajo que les gusta y que, encima, cobran muchísimo por lo que hacen. Es algo que nunca olvido. Pero en última instancia no deja de ser trabajo. Así es como lo concibo. De lo contrario, no entrenaría con la dureza con que entreno, con la misma seriedad, intensidad y concentración que cuando juego un partido. Entrenar no es una juerga. Cuando mi familia o mis amigos vienen a verme practicar con Toni o con otro profesional que conocen, no estoy de humor para bromas ni sonrisas; saben que cuando disputo un punto de práctica han de guardar silencio, tanto como el público de Wimbledon.

Sin embargo, también necesito desconectar, pasar un rato agradable, salir de marcha hasta tarde o jugar al fútbol con mis primos, que son más pequeños que yo, o ir a pescar, el antídoto perfecto para toda la tensión del tenis. Mis amigos significan muchísimo para mí y no salir con ellos por la noche a nuestros bares preferidos de Manacor y Porto Cristo implicaría perder, o en cualquier caso diluir, nuestra amistad, lo que tampoco sería bueno, porque estar contento y pasártelo bien tiene un efecto beneficioso en tu tenis, en el entrenamiento y en los partidos que juegas. Negarte a ti mismo los placeres básicos sería contraproducente. Acabarías por amargarte, por detestar los entrenamientos e incluso el tenis, o por aburrirte; sé que esto le ha sucedido a jugadores que han llevado demasiado lejos el ascetismo profesional. Yo creo que se puede hacer de todo, aunque en su justa medida y sin perder nunca de vista lo que importa. En circunstancias excepcionales incluso me salto el entrenamiento matutino para entrenar por la tarde. Lo que no hay que hacer es convertir la excepción en regla. ¿Entrenas una vez por la tarde? Pase. Pero no tres tardes seguidas. Porque entonces los entrenamientos se vuelven algo secundario en tu esquema mental, dejan de ser prioritarios, y eso es el principio del fin. Ya puedes prepararte para la jubilación. La condición *sine qua non* para poder también divertirte es hacer las cosas dentro de un orden, ceñirte a tu régimen de entrenamiento: eso no es negociable.

De todos modos, en la actualidad no entreno tanto como a los quince o dieciséis años. Entonces entrenaba cuatro horas y media o cinco horas al día, en parte con Toni, pero también muchas otras veces con mi preparador físico, Joan Forcades. Forcades, que también es mallorquín, no encaja en la imagen del sargento cachas y de cabeza rapada que imaginamos cuando pensamos en una persona de su profesión. Nacido, como Toni, en 1960, es un hombre instruido, cinéfilo y lector voraz que tiene cien ideas por minuto y lleva el pelo largo y recogido en una coleta. Ha leído todos los ensayos académicos que hay sobre su especialidad y ha preparado un programa a mi medida, especialmente destinado a fortalecer todos los aspectos de mi tenis. Cuando, durante mi adolescencia, se dedicaba a aumentar mi fuerza muscular (empezamos a colaborar de lleno cuando yo tenía 14 años), no era para darme un físico de culturista ni para adaptarme a las necesidades del atletismo.

Entrenar como un corredor de cien metros lisos o de fondo no sirve en tenis, porque no es un deporte de los que Forcades llama «lineales». El tenis es un deporte intermitente, exige que el cuerpo tenga a punto su capacidad de explotar, de arrancar y de frenar, durante varias horas. Forcades dice que un tenista debería aprender del colibrí, el único animal que combina una resistencia infinita con una gran velocidad y que es capaz de aletear 80 veces por segundo durante cuatro horas. Así que no cultivamos la fibra muscular por amor a la fibra muscular. Habría sido contraproducente, porque lo que quieres en tenis es conseguir un equilibrio entre la fuerza y la velocidad; una masa muscular desproporcionada te vuelve lento. Forcades me empapaba de teoría durante los viajes que hacíamos juntos desde mi casa hasta el gimnasio que tenía él en la costa. Los entrenamientos que hacíamos eran muy variados, aunque cuando yo tenía 16 o 17 años pasábamos mucho tiempo en un aparato con polea inventado para que a los astronautas no se les atrofiaran los músculos en la ingravidez del espacio. Tirando de un cable enganchado a una rueda, fortalecía los músculos de brazos y piernas, pero sobre todo los de los brazos, con el objeto de aumentar su velocidad, razón por la cual (me han dicho que se han desarrollado estudios científicos al respecto) puedo lograr —más que ningún otro jugador del circuito— que, cuando pego una derecha liftada, la bola gire más veces. Entrenando con aquel aparato, que llaman el «yoyó», llegué el punto de poder levantar, sin utilizar pesas, el equivalente a 117 kilos. Por entonces también fortalecí los músculos izándome con los brazos en las barras paralelas. Hacíamos ejercicios en el agua, utilizábamos máquinas de *step* y aparatos para remar, hacíamos yoga, trabajábamos los músculos, pero también las articulaciones y los tendones, para impedir lesiones y mejorar la elasticidad de mis movimientos. En cuanto a correr, hacíamos series que desarrollaban mi capacidad de cambiar velozmente de dirección y de moverme en sentido lateral, con rapidez y en ambas direcciones. Todo lo que hacíamos simulaba la tensión concreta que el tenis impone al cuerpo y me preparó para adaptarme lo mejor que pude al carácter particular de los movimientos del tenis, como el *sprint* y la parada brusca. Forcades hacía también hincapié en otra cosa: en que debíamos ceñirnos al régimen de entrenamiento aunque no me gustase, incluso cuando estuviera cansado o de mal humor, o cuando, por la razón que fuese, no me apeteciera. Porque habría días, durante un torneo, en que no me sentiría en mi mejor momento, y al entrenar en tales condiciones estaría más preparado para competir cuando me encontrase en horas bajas.

De adolescente entrenaba como he venido haciendo hasta hoy: con tanto ahínco como cuando juego. Si alguna vez he necesitado apretar, Forcades tenía sus métodos. Apelando a mi competitividad, decía cosas como: «¿Sabes que Carlos Moyà —a quien también preparaba él— puede hacer diez repeticiones en treinta segundos? Como hoy te veo un poco cansado, déjalo cuando llegues a ocho.» Como es lógico, yo no paraba hasta hacer doce.

Mi padre y mis tíos son fornidos y fuertes, así que no tuvo nada de extraño que se me pusiera un cuerpo de atleta. Sin embargo, como había subido tan aprisa por la escalera del tenis, en la adolescencia tuve que hacer un esfuerzo especial para incrementar mi fuerza y así competir con profesionales adultos. Pasaron años hasta que me vi jugando habitualmente con rivales de mi edad o más jóvenes.

Mi primera victoria como profesional de máximo nivel en un torneo de la ATP se produjo dos meses antes de cumplir los dieciséis años, contra Ramón Delgado, que tenía diez más que yo, en el Mallorca Open. Gracias a esta victoria entré en los torneos internacionales de la categoría Futures, la antesala de los torneos de la ATP, de los cuales gané seis consecutivos. Posteriormente empecé a disputar los Challengers, el nivel más bajo de la ATP, en el que normalmente los jugadores están entre los puestos 100 y 300 del ranking mundial. Todo el tiempo me tocó enfrentarme a jugadores de veinte, veintidós, veinticuatro años. Terminé el año 2002 en el puesto 199 del ranking mundial, con dieciséis años y medio. Menos de un año después de derrotar a Delgado, a principios de 2003, jugué en dos de las principales competiciones del ATP World Tour, la de Montecarlo y la de Hamburgo. En la primera conseguí una victoria superior incluso a la lograda frente a Delgado: batí a Albert Costa, que había ganado Roland Garros en 2002; y en la segunda, a mi amigo y mentor Carlos Moyà. Los dos estaban entre los diez mejores del mundo en aquella época, los dos eran ganadores de torneos de Grand Slam. En cuatro meses pasé del puesto 199 al 109 del ranking mundial. Sufrí un serio contratiempo en el peor momento, una lesión en el hombro mientras entrenaba que tardó dos semanas en curar y que me impidió debutar en el Abierto de Francia, aunque poco después jugué por primera vez en Wimbledon, donde llegué hasta la tercera ronda. La ATP me calificó de «Revelación del Año» de 2003. Yo era un adolescente con prisa y locamente hiperactivo que funcionaba a mil revoluciones por minuto en los entrenamientos y en las competiciones.

En 2004 el cuerpo me dijo basta. Mi trayectoria meteórica sufrió un brusco frenazo por culpa de un hueso del pie izquierdo que sufrió una fisura y me dejó fuera de circulación entre mediados de abril y finales de julio. Aquello significó despedirme de Roland Garros y de Wimbledon. Había llegado hasta el puesto 35 y volver y recuperar el ritmo después de la pausa —la primera por culpa de una lesión, la primera de una serie de varias, como luego se vería— no fue fácil. En aquel momento fue una cruel decepción; a la larga, tal vez no fuera una experiencia tan negativa. Porque la fragilidad del cuerpo me ha fortalecido la mente. Y quizá mi mente necesitaba también un descanso. El sentido común y el apoyo de mi familia y el método de Toni para ayudarme a resistir la adversidad no me condujeron a la desesperación, sino a un estado de ánimo en el que el deseo de triunfar y mi determinación de hacer cualquier cosa para ganar se agudizaron notablemente.

Aquel período me permitió aprender una lección que todo deportista de élite debe tener en cuenta: que somos unos privilegiados y tremendamente afortunados, pero que el precio de nuestros privilegios y nuestra suerte es que nuestra trayectoria profesional termina a una edad anormalmente temprana. Y algo peor aún: que cualquier lesión puede acortar ese plazo en cualquier instante; que en el momento más inesperado podemos vernos obligados a jubilarnos antes de tiempo. Lo cual significa: primero, que más nos vale disfrutar de lo que hacemos; y segundo, que las oportunidades que se presentan una vez no se presentan necesariamente dos veces, así que hay que aprovechar al máximo cada una de las opciones que nos salen al encuentro como si fuera la última. Toni me había transmitido ese mensaje con palabras; lo sentí en mi propia carne mientras me recuperaba con impaciencia de la lesión. Cuanto más pasan los años, más fuerte oímos el tictac del reloj. Sé que si me las arreglo para seguir jugando al máximo nivel hasta los veintinueve o treinta años, habré tenido mucha suerte y me sentiré muy contento. Aquella primera lesión seria me había abierto los ojos a una edad temprana, haciendo que me diese cuenta de lo rápido que pasa el tiempo para un deportista profesional. Me fue de gran utilidad. Como dice mi amigo Tomeu Salvà, enseguida me convertí en «un viejo tenista joven». Atribuyo un valor enorme a lo que tengo y procuro ser consecuente con ese enfoque en cada punto que juego.

Pero no puede decirse que funcione siempre. Apenas un mes después de mi regreso a las pistas, en 2004, me enfrenté a Andy Roddick en Nueva York, en la segunda ronda del US Open. Roddick, que había ganado el mismo torneo el año anterior, es un hombre corpulento y, bueno, demasiado corpulento y demasiado bueno para mí aquel día. Volví a la realidad bruscamente y no me quedó más remedio que recordar que, a pesar de todos mis éxitos, aún estaba creciendo. Mucho más musculoso que yo en aquella época, Roddick era entonces el número dos del mundo, por detrás de Federer, y había sido número uno el año anterior. Jugué contra él en las pistas rápidas de Flushing Meadow, una superficie que yo todavía estaba lejos de dominar. No sabía cómo responder a sus tremendos saques y sufrí una clamorosa derrota, peor incluso de lo que el resultado, de 6-0, 6-3 y 6-4, daba a entender.

No obstante, mi oportunidad de desquitarme de esa derrota se presentaría aquel mismo año.

El punto culminante de 2004 fue representar a mi país en la Copa Davis, el equivalente tenístico de los Mundiales de fútbol. Debuté contra la República Checa a los diecisiete años e inmediatamente me enamoré de la competición. Primero porque me siento orgulloso de ser español, lo cual puede sonar manido pero no lo es, dado que en España muchas personas albergan sentimientos ambiguos hacia su identidad nacional y estiman que han de ser leales, en primer lugar, a su región de origen. Mallorca es mi hogar y siempre lo será —dudo mucho que llegue a abandonarla alguna vez—, pero mi país es España. Mi padre piensa exactamente igual y una prueba es que los dos somos entusiastas seguidores del Real Madrid. El otro motivo por el que me encanta la Copa Davis es porque me brinda la oportunidad de recuperar esa sensación de pertenecer a un equipo que perdí, con no poco pesar, cuando dejé el fútbol por el tenis a los doce años. Soy una persona gregaria, necesito gente a mi alrededor y no deja de ser irónico que el destino —encarnado en buena medida en mi tío Toni— me haya inducido a abrazar como profesión un deporte tan solitario. Allí tenía la ocasión de compartir una vez más la emoción colectiva que había sentido aquel inolvidable día de mi infancia en que nuestro equipo de fútbol ganó el campeonato de Baleares.

Sin embargo, mi debut en la Copa Davis no fue precisamente prometedor. Perdí los dos primeros partidos, en individuales y en dobles, frente a los checos. La superficie era lo peor que había podido tocarme, es decir, la más rápida: pista dura y de interior, donde la resistencia del aire es la más baja que hay. Al final me revelé como un héroe al ganar el último partido, que era el decisivo. En términos generales, no me cubrí de gloria y, si hubiéramos perdido, habrían podido echarme la culpa a mí («¿Qué hacía allí, a esa edad?»), pero cuando ganas el partido que determina la victoria por el más estrecho margen que permite la Copa Davis, 3-2, todo lo demás se olvida, por suerte para mí.

Luego jugamos contra Holanda y ganamos, aunque no gracias a nada que hiciera yo, puesto que el único encuentro que jugué, un partido de dobles, lo perdimos. Sin embargo, la semifinal contra el entonces peligroso equipo francés fue harina de otro costal. Era la primera vez que representaba a España en España, concretamente en Alicante, con un público local que rugía apoyándonos de un modo que yo no había visto antes. Nuestro equipo era fuerte y estaba encabezado por Carlos Moyà y Juan Carlos Ferrero, que figuraban entre los diez mejores del mundo, y por Tommy Robredo, número doce en el ranking mundial. Gané el partido de dobles que jugué, aunque, con aquella compañía, no esperaba que los capitanes me eligieran para jugar en individuales. De hecho, no me seleccionaron, pero de repente Carlos se sintió indispuesto y, por indicación suya, me pusieron en su lugar. Gané el partido y lo gané bien, y pasamos a jugar la final contra Estados Unidos.

Hasta entonces no me había sentido tan nervioso como debiera. Si hubiera sido mayor, habría sido más consciente de la responsabilidad y las expectativas nacionales que pesaban sobre mis hombros. Ahora miro atrás y me veo jugando casi con temeridad, con más adrenalina que cerebro. Pero me serené y tragué saliva cuando vi el estadio donde íbamos a jugar la final. Era en la hermosa ciudad de Sevilla, aunque no en el más hermoso de los escenarios. No era la pista central de Wimbledon ni iba a oír el eco de mis golpes una vez que dieran comienzo las hostilidades. Habían improvisado una pista en una mitad de un estadio de atletismo, el estadio de la Cartuja, habilitado para 27.000 espectadores, el público más numeroso que se haya visto en un partido de tenis. Añádase a esto la tradicional exuberancia de los sevillanos y se comprenderá que allí no iba a haber el reverente silencio de Wimbledon ni, para el caso, el de cualquier otro estadio en que hubiera jugado. Aquello iba a ser un partido de tenis coreado por una muchedumbre de ruidosos aficionados al fútbol. Aunque yo sólo iba a jugar un partido de dobles, compartiendo la responsabilidad con Tommy Robredo (que, en tanto que compañero veterano, sería más responsable del éxito o del fracaso), a mis dieciocho años y medio sentía más presión y más tensión de las que había experimentado en mi década larga de incesantes competiciones. Nuestros rivales eran los hermanos gemelos Bob y Mike Bryan, la pareja número uno del mundo y, posiblemente, el mejor equipo de dobles de todos los tiempos. No esperábamos ganar, pero el entusiasmo de los prolegómenos, el clima de la ciudad y el fervor de la gente cada vez que nos veía superaban todo lo que yo había imaginado presenciar en la víspera de un partido de tenis.

Yo no había abandonado la esperanza, ni mucho menos, pero los capitanes daban por hecho que íbamos a perder el partido, cediendo a los americanos un punto de un total de cinco, y que todo iba a depender de que Carlos Moyà, nuestro número uno, ganase sus dos individuales. Derrotaría a Mardy Fish, el número dos americano, pensamos; pero no era tan probable que venciese a Roddick. La ventaja que teníamos era que jugábamos en tierra batida, que era nuestra superficie favorita y no la de Roddick. No obstante, era un rival formidable, un tenista de alto voltaje, y era el número dos del mundo, por delante de Carlos, que por entonces era el número cinco. Se apostaba por Carlos, que jugaría delante de sus fans, aunque no era una victoria cantada. Se esperaba que Juan Carlos Ferrero, que ocupaba el puesto 25 (era mejor, pero las lesiones que había sufrido aquel año le habían hecho bajar en el ranking), derrotara a Fish, pero frente a Roddick tendría un cincuenta por ciento de probabilidades. Lo decisivo era ganar los dos partidos que jugáramos contra Roddick, porque estábamos convencidos de que íbamos a vencer dos veces a Fish.

Tales eran las previsiones sobre el papel, dictadas por la lógica. Pero ¿y si Fish ganaba un partido? Mayores sorpresas había habido en la historia del deporte. Todos habíamos sufrido derrotas inimaginables en algún momento (Carlos había sucumbido ante mí aquel año, así que cabía perfectamente la posibilidad de que perdiera ante Roddick) y estábamos muy lejos de confiarnos. En lo que estábamos de acuerdo era en que el primer partido del primer día contra Roddick, nuestro número dos contra su número uno, sería de una importancia enorme. Si Carlos derrotaba a Fish y ganábamos a aquél, no necesitaríamos preocuparnos por si Tommy y yo no dábamos ninguna sorpresa en el partido de dobles, ya que sólo restaría ganar uno de los dos individuales que se disputarían el tercer y último día de la competición. Con una tensión menor, sin duda mejorarían las probabilidades de que Carlos ganara a Roddick en el enfrentamiento de los dos números uno. E incluso aunque Carlos perdiera, la presión que recaería sobre Fish, sabiendo que si perdía su país sería derrotado, representaría otro factor importante a nuestro favor.

Así pues, tal como veíamos las cosas el día anterior al comienzo de la final, la batalla decisiva tendría lugar entre nuestro número dos y Roddick. Nuestro número dos previsto era Juan Carlos Ferrero, vencedor del Abierto de Francia y finalista del US Open en 2003. Pero la cuestión es que no fue él el número dos. Fui yo. Yo contra Roddick el primer día. Y no porque Ferrero estuviese lesionado, sino porque los tres capitanes decidieron que jugara yo en su lugar. En vez de dejarme en el banquillo para dar a mis compañeros todo el ánimo posible, me eligieron inesperadamente para que ocupase el centro del escenario. La audacia de nuestros capitanes, o su impetuosidad (en opinión de muchos espectadores), fue toda una sorpresa y yo me quedé estupefacto. Juan Carlos había llegado a ser número uno del mundo, mientras que yo no había pasado del 50. Además, mi compañero en el partido de dobles, Tommy Robredo, estaba en el puesto 13. Lo natural habría sido que eligieran a Tommy si Juan Carlos no iba a jugar. Yo era el benjamín del grupo, según el punto de vista de la mayoría del equipo y de los espectadores, casi más un animador que otra cosa en aquel asunto propio de adultos que era la final de la Copa Davis contra Estados Unidos.

Ahora bien: pese a toda nuestra camaradería, el tenis es un deporte individual y todos queremos tener una oportunidad. Nadie me habría creído si hubiera declinado la oferta. La presión y la responsabilidad me producían más entusiasmo que miedo. Si hubiera sentido la tentación de salir corriendo, más me habría valido dejar el tenis profesional para siempre. No; aquella era la mayor oportunidad de mi vida hasta la fecha y estaba tan emocionado por la perspectiva de jugar que apenas podía respirar. No obstante, me sentía muy incómodo. Era joven y lo bastante presuntuoso para creer que podía derrotar a Roddick, aunque no tan burdo como para no advertir que enfrentarme a aquel gigante iba a ser una violación del orden natural de las cosas. Mi familia me había enseñado a respetar a las personas mayores y los dos compañeros que habían quedado relegados no sólo eran mayores, sino que además eran —desde cualquier punto de vista objetivo— mejores que yo. Es verdad que aquella semana había jugado bien en los entrenamientos y Ferrero había estado un poco por debajo de lo habitual, pero todos sabíamos perfectamente que una cosa era entrenar y otra, el fragor de la competición. En un partido tan importante como aquél la experiencia contaba tanto como la forma física del momento, y si Ferrero no era el elegido, lo normal es que lo fuese Robredo, que era cuatro años mayor que yo y había conseguido dos títulos de la ATP (mientras que yo, ninguno).

El caso es que, en comparación con los otros tres miembros del equipo, yo era de lejos el de puntuación más baja en el ranking mundial; había tenido un mal año, gran parte del cual había estado inactivo por culpa de una lesión; Roddick me había machacado hacía poco; y sólo tenía dieciocho años. Por añadidura, tenía más oportunidades de jugar en futuras Copas Davis que los demás, de modo que, si me ponía en el lugar de Juan Carlos y de Tommy, podía darme cuenta que jugar en esa final era más significativo para ellos que para mí. Creció mucha tensión en el grupo, por lo que, en vez de poner en apuros a los capitanes, opté por hablar con Carlos del asunto. Hacía años que lo conocía. Habíamos entrenado juntos muchas veces y confiaba en él como en un hermano mayor. Además, era uno de los nuestros, un mallorquín.

«En serio: ¿no te sentirías más cómodo, más seguro, si jugara Juan Carlos? —le pregunté—. Lo digo porque soy muy joven y él ha ganado muchos más títulos que yo...»

Carlos me cortó en seco. Recuerdo sus palabras con exactitud.

«No seas tonto. Sal y juega. Estás jugando bien. Por mí no hay ningún problema en absoluto.»

Hablamos otro poco. Yo seguí protestando, poniéndome pegas a mí mismo, dándole a entender lo incómodo que me sentía.

«No —repuso—. No le des más vueltas. Disfruta del momento, aprovecha la oportunidad. Si los capitanes han decidido incluirte es porque lo han meditado mucho y confían en ti. Yo también lo hago.»

Aquello zanjó la discusión. Habría sido ridículo seguir insistiendo en que yo no debería jugar. Primero porque, en realidad, me moría por aceptar el desafío; segundo porque habría significado poner en duda el criterio del capitán, cosa que, como adolescente, no me correspondía en absoluto. La opción más radical, negarme por principios, era demasiado idiota siquiera para pensarla.

Así pues, jugué. Salí a la pista después de que Carlos me hiciera otro favor ganando el primer partido. Si vencía a Roddick no ganábamos automáticamente la ensaladera, pero nos pondría a un paso de ello. Si me derrotaba él, quedaríamos empatados. Estaba más motivado que en toda mi vida y era plenamente consciente de que aquél era, sin la menor sombra de duda, el partido más importante de mi carrera hasta el momento. Y además tenía miedo; miedo de no estar a la altura de la misión encomendada, de que Roddick me vapuleara como en el US Open, de que me venciera 6-3, 6-2, 6-2 o algo parecido. Sería humillante y no serviría de nada al equipo. Porque puedes perder, pero en el proceso por lo menos puedes agotar al otro, dejarlo exhausto para el siguiente partido. En cambio, si me daba otra paliza, defraudaría la confianza que los capitanes habían puesto en mí, defraudaría a mis compañeros, al público, a todos. Era un partido con muchísima presión. Era la final de la Copa Davis, por si fuera poco, en suelo español; no iba a jugar sólo para mí; y además y por encima de todo, lo que más me asustaba era la arriesgadísima decisión que habían tomado al elegirme.

Sin embargo, cuando salí a la pista, la adrenalina barrió todo el miedo y la multitud me arrastró con su entusiasmo hasta tal punto que jugué por puro instinto, casi sin detenerme a pensar. Nunca me ha apoyado tanto el público, ni antes ni después. No sólo era yo el jugador que representaba a España en una de las ciudades más patrióticas del país; también era el que tenía menos posibilidades, David frente al Goliat que era Roddick. Sería imposible imaginar nada más alejado del elegante sentido de la etiqueta tenística de Wimbledon (¿silencio durante los puntos? De eso nada). No había llegado a realizar mi sueño infantil de ser futbolista profesional, pero tampoco había estado nunca tan cerca del ambiente que rodea al futbolista cuando sale al césped para disputar un encuentro importante o cuando marca un gol en el desempate de un campeonato. Porque cada vez que ganaba un punto en la pista, los 27.000 espectadores saltaban como si hubiera metido un balón en la red, y he de confesar que yo reaccionaba a menudo como si fuera un futbolista que acababa de marcar. Creo que nunca he levantado tanto los brazos al aire ni saltado tanto de alegría como en aquel partido. No sé qué pensaría Andy Roddick, pero no había otra forma de responder al entusiasmo que me embargaba. El público que asiste a un partido de tenis raras veces influye en el resultado si lo comparamos con el que asiste a un partido de fútbol o de baloncesto, pero allí influyó. Siempre he sabido que jugar en casa supone una ventaja, pero nunca lo había experimentado hasta entonces; no había sabido hasta qué punto podía animarte una multitud ni que los gritos de apoyo pudieran elevarte hasta alturas insospechadas.

Necesitaba aquel estímulo. No se derramó sangre, pero lo que librábamos Roddick y yo en aquel pasmoso anfiteatro bajo el cálido sol invernal de Sevilla era una auténtica batalla. Iba a ser el partido más largo de mi vida hasta el momento, tres horas con cuarenta y cinco minutos, peloteos largos, raquetazos continuos, mi rival que buscaba una oportunidad para atacar en la red mientras yo casi siempre me mantenía en la línea de fondo. Aunque hubiera perdido, habría aportado mi grano de arena, dejarlo agotado para el partido que disputaría dos días después contra Carlos, quien había ganado su primer encuentro con comodidad. Y perdí el primer set, en el que llegamos a un *tiebreak* (muerte súbita) que no hizo sino animar más aún a la multitud, pero acabé ganando los tres sets siguientes por 6-2, 7-6 y 6-2. Recuerdo muchos puntos a la perfección. Recuerdo en particular un resto que hice a un segundo saque abierto, que rodeó la red sin pasar por encima, en busca del tanto. Recuerdo un *passing shot* de revés en el *tiebreak* del tercer set, un momento crítico del partido. Y recuerdo el último punto, que gané teniendo el servicio cuando me devolvió un revés que se le fue. Me tiré al suelo de espaldas, cerré los ojos y, al abrirlos, vi a mis compañeros saltar de alegría. El alboroto era tan grande que me retumbaba en los oídos como si un reactor pasara bajo por encima de mí.

Íbamos 2-0 en la serie de cinco partidos; perdimos el de dobles, como estaba previsto, al día siguiente; y el tercer día, Carlos Moyà, que fue el verdadero héroe y que iba detrás de la ensaladera desde hacía años, ganó su partido frente a Roddick y allí se acabó todo. Ya no tuve que jugar contra Mardy Fish. Ganábamos 3-1 y la Copa Davis era nuestra. Fue el momento más destacado de mi vida hasta entonces y también, según se vio con el tiempo, el momento en que el mundo del tenis se puso en pie y empezó a prestarme más atención. Andy Roddick dijo algo muy bonito sobre mí después del partido. Dijo que no había muchos jugadores para partidos cruciales de verdad, pero que yo era uno de ellos. Lo cierto es que había tenido que vencer una presión tremenda tras la polémica que se desató cuando me eligieron para jugar contra Roddick y me dio una confianza nueva en la que apoyarme cuando llegase el momento de jugar partidos importantes y finales de Grand Slam totalmente solo.

Uno es la suma de todos los partidos que ha jugado y aunque la final de la Copa Davis estaba muy lejos de mi cabeza tres años y medio después, mientras trataba de ganar el tercer set en Wimbledon frente a Federer, sentía la huella que había dejado en mí. Al menos me había ayudado en los dos primeros sets, que había ganado yo. Pero Federer había empezado el set siguiente con golpes brillantes y me sentía contra las cuerdas, sobre todo en el sexto juego. El servicio era mío, había jugado un revés realmente decepcionante que se había estrellado contra la red y perdía por 15-40. Por primera vez en todo el partido me abandonó la sangre fría y lancé un grito de cólera. Estaba furioso conmigo mismo porque sabía muy bien que no había hecho lo que debía con aquel golpe. Recurrí a un cortado, cuando habría tenido que soltar una derecha. La cabeza me había fallado. Sabía que no era el golpe que tenía que dar, pero tuve un momento de vacilación, un momento de miedo, y lo di de todos modos. Me decanté por la opción conservadora, perdí el valor. Y en aquel instante me odié por eso. La buena noticia era que Federer también estaba con los nervios a flor de piel. Fue un juego tremendamente tenso para ambos, pero por ello mismo no fue el de más calidad del partido. Los dos estábamos jugando mal al mismo tiempo; la diferencia era que yo jugaba menos mal cuando más importaba. Federer había tenido cuatro puntos de *break* en el sexto juego y yo los había defendido bien, hasta que saqué ventaja y gané el juego en mi segundo servicio.

Estábamos pues 3-3, con el servicio de su parte, y se acercaba el famoso y «crucial» séptimo juego. No siempre es tan crucial como quiere la tradición tenística, pero aquella vez sí lo era: vi mi oportunidad y pensé que estaba preparado para aprovecharla. Federer tenía que haber estado nervioso porque no había sabido capitalizar las oportunidades que había tenido en el juego anterior. En aquel momento del partido sumaba en total doce puntos de *break* y yo sólo cuatro, pero él había ganado uno y yo tres. Era una prueba de que los partidos de tenis se deciden en los grandes puntos, de que la diferencia entre la victoria y la derrota no radica en la fuerza física ni en la capacidad innata, sino en tener un plus psicológico. Y éste estaba en mi lado de la pista en aquel preciso momento; la tensión estaba en su punto álgido, pero el impulso había cambiado. Tras haber sobrevivido a la presión que había sentido en el juego anterior, de súbito me sentía ágil y ligero. Miré al cielo y lo vi muy nublado. Las sombras habían desaparecido de la pista. Parecía que después de todo iba a llover, razón de más para acabar el partido ya.

Todo indicaba que eso era lo que iba a ocurrir de un momento a otro. Tres veces Federer se acercó a la red y las tres veces gané el punto. Estaba perdiendo su sangre fría y precipitando el desenlace. Yo ganaba 0-40. Oí un grito de ánimo de los asientos en que estaban mis tíos y mi tía: «¡Vamos, Rafael!»

Levanté la vista para dar a entender que lo había oído. Pero entonces, en un abrir y cerrar de ojos, volvieron a cambiar las tornas. Era yo quien sucumbía a la presión. Resté mal un servicio que botó en mitad de la pista y le regalé el punto. Luego tampoco supe restar otro saque. Pero había sido un saque bueno, así que pasé al siguiente punto. Tuve una última oportunidad de *break* antes de que me hiciera *deuce*. Estábamos 30-40 y allí se produjo el punto que no he podido olvidar hasta ahora. Un recuerdo terrible. Federer falló el primer servicio. Hubiera podido restar sin problemas su segundo servicio hacia mi derecha, y la pifié estrellando la bola contra la red. Era mi tercera oportunidad. Había perdido las dos anteriores y el miedo se apoderó de mí. Me faltó decisión, no tenía las cosas claras en la cabeza. Era una prueba de resistencia mental y la había fallado, por eso la recuerdo con tanto dolor. Fallé precisamente en lo que durante toda la vida me había adiestrado para ser más fuerte. Y una vez más me dije: «Puede que no vuelva a presentarse esta oportunidad; podría haber sido el punto clave del partido.» Sabía que allí había perdido la gran ocasión de ganar el torneo de Wimbledon o, al menos, de quedarme a un paso de la victoria.

Y efectivamente, con dos grandes servicios Federer ganó el juego. Me llevé una gran decepción, pero tenía que borrarla de mi mente de inmediato, y eso hice. Gané el juego siguiente con comodidad y él ganó el otro con su servicio. Me ganaba entonces 5-4 y, en aquel instante, de acuerdo con lo previsto, se puso a llover. Estaba preparado y me lo tomé con calma, aunque transcurrió más de una hora hasta que reanudamos el partido. Me fui al vestuario, donde Toni y Titín no tardaron en reunirse conmigo. Titín me cambió las vendas de los dedos y yo me puse otra ropa. Hablamos poco. Yo no estaba de humor para charlar. Federer parecía más relajado, hablaba e incluso se reía un poco con su gente. Yo le llevaba dos sets de ventaja, pero estaba más tenso que él. O, en cualquier caso, lo parecía.

Al volver a la pista, saqué para salvar el set y eso ocurrió; y dos juegos después volví a salvarlo. Llegamos al *tiebreak* y me fulminó con su saque, terminando el set como había empezado. Tres *aces* y otro servicio que habría podido ser el cuarto le dieron el *tiebreak* por siete puntos a cinco, y el set, 7-6. Había tenido mi oportunidad y la había desperdiciado en un par de momentos de debilidad en que habría tenido que ser más fuerte. Pero aún ganaba por dos sets a uno.

CON LOS NERVIOS DE PUNTA

Bastaba con tener ojos en la cara la víspera de la final de la Copa Davis de 2004 para darse cuenta del malestar de Juan Carlos Ferrero y Tommy Robredo, desplazados de su lugar en la historia por el emergente dieciochoañero Nadal. Resultaba evidente para cualquiera que hubiese visto la rueda de prensa que dio el equipo la noche antes del primer día de juego. Cuando los cuatro posaron para los fotógrafos, saltaba a la vista que el equipo de España no era precisamente la imagen de la armonía patriótica. Carlos Moyà, número uno de España, habló con el aplomo de un diplomático; Ferrero y Robredo tenían cara de querer estar en cualquier lugar que no fuera ése; Nadal se removía, se miraba los pies y esbozaba sonrisas forzadas que no conseguían disimular su inquietud.

«Cuando Rafa vino a verme —recuerda Moyà— y me dijo que estaba dispuesto a ceder su puesto en el partido contra Roddick a cualquiera de los otros dos, le dije que no, que era una decisión de los capitanes y que, en cualquier caso, él contaba con toda mi confianza. Pero por dentro tenía mis dudas. —Moyá le dijo lo mismo a Toni Nadal, que tampoco las tenía todas consigo.— De todos modos, la decisión se había tomado —prosigue Moyà— y no me pareció oportuno aumentar la tensión del grupo ni presionar más a Rafa, que estaba en un dilema, diciéndole nada más.»

Moyà habló sin rodeos con Ferrero, le pidió que aceptara la decisión sin hacerse mala sangre y le recordó que ya había desempeñado su papel consiguiendo que España llegara a la final. El archivo de la Copa Davis así lo pondría de manifiesto y tanto sus triunfos como los de Nadal significarían la victoria también para él. Independientemente de si zanjaron allí la discusión o no, las dudas de Rafa sobre su derecho moral a jugar pasaron a ser ahora un factor añadido a las preocupaciones de Moyà. Si Rafa hubiera sido más presuntuoso, menos sensible o no se hubiera sentido afectado, o simplemente no se hubiera molestado por el malestar que de manera inopinada se había apoderado del grupo, habría afrontado el decisivo encuentro contra el experimentado número uno americano con la cabeza más despejada. Pero no fue así. Moyà sabía muy bien que detrás de la máscara de gladiador que se ponía durante los partidos había un alma recelosa y sensible; conocía al Rafa Clark Kent, al Rafa indeciso que tenía que escuchar muchas opiniones para llegar a concebir una propia, al Rafa temeroso de la oscuridad, temeroso de los perros. Cuando Nadal iba de visita a la casa de Moyà, éste tenía que encerrar a su perro en un dormitorio, porque si lo veía suelto no se sentía tranquilo.

Era un joven supernervioso que vivía pendiente de los sentimientos de los demás, acostumbrado a un entorno familiar protegido y armonioso, y que se sentía mal cuando se respiraba animosidad en el ambiente. En aquellos momentos se notaba que flotaba el malestar en la familia española de la Copa Davis y, para empeorar las cosas, Nadal, si bien no era la causa, estaba ciertamente en el vórtice del problema. Poner orden en su cabeza para jugar el partido más importante de su vida, y eso lo sabía Moyà, iba a ser un reto mayor de lo habitual para su joven amigo. Por si esto no bastara, Moyà no podía menos que recordar que Rafa, por muy bueno que hubiera parecido en el entrenamiento aquella semana, había perdido hacía sólo catorce días contra un jugador situado en el puesto 400 de la clasificación mundial. Y su servicio era claramente más flojo que el de Roddick, que era casi el 50 por ciento más rápido.

Pero Moyà también tenía motivos para creer en su joven compañero de equipo. Conocía a Rafa desde que éste tenía doce años, había entrenado con él docenas de veces y había sido derrotado por él dos años antes en un torneo importante. Ningún otro profesional de alto nivel había sido tan íntimo de Rafa y ninguno seguiría manteniendo con él una amistad tan estrecha como su paisano mallorquín. Diez años mayor que Nadal, Moyà, que había arrebatado el número uno a Pete Sampras en 1999, sabía que Nadal tenía cualidades especiales; pero no sabría lo especiales que eran hasta que saliese a jugar delante de 27.000 espectadores en el transformado estadio de la Cartuja de Sevilla, con toda la presión del mundo sobre sus hombros, y derrotara al número dos del mundo en cuatro sets emocionalmente supertensos y físicamente demoledores.

«La gente hablaba ya de Rafa en Mallorca cuando tenía seis o siete años —cuenta Moyà—, aunque al principio había que preguntarse si se debía a que era sobrino de Miguel Ángel, el futbolista, toda una leyenda en la isla. Pero el mundo del tenis allí es pequeño (mi entrenador, Jofre Porta, también lo entrenaba a él a veces) y cuando a los ocho años ganó el campeonato de Mallorca en la modalidad sub 12, empezó a crearse un rumor a su alrededor. Recuerdo que Jofre me decía: «Éste va a ser de los buenos.» A los doce años ya era uno de los mejores del mundo en su categoría. Fue entonces cuando lo conocí.»

El encuentro tuvo lugar en la ciudad alemana de Stuttgart. Moyà jugaba en un torneo de la ATP y Nadal en otro juvenil.

«Alguien de Nike, que había tenido vista suficiente para ficharlo, me preguntó si podía calentar con él. Lo hice durante más o menos una hora. Para ser sinceros, no me pareció que estuviera mucho más dotado que otros jugadores de su edad. Me di cuenta de que era muy luchador, aunque lo que más me llamó la atención fue su timidez. Nos dimos la mano al conocernos, pero ni siquiera me miró y apenas pronunció palabra. Es cierto que probablemente estuviera un poco intimidado, porque yo había causado un poco de revuelo en los medios por haber llegado, sin ser cabeza de serie, a la final del Open de Australia a principios de aquel año. Pero seguía siendo llamativo (impactante, diría yo) el contraste entre el tímido muchacho que era fuera de la pista y el chico superpeleón en que se transformaba dentro de ella, aunque nos habíamos limitado a pelotear y ni siquiera jugamos a puntos.»

Cuando tenía catorce años, época en la que Moyà había ganado ya su torneo de Grand Slam, el Roland Garros, Nadal empezó a entrenar con él en Mallorca tres veces por semana.

«La gente me dice a veces: "Has ayudado mucho a Rafa, ¿verdad?" Bueno, quizá, pero él también me ha ayudado mucho a mí. Aquellas sesiones de entrenamiento también me eran útiles. Ya entonces era suficientemente bueno como para ponerme en dificultades, y eso que yo ya tenía en aquel momento un puesto indiscutible entre los diez mejores del mundo. Jugábamos varios sets y como yo no quería que me derrotase un chico de catorce años, me ayudaba a mantenerme al límite. Incluso pienso que me ayudó a ser mejor jugador.»

Sin duda es más cierto afirmar lo contrario. Pocos aspirantes a profesionales, o quizá ninguno, han tenido en la historia del deporte la buena suerte de entrenar con regularidad a los catorce años con un jugador que había ganado un torneo de Grand Slam y que, cuando estaba de gira, competía a menudo con dioses del tenis como Pete Sampras y André Agassi. Era otro ejemplo de lo favorablemente que se habían alineado los astros para el joven que soñaba con ser campeón.

Para empezar, tuvo la buena suerte de contar con un tío que, por no llegar a realizar sus propios sueños tenísticos, se dedicó en cuerpo y alma a forjar a un jugador capaz de competir mental y físicamente al más alto nivel. Tuvo, además, al resto de la familia, cuyo afecto y notable sentido de la solidaridad contrarrestaba el régimen ferozmente disciplinado del tío. Tuvo también a su tío Miguel Ángel, cuya fama deportiva fue un ejemplo, ofrecido en la propia casa, de la importancia de entrenar duro y de mantener la concentración, por muchos aplausos que oyera en su camino. Y, además, tuvo a Carlos Moyà. Encontrar un mentor, un amigo y un compañero de entrenamiento de su talla y generosidad habría superado las ilusiones de cualquier aspirante a profesional criado en Nueva York, Londres o Madrid, pero en el cerrado entorno tenístico de una pequeña isla del Mediterráneo, cuyos habitantes son solidarios por naturaleza, podía ocurrir, y ocurrió.

Moyà, que tiene una casa en Miami y otra en Madrid, y cuyo carácter es más cosmopolita que el de Nadal, convirtió al muchacho de Manacor en su pupilo predilecto. Los padres de Nadal se deshacen en elogios cuando hablan de Moyà, señalando que un personaje de menor categoría habría salido corriendo al ver al joven aspirante, más deprisa cuanto más amenazado hubiera visto su dominio. Sin embargo, cuantos más éxitos conseguía Nadal —que poco a poco acabó reemplazando a Moyà en la condición de rey de Mallorca, rey de España y rey del mundo del tenis—, más cordial se volvía la relación entre los dos. Hasta el día de hoy, Nadal lo considera el benévolo y sabio hermano mayor que nunca tuvo. Ha seguido confiando en Moyà y busca su consejo con una fe que no tiene en nadie fuera de su círculo familiar, con la posible excepción de su fisioterapeuta y psicólogo particular *de facto*, el hombre al que llama Titín.

«Al principio me gustaba pensar que estaba ayudando a un chico a realizar sus sueños y me motivaba la idea de ser un espejo en el que pudiera mirarse —afirma Moyà, que confiesa que poco después sería el propio Nadal quien lo motivaría—. Por la intensidad con que entrenaba, me daba cuenta de que era superambicioso y de que estaba desesperado por mejorar. Le daba a la pelota como si su vida dependiera de ello. Nunca había visto nada igual, ni que se le aproximara. Lo comparaba con otros chicos de su edad y, bueno, era exactamente lo que veo ahora, cuando se ha convertido en uno de los grandes del circuito tenístico. Claro que a esa edad nunca se sabe lo que va a ocurrir. El mundo está lleno de deportistas que a los catorce años parece que se van a comer el mundo y luego, por circunstancias de la vida o debilidades ocultas de su carácter, desaparecen sin dejar rastro. Lo que estaba claro cuando veías a Rafa era que tenía algo diferente.»

Tenía, por ejemplo, una intrepidez que no reflejaba la discreción de su comportamiento fuera de la pista.

«Empezó a jugar los torneos Futures, las competiciones juveniles de la ATP, a los quince años —cuenta Moyà—, enfrentándose a veces a jugadores que le llevaban diez años. Al principio temía que un chico acostumbrado a ganar perdiera la confianza al verse ante derrotas inevitables y frecuentes. Ése era el peligro. Pero, una vez más, lo había subestimado. En menos de cinco meses empezó a ganar partidos; en menos de ocho o nueve, torneos.»

Moyà se asombra de la rapidez con que Nadal ha quemado las etapas de la evolución normal en el tenis.

«Cuando yo tenía quince años, jugaba torneos de verano en Mallorca e iba al colegio en invierno. Ése era mi límite. Si hubiera empezado a jugar partidos de Futures entonces, habría perdido siempre 6-0, 6-0. En realidad, empecé a los diecisiete y eso fue lo que pasó.

Un año después, cuando Rafa tenía dieciséis, subió de Futures a la competición de Challengers, un peldaño por debajo del circuito de la ATP propiamente dicho. Al principio sudó la gota gorda. Jugaba en pistas duras de interior, que son las más rápidas que hay y que, en términos tenísticos, están a mil kilómetros de las pistas de tierra batida del clima húmedo y tórrido en que Rafa se crió. Por definición, los españoles jugamos mal en esas pistas y al principio él también sufrió. En realidad, en muchísimos casos los jugadores españoles ni siquiera se molestan en presentarse, porque saben por experiencia que lo más probable es que queden eliminados en la primera ronda.

La primera vez que jugamos entre nosotros un partido de competición, él tenía dieciséis años y yo, veintiséis. Fue en Hamburgo, en un torneo de ATP Masters, a principios de 2003. En los muchos partidos de práctica que habíamos jugado durante los dos años anteriores casi siempre ganaba yo. Más aún: yo diría que, si realmente quería ganar, ganaba siempre. No era de extrañar. Pero en aquella ocasión estaba nervioso. Sentía una presión tremenda. Estaba entre los diez mejores y él era un crío, una estrella emergente, sin duda, pero en el puesto 300 o así. Perder sería una vergüenza y sentía esa presión con intensidad.

Jugamos de noche, hacía frío. Yo notaba el frío, pero él parecía que no; Rafa parecía haber entrado en calor incluso antes de que jugáramos el primer punto. En realidad, no jugó al cien por cien. Tampoco yo. Pero me derrotó en dos sets. No hay un caso tan claro de jugador que gana por su fuerza mental superior. En el circuito había otros chicos de dieciséis años que no eran tan buenos como él, pero que en la pista se comportaban del modo más absurdo y se enfadaban cuando sufrían la más pequeña contrariedad. Lo que yo vi aquella noche al otro lado de la red fue a un jugador que sin duda tenía mucho talento, pero que, por encima de todo, tenía una concentración, una profesionalidad y un enfoque del juego de un nivel diferente del mío. Un jugador cuyo juego débil era diez veces más enérgico que el juego débil de cualquier otro jugador equivalente. Y no hay que olvidar, y digo esto para subrayar mi asombro, que por entonces yo había ganado ya un Grand Slam y había sido finalista en el Open de Australia.

Al final del partido nos abrazamos en la red y él me dijo: "Lo siento." No hacía falta que lo dijera. Encajé la derrota con más filosofía de lo que había creído antes del partido. Comprendí que había sido la primera de muchas otras derrotas; que Rafa era el futuro y que yo, aunque lejos de estar acabado, comenzaba mi descenso.»

Conforme pasaban los años y uno ascendía y el otro bajaba, Moyà empezó a darse cuenta del temor que despertaba Nadal en otros jugadores.

«No creo que Rafa llegue a admitirlo y la verdad es que nunca se lo he preguntado, pero creo que intimida a sus rivales adrede —afirma Moyà—. Es más complejo y vulnerable en privado de lo que deja ver en público, pero el efecto que produce en sus rivales no tiene nada de complejo. Los acobarda. Esos rituales que realiza son todo un espectáculo. No hay ningún otro jugador que haga lo que él hace. En cuanto a su preparación física, sale a la pista prácticamente sudando, cosa que yo no he conseguido nunca, y eso que es la condición ideal para empezar un partido.»

RAFA

Carlos Costa, agente de Rafa y también profesional del tenis en otra época, está de acuerdo con Moyà en que hay algo amedrentador en enfrentarse a Nadal y dice que el impacto que produce en sus rivales, al igual que Tiger Woods en sus mejores momentos sobre el resto del mundo del golf profesional, es como el que produce en la manada el macho alfa dominante.

«Hacia el final de mi trayectoria jugué contra él en partidos de competición —dice Costa— y es verdad, hay un momento del encuentro en que sientes el miedo dentro de ti. Te das cuenta de que estás ante un ganador nato. Rafael es más fuerte que nadie a nivel psicológico; está hecho de una pasta especial.»

También tiene un carisma especial. Moyà, una gran estrella en su día, fue el primer español en llegar a número uno del mundo, pero mucho antes de que Nadal llegara a ser el número dos, el joven ya lo había adelantado en términos de atractivo popular, en España y en el extranjero. Moyà es más apuesto en sentido clásico (la revista *People*, en mayo de 1999, lo puso en la lista de «las cincuenta personas más atractivas del mundo»), pero no pudo competir con el carisma elemental de Nadal; Moyà era un jugador más elegante, con un servicio más potente, pero la feroz competitividad de Nadal tenía más fuerza de seducción. Conectaba con el público de un modo que no estaba al alcance de Moyà.

Moyá lo acepta con serenidad porque sabe que no está, ni ha estado nunca, en la misma liga que Nadal. No en lo que se refiere al talento, sino a la actitud.

«Lo que distingue a Rafa de los demás es su cabeza. Es algo que se vuelve evidente en la pista y lo advierte no sólo su rival, sino también la gente que lo ve en televisión. Es un elemento invisible, pero que se siente. Su revés, su derecha: otros lo tienen también. Naturalmente que tiene talento. Creo que ni él se da cuenta de cuánto, porque tiene tendencia a subestimarse. Pero desde el punto de vista psicológico, es de otro mundo. He conocido a muchos deportistas de altísimo nivel, no sólo en tenis, y nadie tiene lo que él, con la excepción, quizá, de Tiger Woods y Michael Jordan. En los puntos cruciales es un asesino; su concentración es absoluta y tiene algo que yo nunca he tenido: una ambición sin límites. Yo gané un Grand Slam y fui feliz; había cumplido la misión de mi vida. Rafa necesita ganar muchas veces y nunca será suficiente.

Muestra la misma voracidad en cada punto. Yo ganaba 5-0 en un set y la cabeza se me iba; regalaba un juego o dos. Rafa, jamás. No da nada gratis; transmite a sus rivales el mensaje desalentador y apabullante de que va a hacer todo lo que pueda para derrotarles 6-0, 6-0.»

Pero para Moyà no acaba aquí la historia, que en su opinión es más compleja y con varios matices. Nadal tiene un defecto y, según Moyà, está relacionado con esa ambivalencia entre su personalidad privada, sensible e insegura, y el ariete deportivo que ve el mundo. Desde el punto de vista de Moyà, en la pista Nadal no oculta por completo al Clark Kent que lleva dentro; la transformación en Superman, por más que la desee él y por mucho que convenza a los demás, no es total.

«En la pista es más cauto de lo que podría parecer. Siempre ha desconfiado de su segundo servicio y por eso no sirve la primera bola con toda la fuerza que podría, a pesar de que tiene brazo para ello. La misma cautela se advierte cuando juega en competición. He entrenado con él mil veces en la pista y cuando lo veo jugar un partido me da siempre la impresión de que es más agresivo cuando entrena y de que consigue más golpes ganadores. Se lo he dicho cientos de veces: "¿Por qué no te sueltas más? ¿Por qué no juegas más dentro de la pista y atacas más, por lo menos en las primeras rondas de los torneos, cuando por lo general te enfrentas a jugadores a los que puedes derrotar con los ojos cerrados?" Pero o no quiere o lo hace con menos frecuencia de la que debería. Quizá se deba en parte a esa negativa suya a creer que es tan bueno.»

Moyà cree que la imagen guerrera de Nadal no procede tanto de su agresividad en el ataque cuanto de su actitud defensiva de no rendirse jamás. Por sus venas corre el espíritu del eterno guerrero, una sensación que conecta con las multitudes, a las que transmite la idea, al margen de su puesto en la clasificación mundial, de que representa el papel del débil desafiante. Como dice Moyà, Federer no podría vender la imagen de gladiador porque no es un batallador, un peleón; no combate por su vida, como parece hacer siempre Nadal. La marca de fábrica de Federer es su precisión mortífera.

Que Nadal haya demostrado ser un campeón del aguante tiene mucho mérito, según Moyà, por todas las angustias que ha tenido que vencer para estar donde está. También contribuye a explicar la magnética personalidad que tiene en la pista. La gente conecta más con el David contra Goliat que ofrece pelea que con el artista

que no necesita esforzarse para parecer superior, porque el batallador es más identificable con lo humano; es más numeroso el público que se ve reflejado en el imperfecto Nadal que en el olímpico
Federer. No sería así si se pareciese más al maestro del pasado con
el que a veces se le compara, Björn Borg; ni si fuera tan extravagan-
te en la pista como lo era John McEnroe. Según Moyà, Nadal es un
cruce entre los dos jugadores que protagonizaron la mayor rivalidad que se había visto en tenis hasta que aparecieron Nadal y
Federer. Borg era puro hielo; McEnroe, todo fuego.

«El secreto del tremendo atractivo de que goza a nivel mundial —dice Moyà— es que te das cuenta de que tiene la vehemen-
cia de McEnroe, pero también el autodominio de Borg, el asesino
que mataba a sangre fría. Ser ambos en uno es una contradicción,
y eso es lo que es Rafa.»

CAPÍTULO 5

MIEDO A GANAR

Ganar en Wimbledon era de por sí una perspectiva suficientemente tentadora, pero sabía además que una victoria allí significaría que no tardaría en proclamarme número uno del mundo por primera vez. La derrota implicaría seguir a remolque de Federer, quizá condenado a no superarle nunca. Pero en aquel partido yo había tomado la delantera y saqué al comienzo del cuarto set con tanta serenidad como podía esperarse en tales circunstancias. Lo cual no era decir mucho, aunque al menos las piernas no me temblaban y la adrenalina seguía ganándole la batalla a los nervios. Perder el tercer set en el *tiebreak* había sido como recibir un puñetazo, pero aquello ya era agua pasada. Sabía que Federer no podía seguir haciéndome *aces* cada vez que tuviera el servicio, como había hecho en el tercer set. Antes del partido había calculado mis posibilidades en un cincuenta por ciento y las cosas no habían cambiado.

De todas maneras, había habido una ocasión en que había

calculado que mis posibilidades estaban un poco por encima de las suyas y había ganado. Había sido en nuestro primer encuentro, en Miami, en marzo de 2004, en pista rápida. Yo tenía diecisiete años y él, con veintidós, acababa de situarse en el número uno de las clasificaciones mundiales, y a pesar de todo lo había derrotado en dos sets seguidos. Un año después coincidimos en la final del mismo torneo y en esa ocasión ganó él, aunque le costó lo suyo. Yo gané los dos primeros sets; él ganó el tercero en el *tiebreak* y luego se llevó los dos restantes. Fue una derrota, es verdad, pero una derrota estimulante. Yo estaba treinta puestos por detrás de él en la clasificación, pero me había mostrado a su altura de principio a fin. Después de aquello, mi carrera despegó como un cohete; cuando dos meses y medio más tarde se celebró el Abierto de Francia, yo estaba ya en el número cinco del mundo.

Inmediatamente después de Miami jugué en Montecarlo, el torneo que inicia la temporada de pistas de tierra batida. Me encanta Montecarlo, tanto el lugar como el torneo. Es el Mediterráneo, está cerca de casa. Las pistas en que jugamos cuelgan sobre el mar a tanta altura que casi imagino que puedo ver Mallorca desde allí. Y las calles están muy limpias. La impresión que me queda de la ciudad es lo ordenado y bien cuidado que está todo. El torneo es uno de mis favoritos, no sólo porque allí me siento bien y porque tiene para mí un significado histórico especial, sino también porque tiene tradición, igual que Wimbledon. Hace más de cien años que se juega el torneo de Montecarlo y lo han ganado muchos grandes nombres del tenis como Björn Borg, Ivan Lendl, Mats Wilander o Ilie Nastase, y algunos grandes de la historia del tenis español, como Manolo Santana y Andrés Gimeno. También mi amigo Carlos Moyà.

Yo había estado ausente de Montecarlo el año anterior por culpa de la lesión del pie, pero me dio la impresión de que allí, en la superficie a la que estaba acostumbrado, tenía una oportunidad de ganar mi primer gran torneo de la ATP. Había dejado escapar Miami, pero estaba convencido de que allí la historia no iba a repetirse, ni aun en el caso de que tuviera que enfrentarme otra vez con Federer. No ocurrió porque quedó eliminado en los cuartos de final y con quien jugué la final fue con el que había sido el último campeón, el argentino Guillermo Coria.

Las pistas de tierra batida son ideales para quienes practican un juego defensivo; también para los jugadores que están en forma. El tenis es un deporte que exige la rapidez del velocista, saber empezar a gran velocidad, y la resistencia del corredor de maratón. Te detienes, arrancas, te detienes, arrancas. Y no dejas de hacerlo durante dos, tres, cuatro y a veces hasta cinco horas. Los partidos en tierra batida duran más porque los peloteos son más largos, dado que la bola rebota más alto y está más tiempo en el aire, lo cual significa que cuesta más terminar los puntos y mantener el servicio. El factor aguante tiene más peso aquí que en otras superficies. Los ángulos son más abiertos y hay que cubrir más terreno. Como dice mi preparador físico, Joan Forcades, el juego es más geométrico. Tienes que ganar el punto poco a poco y esperar más que en otras superficies más rápidas para descolocar a tu oponente, hasta que llega el momento en que crees de manera realista que puedes intentar un golpe ganador incontestable. Además, es un deporte en el que necesitas una habilidad que no es común en los juegos de pelota: lo que yo llamo patinar. En tenis te enseñan a afianzarte en el suelo poniendo los pies y el tronco en una determinada posición, con objeto de darle a la bola con efectividad, pero, en tierra batida, en un elevado porcentaje de golpes la superficie, blanda y arenosa, se transforma por un momento en una pista de patinaje, y cuando te deslizas sobre ella para alcanzar la bola todas las reglas habituales se desarticulan. A quien no ha jugado en tierra batida desde pequeño le cuesta cogerle el tranquillo. Yo se lo había cogido porque había aprendido a jugar en aquella clase de pista y, como era rápido, estaba en forma y nunca daba una bola por perdida, sabía que, en cuanto adquiriese cierta madurez física y mental, iba a ser muy difícil que me derrotasen en aquella superficie.

Gané el primer torneo de la ATP de mi vida precisamente allí, en Montecarlo, al batir a Coria en la final; fue un partido extraño que culminé en cuatro sets, pero en el que perdí el tercero 6-0. Entonces empezó una larga racha de partidos en tierra batida de los que salí invicto, venciendo en Barcelona y Roma. Después de Roma llegó el Abierto de Francia, en Roland Garros, el torneo culminante de la temporada de la tierra batida, el primer Grand Slam del año. Yo era el número cinco del mundo, pero el favorito para ganar. Estaba a punto de cumplir diecinueve años.

No había jugado allí el año anterior por culpa de la lesión, pero me había escapado para ver el torneo un par de días. Había sido una idea de Carlos Costa y de mi amigo "Tuts", Jordi Robert el representante de Nike, que había organizado el viaje. Carlos pensó que sería interesante que me familiarizara con el escenario, que me acostumbrase a él, porque decía que era un torneo que algún día ganaría. Sin embargo, volví más frustrado que impresionado por la visita al grandioso coliseo del tenis francés. No soportaba no jugar. Casi me puse enfermo al ver unos partidos en los que participaban jugadores a los que sabía que podía derrotar. Carlos todavía recuerda el momento en que le dije: «El año que viene será mío.» El sueño de los sueños siempre había sido Wimbledon, pero sabía que la montaña que tendría que escalar primero era Roland Garros. Si no ganaba en Francia, nunca ganaría en Inglaterra.

Sin embargo, fue toda una sorpresa que la prensa deportiva me nombrara favorito para ganar el torneo de 2005. Yo sólo había jugado en dos torneos de Grand Slam hasta entonces, Wimbledon y el US Open, y en ninguno de los dos había llegado siquiera a cuartos de final. Abrigaba una duda, ciertamente, sobre si sería capaz de respirar a tan alto nivel competitivo. Además, Federer estaba allí y él sólo necesitaba Roland Garros para completar su cuenta de cuatro Grand Slams. Aunque me esforcé por convencerme a mí mismo de que aquello de considerarme favorito era exagerado y absurdo (hablaba la parte de mi cerebro condicionada por Toni), otra parte de mí (la que se deja llevar por la furia y la ambición) seguía pensando lo mismo que un año antes: que podía ganar. Pero las expectativas que había despertado repercutieron negativamente sobre mí, creando una carga mental añadida de la que me esforcé por librarme durante las primeras rondas. No percibía esas buenas sensaciones que necesito para convencerme de que voy a ganar y estaba mucho más nervioso que de costumbre. Me sentía más entumecido de lo que debería. Tenía las piernas pesadas, los brazos rígidos y la bola no me salía de la raqueta con la precisión con que debía. Cuando pasa esto, empiezas a tener miedo de perder el control, no juegas con naturalidad y todo se vuelve mucho más complicado. Rivales a los que has derrotado con comodidad semanas antes se vuelven de pronto gigantes.

Mi régimen alimenticio tampoco me ayudaba. Entonces no me preocupaba tanto como hoy por poner freno a los caprichos. Sin saber cómo ni por qué, en París me dio por comer croissants de chocolate. Toni se percató del problema, pero tenía su particular método de abordarlo. Cuando Carlos Costa le dijo: «¡Por Dios, no le dejes que coma eso!», Toni replicó: «No, no, deja que se atiborre de chocolate. Así aprenderá; le dolerá el estómago y aprenderá.» Como de costumbre, fue un método que funcionó. Aprendí por las malas que durante una competición no había que comer nada que costase digerir.

A pesar de los nervios y del autoinfligido castigo del chocolate, me las arreglé para salir airoso de las primeras rondas del Abierto de Francia. Francis Roig, mi segundo entrenador, dice que cuando juego al 80 por ciento de mi capacidad, soy mejor que los demás, a causa de la ventaja psicológica que tengo sobre ellos. No estoy seguro de que sea siempre cierto, pero quizá sí lo sea en tierra batida. Cuando estoy en forma óptima tengo cierta mano para transformar rápidamente la defensa en ataque, sorprendiendo e incluso desmoralizando a mi oponente. Pero si no salen golpes ganadores, si todo lo que sé hacer es devolver pelotas y convertirme en una pared humana, entonces lo mejor que puede sucederme es estar en tierra batida.

Así, agotando a los rivales mediante este procedimiento, conseguí llegar a la semifinal contra Federer, nuestro primer enfrentamiento en tierra batida. Aquel día cumplí diecinueve años y la mejor celebración posible, la mejor de mi vida, era ganar, cosa que logré, en cuatro sets. Lloviznó parte del tiempo y Federer, deseoso de hacerse con su cuarto Grand Slam, quiso convencer al juez de que detuviera el juego. Fue una buena señal. Dijo que la lluvia le molestaba, pero yo sabía que también le molestaba mi juego. El juez no suspendió el encuentro y yo gané. Después tuve que enfrentarme en la final al argentino Mariano Puerta. Los argentinos son como los españoles, expertos en tierra batida, y Puerta jugó mejor que yo durante largos momentos del partido. Yo no dominaba aún el truco de aislarme del entorno y de mis temores; nunca se consigue por completo, de lo contrario no seríamos humanos. Pero en aquel entonces, la construcción de defensas emocionales para ganar sistemáticamente era todavía un proyecto y los nervios interferían en mis procesos mentales más de lo que lo harían tiempo después. Lo que no me faltó en aquella final fue energía. Puerta jugaba bien, lo suficiente para ganar el primer set por 7-5. Pero cuando pienso ahora en aquel partido, lo que me viene a la mente es la sensación de no haberme detenido a respirar en ningún momento. Yo peleaba y corría como si fuera capaz de pelear y correr sin parar durante dos días. Me excitaba tanto la idea de ganar que en ningún momento sentí el cansancio, lo cual, a su vez, cansó a Puerta. Yo aguanté; era más constante en los puntos decisivos y, exceptuando el primero, gané los siguientes sets por 6-3, 6-1 y 7-5.

En cosa de seis meses escalé tres cumbres, a cual más alta: la Copa Davis, mi primera victoria ATP en Montecarlo y la cumbre más importante, el Abierto de Francia, mi primer Grand Slam. La emoción que sentí fue indescriptible. En el momento de ganar me volví y vi que mi familia se había puesto como loca, mis padres se abrazaban, mis tíos gritaban y entonces me di cuenta de que, pese a todos los años de trabajo duro que había invertido en ella, aquella victoria no era sólo mía. Sin pensarlo siquiera, lo primero que hice nada más dar la mano a Puerta fue correr hacia el gentío, subir las gradas y abrazar a mi familia, a Toni el primero. Mi madrina Marilén también estaba allí y lloraba.

«No podía creerlo —me dijo Marilén después, al recordar su reacción al punto final—. Te miré y te vi allí, un campeón hecho y derecho, con los brazos al aire, y de pronto volví a verte cuando tenías siete años, delgado, mortalmente serio, entrenando en una pista de Manacor.»

Yo había pensado algo parecido. Había peleado con mucho tesón y durante mucho tiempo para llegar hasta allí. Pero a mi cabeza acudían también imágenes de mi casa y de mi familia, y aquel día comprendí, con más intensidad que ningún otro, que por grande que sea la dedicación que le pone, uno nunca gana algo solo. El Abierto de Francia fue mi recompensa y también la de mi familia.

También sentí mucho alivio. Al ganar un Grand Slam me había quitado un peso de encima. Todo lo que ahora me deparara la vida sería una compensación extra. No es que fuera a cejar en mis ambiciones; había saboreado la victoria al más alto nivel, me había gustado y quería más. Y tuve la sensación de que, después de haber ganado un torneo de aquella magnitud, repetir iba a ser menos difícil. Tras ganar en Roland Garros, en mi mente empezó a adquirir forma la idea de que algún día ganaría en Wimbledon.

No hace falta decir que no era aquello lo que pensaba Toni, o al menos no era el mensaje que quiso transmitirme. Con su contundencia habitual me dijo que, en su opinión, Puerta había jugado mejor que yo, que me había hecho correr mucho más que yo a él y que, si yo había ganado los puntos decisivos, había sido porque había tenido suerte. Ahora alega —aunque, sinceramente, yo no lo recuerdo— que antes de volver a casa al día siguiente, antes que los demás, me dejó una nota en la que detallaba todos los aspectos de mi juego que yo tenía que corregir, si quería tener alguna posibilidad de ganar otra vez un torneo igual de importante.

Tenía razón en lo referente a los dos torneos de Grand Slam que quedaban aquel año. En Wimbledon caí en la segunda ronda; en el US Open, en la tercera. Aquellas derrotas me pusieron los pies en la tierra y me dieron la medida del trabajo que me quedaba por hacer si quería evitar que se me considerase sólo otro nombre más en la historia de los prodigios de un solo Slam u otro español incapaz de adaptarse con éxito a una superficie que no fuera de tierra batida. Después de ganar el Abierto de Francia, el juicio de la mayoría de los expertos era que, aunque tal vez ganase otra vez aquella competición, nunca ganaría ninguno de los otros tres torneos de Grand Slam, a saber, el de Wimbledon, el US Open y el Open de Australia. Había una historia que respaldaba esta opinión. En los últimos veinte años había habido un campeón español tras otro en Roland Garros, pero que no habían conseguido victorias en los otros grandes. En 2005 yo había proseguido la tendencia y reforzado el prejuicio.

Pero sólo tenía diecinueve años e, independientemente de lo que me deparase el futuro, había sido un año espectacular. Había ganado un torneo de primera línea en Canadá, el Masters de Montreal, derrotando a André Agassi en la final, sin perder un solo set; y luego, a finales de año, gané el Masters de Madrid, un desafío más difícil si cabe por haber sido en la pista rápida que menos conviene a mi juego: pista dura y de interior. Madrid era, en este sentido, un umbral, un indicio poderosamente estimulante de que estaba capacitado para adaptar mi juego a todas las condiciones. En la final me recuperé tras dos sets en contra y gané frente a un rival que tenía un servicio demoledor, el croata Ivan Ljubicic, cuyo juego encajaba de manera tan natural en la pista de interior como el mío en la tierra batida.

En total gané once torneos en 2005, tantos como Federer aquel año, y me coloqué en el segundo puesto de la clasificación mundial. Empezaba a ser muy conocido fuera de España y parecía preparado para llevar mi juego a otro nivel. El año 2006 se anunciaba brillante, o eso me figuré. Porque después de Madrid la fatalidad se ensañó conmigo. Sufrí otra lesión en el mismo hueso del pie que el año anterior me había impedido jugar toda la temporada de pistas de tierra batida, sólo que esta vez fue una lesión más seria que, de hecho, dio lugar al episodio más aterrador de toda mi trayectoria profesional.

Sentí el primer aviso en Madrid, durante el partido contra Ljubicic, el 17 de octubre. No hice mucho caso entonces y, acostumbrado a competir con algún dolor físico, seguí jugando. Por la noche empezó a dolerme en serio, pero no quise alarmarme todavía. Pensé que era una consecuencia inevitable de haber jugado un partido muy duro de cinco sets y que al día siguiente se me pasaría. Cuando desperté por la mañana vi que tenía el pie más hinchado que la noche anterior. Me levanté y comprobé que no lo podía apoyar normalmente. Desistí de acudir al siguiente torneo que tenía que jugar, en Suiza, y, cojeando mucho, volé directamente a casa para ver a mi médico, Ángel Cotorro. Éste no encontró nada particularmente grave y dijo que el hueso sanaría si dejaba pasar un tiempo. En efecto, días después dejaba de cojear y me fui a la otra cara del mundo, a Shangai, para participar en el gran Masters del año. No obstante, al poco de ponerme a entrenar reapareció el dolor con tanta intensidad que tuve que retirarme del torneo antes de que empezara. Volví a Mallorca y descansé un par de semanas, incapaz de hacer ninguna clase de ejercicio. Reanudé el entrenamiento, pero al segundo día volví a sentir el ramalazo de dolor y comprendí, con un grito de desesperación, que no podía continuar.

Confiaba ciegamente en el doctor Cotorro. Era mi médico entonces, sigue siéndolo en la actualidad y, en la medida en que la decisión dependa de mí, lo será hasta que me retire. Sin embargo, fue incapaz de establecer un diagnóstico ni de aconsejarme otra cosa que descanso. Eso fue lo que hice, descansar otras dos semanas. Estábamos en noviembre y la cosa se prolongó hasta diciembre. Empecé a ponerme nervioso, porque mi médico lo probaba todo, pero no conseguía averiguar cuál era exactamente el problema. El pie seguía hinchado y el dolor, lejos de remitir, aumentaba. Entonces, por sugerencia de mi tío Miguel Ángel, fuimos a ver a un especialista del pie al que había conocido cuando era jugador del F.C. Barcelona. Éste me hizo unas cuantas pruebas de resonancia magnética, pero tuvo que admitir que, a pesar de toda su experiencia, aquella lesión podía más que él. Nuestra última esperanza pasó a ser un especialista de Madrid. Fui a verlo con mi padre, Toni y Juan Antonio Martorell, mi fisioterapeuta anterior a Titín. Mi pie izquierdo o, mejor dicho, el huesecillo donde estaba localizada la hinchazón, se había convertido en el centro de mi angustiado universo, y en el de mi familia también.

Fuimos al consultorio del especialista a mediados de diciembre, dos meses después de haber jugado yo mi último partido de competición, y llegamos con una sensación de alarma creciente. El doctor acabó por identificar el problema. Debería haberme sentido aliviado, pero no fue así. El diagnóstico fue tan deprimente que me hundí en el agujero más negro y profundo de toda mi vida.

Se trataba de un problema congénito, una enfermedad del pie muy rara, más rara incluso entre los hombres que entre las mujeres, y daba la casualidad de que este médico era un experto mundial en ella. Había sido el tema de su tesis doctoral. El hueso afectado era el escafoides tarsiano, situado en el arranque delantero del arco del pie. Si el escafoides tarsiano no se osifica bien, es decir, no se endurece, como es habitual que ocurra en la infancia, el sujeto sufrirá dolorosas secuelas de adulto, tanto más si el pie se somete a reiteradas tensiones, de esas que son inevitables cuando el adulto en cuestión es un tenista profesional. El peligro es mayor si, como había ocurrido en mi caso, se ha sometido al pie a una actividad muy intensa durante los primeros años, en que el hueso no está formado del todo. La consecuencia es que el hueso se deforma, crece más de lo debido y puede astillarse con más facilidad, que era lo que me había sucedido el año anterior. Me había recuperado pero, al desconocer el problema, no le había prestado mucha atención y las cosas se habían complicado mucho más.

Esta inflamación del escafoides tarsiano, un hueso que yo ni siquiera sabía que existiera, resultó ser mi versión particular del talón de Aquiles: el punto más vulnerable de mi cuerpo, el más destructivo en potencia. Tras diagnosticar la dolencia, el doctor dio su veredicto. Podía suceder, declaró, que nunca más pudiera volver a jugar a tenis de competición. Cabía la posibilidad de que me viera obligado a retirarme, a los diecinueve años, del deporte que representaba todas mis ilusiones. Me vine abajo y rompí a llorar; todos lloramos. Mi padre fue el primero en recuperarse y trató de controlar la situación. Mientras los demás mirábamos al suelo con impotencia, se puso a trazar un plan. Es un hombre práctico y tiene el instinto del líder que aparenta calma y tranquilidad cuando más negras están las cosas. Animoso por temperamento, piensa que ningún problema es insuperable. No es deportista, pero tiene mentalidad de vencedor. Por eso el resto de la familia dice que he salido a él en lo de ser competidor. Es posible, pero aquel día, más lejos que nunca de una pista de tenis, yo no estaba animado ni veía ninguna salida. Me sentía hundido. Todo el horizonte hacia el que había orientado mi vida se estaba desmoronando ante mis ojos.

En medio de aquel lúgubre ambiente, mi padre arrojó el primer destello de luz. Dijo dos cosas: primera, que confiaba en que encontráramos una solución; las palabras exactas del médico, nos recordó, habían sido que «cabía la posibilidad» de que la lesión pusiera en peligro mi carrera; segunda, que si todo lo demás fallaba, podía dedicarme con éxito a mi última y creciente pasión, el golf.

«Con todo el talento que tienes y esas agallas —dijo—, no veo la razón por la que no puedas ser golfista profesional.»

Aquella noción, más bien lejana, tendría que esperar por el momento y, con un poco de suerte, toda la vida. La pregunta más inmediata que había que hacer al médico era: ¿había alguna solución? Y si la había, ¿cuál era? Poco dado a la cirugía, que era una solución arriesgada y apenas comprobada, dijo que había una posibilidad. Un poco trivial y ajena a la medicina. Podíamos modificar las suelas de mi calzado tenístico y, mediante un proceso milimétrico de ensayo y error, ver si dábamos con la forma de acolchar el hueso lo suficiente para reducir la tensión que yo siempre había imprimido a aquella zona del pie. Pero nos advirtió que, aunque aquello funcionara, aparecería otro peligro: el sutil desplazamiento de mi peso corporal causado por la modificación de las suelas podía tener un efecto doloroso en otra parte de mi cuerpo, como las rodillas o la espalda.

Mi padre se animó, dijo que cruzaríamos ese puente cuando llegáramos a él e inmediatamente propuso un plan de acción. Nos pondríamos en comunicación con el especialista de los pies que habíamos visitado en Barcelona y le propondríamos que trabajara conmigo y con el doctor Cotorro para confeccionar las nuevas suelas. Dicho lo cual, lleno de ánimo, corrió a una cena de trabajo que tenía programada para aquella misma noche, dejándonos a los demás con un humor que combinaba una vaga esperanza con la parálisis más pesimista. Después de todas las desilusiones de los dos últimos meses y la sistemática incapacidad del hueso para recuperarse, me parecía que no había mucho motivo para creer que la solución del zapato mágico fuera a funcionar. El pie me dolía más que nunca y, tal como veía yo las cosas, las posibilidades de que aquello diera resultado eran mínimas, por lo que no impidieron que volviera a casa melancólico y deprimido, preparado para pasar las que, en efecto, fueron las Navidades más tristes de mi vida.

Era como si hubieran partido mi vida por la mitad. Cuando mi familia recuerda aquel período, todos dicen que yo estaba totalmente transformado, irreconocible. En casa suelo estar animado, río y bromeo mucho, sobre todo con mi hermana. En aquellos momentos estaba irritable, distante, apagado. No hablaba de la lesión ni con mis amigos más íntimos; al principio no podía ni sincerarme al respecto con mi novia, María Francisca, «Mery», que estaba cada vez más desconcertada y alarmada por el cambio que se había operado en mí. Habíamos empezado a salir juntos hacía unos meses y allí estaba yo, amargado de día y de noche, sin apenas nada que ofrecer a una chica de diecisiete años, deseosa de disfrutar de la vida. Normalmente hiperactivo, ni siquiera podía apoyar el pie en el suelo, no digamos ya jugar al tenis, así que me pasaba las horas recostado en el sofá, con la mirada perdida, o sentado en el cuarto de baño, o en las escaleras, llorando. No me reía, no sonreía, no tenía ganas de hablar. Había perdido todo interés por la vida.

Menos mal que tenía a mis padres. Su forma de reaccionar fue la correcta. Dejaban claro que estaban allí para cualquier cosa que necesitase y no me atosigaban. No trataban de sacarme de aquella depresión a la fuerza, no me bombardeaban con preguntas, no me forzaban a hablar cuando no me apetecía. Me llevaban a todas partes, al médico o donde fuera, sin quejarse y con el mismo ánimo que mi padre había mostrado en los días en que había sido mi incansable chófer por Mallorca. Eran sensibles y amables, y me daban a entender claramente que estarían a mi lado en los buenos momentos y en los malos, tanto si volvía a jugar como si imprimía otro rumbo a mi vida.

Toni también desempeñaba su papel. Era él quien me despertaba de mi sopor, quien me decía que no me compadeciera a mí mismo. «Vamos», decía, «salgamos a entrenar». Parecía una insensatez, pero Toni tenía un plan, aunque no era exactamente el indicado para ganar en Wimbledon, ni siquiera el campeonato balear sub 12. Siguiendo sus instrucciones, iba a la pista con muletas, me sentaba en una silla (una silla normal del club, nada especialmente diseñado), empuñaba una raqueta y me ponía a golpear pelotas. Así, por lo menos, como decía Toni, no perdería la costumbre. Era un ardid psicológico más que otra cosa. Una forma de pasar el tiempo, de no esconderme tras lúgubres meditaciones, de alentar un poco mi esperanza. Toni me lanzaba pelotas, al principio de muy cerca, luego, conforme recuperaba la práctica, desde el otro lado de la red; yo, sentado siempre, le devolvía voleas, reveses, derechas. Variábamos los ejercicios hasta donde podíamos, lo que, dadas las circunstancias, no era mucho. Pero, de acuerdo con el plan, le vino bien a mi estado de ánimo, aunque no mejoró precisamente mi juego ni tampoco sirvió para hacerle mucho bien a los brazos. Nos aferramos a aquel curioso régimen, suscitando miradas de desconcierto entre los mirones, durante más de tres semanas, a razón de cuarenta y cinco minutos al día, y yo siempre acababa con los antebrazos doloridos. También practiqué algo de natación, el único ejercicio que podía hacer utilizando las piernas. Pero no soy buen nadador y, aunque moverme otra vez me resultaba beneficioso, no era un pasatiempo que me llenase de alegría.

Dejar el pie en completo reposo funcionó. El dolor empezó a remitir. El especialista de Madrid, cuyo diagnóstico inicial me había sentado como un tiro en la cabeza, había resultado ser mi salvación. Al cabo de muchas pruebas, conseguimos las suelas exactas que necesitaba mi pie, por lo menos lo suficientemente exactas para salir adelante. No fue la solución ideal para toda mi estructura ósea (sabíamos que habría consecuencias), pero alivió el problema del escafoides. El peso principal del cuerpo recaía ahora sobre los demás huesos del pie, aligerando la presión sobre el deformado. Nike me diseñó un zapato que era más ancho y alto que el que había utilizado antes. Necesitaba un calzado más grande porque la suela era más gruesa y se elevaba más, sobre todo en la zona que hacía ahora de cojín para el escafoides. Al principio me costó adaptarme a la nueva suela, porque al obstaculizar la caída natural del peso de la pierna, el zapato me desequilibraba. Entonces, como había predicho el especialista, empecé a sentir dolores musculares donde no los había tenido nunca, en la espalda y en los muslos.

Hacíamos lo que podíamos, pero al entrenar con el nuevo calzado, aparecieron nuevas dificultades que nos obligaron a seguir haciendo más cambios en las suelas, mínimos pero decisivos. Años después, seguimos en ello. Es una labor continua y aún no hemos dado con la solución justa. Incluso es posible que no haya ninguna solución justa. El caso es que han pasado varios años desde entonces y el hueso en cuestión todavía me duele y me obliga a veces a reducir los entrenamientos. Es la parte de mi cuerpo que Titín continúa más tiempo masajeando. Sigue bajo control, es verdad, pero no bajamos la guardia.

Las buenas noticias fueron que en febrero volví a entrenar en serio. Y aquel mes, después de pasar casi cuatro descansando, jugué el primer torneo, en Marsella. Salir a la pista, oír mi nombre por los altavoces, ver y oír a la multitud, ponerme a calentar otra vez antes de un partido: había soñado con ello o, mejor dicho, casi no me había atrevido a soñarlo, pero allí estaba de nuevo. Aún no había ganado nada, pero el solo hecho de salir a la pista me produjo casi tanta euforia como si hubiera conseguido un triunfo. Había recuperado la vida que creía haber perdido, y nunca había sido tan consciente del valor de lo que tenía, de la gran suerte que tenía por ser un tenista profesional, aun sabiendo a la vez, y más claramente que nunca, que la vida del deportista es breve y que puede acabar en cualquier momento. No había tiempo que perder y desde entonces aprovecharía sin titubear todas las oportunidades que me salieran al paso. Porque desde aquel instante comprendí que ya no podía estar totalmente seguro de que el partido que estaba jugando no fuera a ser el último. Ser consciente de esto no podía llevarme más que a una conclusión: tendría que jugar cada vez, y entrenar cada vez, como si fuera la última. Había estado muy cerca de la muerte tenística; había mirado a la cara el fin de mi trayectoria profesional y la experiencia, aunque espantosa, me había fortalecido mentalmente, me había hecho comprender que la vida, cualquier vida, es una carrera contra el tiempo.

Recuperé mi ritmo con más rapidez de lo que había creído posible; llegué a las semifinales en Marsella y gané el siguiente torneo, en Dubái. Allí derroté a Federer en la final y en pista dura, la peor superficie para mi pie. Fue un magnífico espaldarazo a mi confianza y entonces supe que mi regreso era un hecho consumado. Algo curioso que descubrí, y que también resultó estimulante, fue que el pie me dolía mucho más en los entrenamientos que cuando disputaba un torneo. Titín, en cuyo juicio confío prácticamente para todos los asuntos, tenía una explicación. Afirmó que era debido a que durante un partido segregaba más adrenalina y más endorfinas, que funcionaban como analgésicos naturales, pero también observó que se debía a que durante un partido estoy tan concentrado y tan alejado del resto del mundo físico que noto menos las incomodidades, aunque estén presentes.

Así que algo que cambió tras mi regreso fue que pasé a entrenar menos. Mi preparador físico, Joan Forcades, nunca me había recomendado que corriese durante mucho rato, aunque sé que otros jugadores lo hacen. Cuando corríamos, nunca era más de media hora, pero desde entonces suprimimos todas las carreras. Dado que en circunstancias normales juego unos noventa partidos al año, ya es más que suficiente para estar en forma. Para ser consecuentes con la fragilidad de mi pie, también redujimos la cantidad de entrenamiento que hacía en total, tanto en la pista como en el gimnasio. Antes de la lesión, hasta los dieciocho años, entrenaba cinco horas al día o más; ahora entreno tres y media, y con menos intensidad que antes. No practico dos horas al cien por cien; juego cuarenta y cinco minutos al cien por cien y luego me concentro en aspectos más concretos que mejorar, como la volea o el saque.

Nunca dejaré de ser un jugador que pelea por cada pelota. Mi estilo sigue siendo de defensa y contraataque. Pero cuando me veo en vídeos, por ejemplo, en la final de la Copa Davis de 2004, en el partido contra Andy Roddick, veo un dinamismo arrollador que ya no se percibe en mi juego. Ahora soy más mesurado; economizo más mis movimientos y he trabajado para mejorar el saque. Sigue siendo mi punto débil, claramente más flojo que el de Federer y muchos otros jugadores, pero lo trabajé a conciencia para volver al tenis en febrero de 2006 y, como Toni me recuerda, había ganado en velocidad. Toni dice que antes de la lesión sacaba a 160 kilómetros por hora; en Marsella saqué a menudo a más de 200.

Este servicio, más rápido, debería haberme sido útil en los dos grandes torneos que juego siempre en Estados Unidos a comienzos de año, Indian Wells y Miami, pero de nuevo fracasé en ambos. En Miami caí en la primera ronda frente a mi viejo amigo Carlos Moyà. No hubo favores en el partido, pero es que tampoco yo había sido blando con él cuando habíamos competido en Hamburgo, tres años antes.

Y después volví nuevamente al Mediterráneo. Regresar a Montecarlo aquel año fue como volver a casa. Otra vez estaba sobre tierra batida y en el lugar donde había ganado mi primer torneo de la ATP. Una vez más me enfrenté a Federer en la final y una vez más gané. Luego volví a jugar contra él en la final de Roma. Fue un partido criminal, una verdadera prueba para saber si me había recuperado de la lesión. Y lo había hecho. El partido duró cinco sets y cinco horas; salvé dos puntos de partido y gané. Luego llegó Roland Garros y la oportunidad de conservar la corona del torneo, cosa que no pensaba que podría conseguir cuatro meses antes. Volver allí significó más para mí que cuando había estado el año anterior, aunque entonces había sido la primera vez. Ganar de nuevo supondría, para mí y para mi familia, que el calvario que había pasado se había exorcizado, aunque no olvidado, y que ya podíamos proseguir, con un claro y confiado estado de ánimo, la trayectoria triunfal que tan cerca había estado de terminarse definitivamente. Y tenía que demostrar un artículo de fe: quería que se supiera que mi victoria de 2005 no había sido excepcional, que estaba en la liga del Grand Slam para quedarme.

Llegué a la final por un camino sembrado de espinas, derrotando a algunos de los mejores jugadores del momento, entre ellos el sueco Robin Soderling, el australiano Lleyton Hewitt y, ya en los cuartos de final, a Novak Djokovic. Con un año menos que yo, Djokovic era un jugador como la copa de un pino, temperamental pero con un enorme talento. Toni y yo habíamos estado hablando de él y yo hacía tiempo que lo había visto venir por el retrovisor, cada vez más cerca. Había subido como la espuma en la clasificación y sospechaba que no tardaría en pisarme los talones, que no iba a ser sólo yo contra Federer, sino él también. Djokovic tenía un saque de muerte, era rápido, enérgico y fuerte, a menudo deslumbrante, tanto con el revés como con la derecha. Sobre todo notaba que tenía mucha ambición y madera de ganador. Más jugador de pista dura que de tierra batida, era lo bastante competitivo para ponerme las cosas difíciles en los cuartos de final de Roland Garros. Gané los dos primeros sets por 6-4, 6-4, y me preparaba ya para una larga tarde de trabajo cuando él tuvo la desgracia, y yo la suerte, de sufrir una lesión.

En la final me enfrenté a Federer otra vez. Perdí el primer set por 6-1, pero gané los tres siguientes, el último con un *tiebreak*. Al ver luego el vídeo del partido, me pareció que Federer jugó mejor que yo en términos generales, pero en aquel ambiente de alta tensión (él deseoso de completar el cuarteto de grandes títulos, yo deseoso de ahuyentar el fantasma de mi exilio) yo aguanté más.

Según Carlos Moyà, Federer no era totalmente Federer cuando jugaba contra mí. Carlos dijo que lo había derrotado por desgaste, haciéndole cometer errores inconcebibles en un hombre con tanto talento natural. Ése había sido el plan, pero también creo que vencí porque había ganado el año anterior y eso me había dado una confianza que de otro modo no habría tenido, especialmente frente a Federer. En cualquier caso, había ganado mi segundo Grand Slam.

Después de todo lo que había pasado fue un momento de gran emoción. Corrí a las gradas, como el año anterior, y esta vez busqué a mi padre. Nos abrazamos con fuerza mientras los dos rompíamos a llorar. «¡Gracias por todo, papá!», le dije. A mi padre no le gusta expresar sus sentimientos. Durante mi lesión se había sentido obligado a parecer fuerte y sereno y hasta aquel momento no fui plenamente consciente de lo mucho que se había esforzado para no derrumbarse. Luego abracé a mi madre, que también estaba hecha un mar de lágrimas. En lo único que pensaba en aquel momento de triunfo era que lo había conseguido gracias al apoyo de ambos. Ganar el Abierto de Francia en 2006 significaba que lo peor había pasado; habíamos vencido un problema que temíamos que pudiera superarnos y habíamos salido más fuertes. Sé que para mi padre fue el momento de mayor alegría de toda mi trayectoria. Desde su punto de vista, si mi pie había resistido frente al mejor de todos, seguiría haciéndolo durante mucho tiempo.

Para él, que entendía mejor que nadie lo que había sufrido yo, significaba volver a la vida.

Ya podía, desde una perspectiva realista, empezar a pensar en la conquista del sueño de mi vida: Wimbledon. Carlos Costa recuerda que cuando gané Roland Garros en 2005, mi reacción fue: «Bueno, ¡ahora a ganar Wimbledon!» Según me confesó tiempo después, entonces pensó que me había fijado una meta demasiado alta. Creía de corazón que no estaba preparado para ganar allí. Pero después de mi victoria en Roland Garros en 2006, cuando volví a decirle que iba a ganar Wimbledon, me dijo que había empezado a cambiar de opinión. En parte porque la hierba era la mejor superficie para mi pie, pero sobre todo porque ahora estaba convencido de que yo tenía el temperamento para ganar en aquel escenario. Carlos, que como ex tenista de primera línea siente un cauto respeto por el Grand Slam, no creía, por el contrario, que los otros dos grandes, el US Open y el de Australia, estuvieran a mi alcance. Pero Wimbledon sí. Secundaba mi idea de que algún día tendría en las manos el trofeo dorado.

Pese a toda mi confianza exterior, la verdad fue que, cuando se presentó la oportunidad un mes más tarde, carecía de la convicción necesaria para ganar. Conseguí llegar a la final de Wimbledon, pero Federer me derrotó con más comodidad de lo que sugería el marcador, que quedó 6-0, 7-6, 6-7, 6-3.

Ahora estábamos en 2008, dos años después de aquello, yo ganaba por dos sets a uno y tenía el servicio. Desde el punto de vista de la calidad de juego, el cuarto set fue quizás el mejor que disputamos en aquella final. Los dos estábamos al cien por cien, terminábamos los largos peloteos con un golpe ganador tras otro y cometíamos pocos errores. Yo siempre iba un juego por delante porque saqué el primero, de modo que cuando le tocaba servicio a Federer se limitaba a no rezagarse, algo que consiguió todas las veces. Que nadie diga nunca que Federer no es un luchador.

El set culminó con un *tiebreak* y yo saqué primero. El público que abarrotaba la Centre Court había perdido la compostura y una mitad gritaba «¡Roger! ¡Roger!» y la otra, «¡Rafa! ¡Rafa!» En el primer punto subí a la red por una vez y de inmediato sufrí las consecuencias, y recordé por qué lo hacía sólo esporádicamente. Federer me superó con comodidad con un golpe hacia mi derecha. Mal comienzo. Pero entonces tuve una racha asombrosa. Confiado, dueño de mi juego, gané los dos puntos de su servicio. Luego le di un poco de su propia medicina, le clavé un *ace* y, a continuación, otro primer servicio que no pudo restar. Ganaba yo 4-1. Si mantenía los servicios que me quedaban, iba a ser el campeón de Wimbledon. Aún no me atrevía a imaginar la victoria, aunque todos mis golpes eran aciertos. Pero yo no estaba levantando los puños al aire, como suelo hacer en otras circunstancias y lugares; me estaba conteniendo a propósito y procuraba permanecer todo lo frío y concentrado que podía para dar la impresión de no estar nervioso, y me recordaba en todo momento que tenía delante a Federer, el tenista mejor preparado del mundo para sacar puntos de la nada.

Le tocaba ahora servir a él y yo estaba más relajado de lo que sabía que estaría en el siguiente servicio, porque se lo había roto dos veces e iba por delante. Si le robaba un punto, sería un bonus inesperado, aunque no contaba con eso. No sentía la misma presión que él por ganar los dos puntos siguientes, lo que me daba un respiro momentáneo hasta que me tocara sacar a mí. Me decía: «Cíñete al plan de juego, lánzale liftados altos a su revés.» Pero en el siguiente punto eludió el revés y me lo ganó con un electrizante derechazo paralelo.

Cambiamos de lado cuando yo iba ganando 4-2. Di mi acostumbrado sorbo de agua a las dos botellas. Federer volvió a la pista. Me puse en pie y fui tras él para recibir. El siguiente peloteo fue largo, quince disparos, los dos jugando con cautela, yo conteniendo el impulso, que habría sido suicida, de terminar de una vez con una derecha ganadora, y el punto terminó cuando Federer se puso nervioso antes que yo y un revés se le fue. Me permití un pequeño momento de celebración: un discreto puño al aire, controlado, a cámara lenta. Nada exuberante, nada que la multitud de la Centre Court pudiera ver, pero por dentro —no podía evitarlo— me sentía cerca, muy cerca de conseguirlo. Cuando saqué, ganando 5-2, tenía la impresión de tener el sueño de mi vida al alcance de la mano. Fue mi perdición.

Hasta entonces la adrenalina había vencido a los nervios; pero, de pronto, éstos estallaron. Me sentí al borde de un precipicio. Mientras botaba la bola antes de mi primer servicio, pensé: «¿Dónde se la coloco? ¿Y si soy valiente y la lanzo con-

tra él para pillarlo por sorpresa, aunque ya fallé con este truco
hace un par de sets?» No debería haberlo meditado tanto.
Debería haber sacado con un golpe abierto hacia su revés,
como había estado haciendo todo el rato. Pero apunté recto,
le di fuerte y la pelota botó fuera. Estaba ya muy nervioso.
Había entrado en un territorio desconocido. Mientras lanzaba
la bola al aire, me dije: «Peligro de doble falta: no la fastidies.»
Pero sabía que iba a hacerlo. Estaba realmente tenso. Y, efectivamente, envié el segundo saque a la red, como un tonto.
Los nervios me devoraban, pero la causa no era el miedo a
perder; era el miedo a ganar. Deseaba ganar el torneo de Wimbledon con toda mi alma, deseaba ganar aquel partido, había
suspirado toda mi vida por aquel momento: ésa era la terrible
y desnuda verdad que me había esforzado por ocultarme a mí
mismo concentrándome en cada punto, uno por vez, sin mirar
atrás ni adelante en ningún momento. Pero la tentación de
imaginar el futuro era demasiado fuerte; la excitación que sentí
al borde de la victoria me traicionó.

¿Qué significa el miedo a ganar? Significa que, aunque
sabes qué golpe tienes que jugar, las piernas y la cabeza no te
responden. Los nervios se apoderan de ellas y no puedes esperar; no puedes aguantar. No era miedo a perder porque en
ningún momento del partido pensé que no fuera a ser capaz
de vencer. En ningún momento perdí la fe. De principio a fin
sentí que no merecía perder, que lo estaba haciendo todo bien
y que me había preparado del mejor modo posible antes de
que empezara el encuentro.

Pero mientras me disponía a sacar otra vez, con el marcador 5-3, la convicción desapareció. Perdí el valor. Porque, en vez de seguir jugando, en vez de borrar de mi cabeza el contratiempo de la doble falta, dejé que influyera en el siguiente saque. Pensé: «Hagas lo que hagas, mete el primer servicio. No te expongas a otra doble falta. Mete el primer servicio sin que importe cómo.» Eso hice, pero fue un saque flojo, un cauteloso segundo servicio disfrazado de primero, un saque cobarde. Sí, ése es el calificativo exacto. Fue un momento de cobardía, que permitió a Federer pasar al ataque en el acto. Restó con un golpe en profundidad, se lo devolví corto, me envió otro golpe en profundidad y entonces fallé —un error garrafal—: Le di mal a la bola y mi revés se estrelló contra la red. No se había tratado ni mucho menos de un golpe imposible de devolver; si me la hubiera lanzado así diez veces, en nueve no habría habido ningún problema. Incluso habría podido responder con un golpe ganador. Pero tenía el brazo rígido, había perdido el ritmo y todo yo estaba descolocado. En vez de acompañar con convicción el movimiento del golpe, las piernas se me habían inmovilizado en el sitio, hechas un manojo de nervios.

Íbamos 5-4 y le tocaba sacar a él. La iniciativa era ahora de Federer. Su primer servicio fue genial, abierto, hacia mi derecha. Resté con un zarpazo corto y me clavó un golpe ganador. Pensé: «La he pifiado. Pero vamos 5-5 y todavía estoy en el *tiebreak*. Si gano un punto, este punto, estaré a uno de partido para ser campeón de Wimbledon. Igual la cago, pero voy a conseguir este punto.» Ah, pero Federer repitió entonces otro saque fenomenal y yo me vi casi perdido. Ahora era él quien tenía el punto de set y yo, quien servía. De pronto ya no estaba tan nervioso, tan preocupado por hacer doble falta. Me había apartado del precipicio. El miedo a ganar se había esfumado, me encontraba en una situación menos cómoda pero a la que estaba más acostumbrado: peleando para salvar el set. Estrellé el primer servicio en la red, pero ya no pensaba en la doble falta. Mi segundo saque fue un golpe decente y entablamos un largo peloteo en el que castigué su revés. Le envié un pelotazo abierto hacia su derecha, aunque algo corto, y allí vio él su oportunidad. Buscó una derecha ganadora y se le fue.

Volvimos a cambiar de lado. Como siempre, Federer se colocó en su sitio antes que yo. Yo tenía que secarme con la toalla, dar mis tragos de agua a las dos botellas. Luego me acerqué al trote a la línea de fondo. Conseguí por fin un primer servicio perfecto y nos enfrascamos en un fuerte peloteo en el que ambos golpeábamos con dureza y en profundidad, en su caso, en cierto momento, con demasiada profundidad. Se juzgó que la bola había salido fuera, pero Federer lo puso en duda. La imagen que se vio en la pantalla reveló que el juez de línea tenía razón. Mi rival había pasado por un momento de desesperación, pero lo comprendía. Yo habría hecho lo mismo en un momento así de crítico. Ahora yo tenía el punto de partido y servía él. Pero respondió como el gran campeón que es y me encajó otro de sus imparables servicios.

Por si acaso, con más fe que esperanza, miré al juez y esta vez planteé yo la duda. Fue a favor de él. La bola había dado en plena línea. Íbamos 7-7 y el punto que siguió fue increíble. Fue mío. Tras un segundo saque en profundidad intercambiamos un par de golpes, me cañoneó con una derecha abierta y profunda hacia mi derecha, corrí por detrás de la línea de fondo, él se lanzó hacia la red y lo sobrepasé con un golpe bajo y paralelo. Un buen trallazo.

Volvía a estar con un punto de partido y por entonces era otra vez dueño de mis nervios. Pensé que merecía encontrarme donde me encontraba y que estaba a un paso de conquistar Wimbledon. Qué bobo. Realmente muy bobo. Fue uno de los pocos, poquísimos momentos de mi carrera en que pensé que había ganado antes de ganar. La emoción pudo más que yo y olvidé la regla de oro que hay que obedecer en tenis más que en cualquier otro deporte: que nada termina hasta que se acaba.

El marcador decía 8-7 y yo tenía punto de partido y el servicio. Hice exactamente lo que tenía que hacer, sacar abierto hacia su revés. Su resto se le quedó corto, a mitad de pista, y entonces, exactamente entonces, fue cuando, por primera vez en mi vida profesional, al acercarme para golpear la bola, antes de tocarla, me sentí pletórico y con la eufórica certeza de que la victoria era mía. Le envié una derecha hacia su revés y corrí a la red, creyendo que iba a fallar o a devolverme la pelota con un golpe flojo y que yo lo machacaría sin problemas. No fue así. Me endosó un revés sensacional en paralelo al que no llegué. He repasado ese punto en mi cabeza muchísimas veces. Lo tengo grabado en el vídeo de la memoria.

¿Qué otra cosa habría podido hacer? Tal vez golpear la pelota con más fuerza y profundidad, o enviarla hacia su derecha. Pero ni siquiera ahora creo que esto último hubiera sido lo indicado. Éste es el por qué: si lo hubiera hecho y él me hubiera respondido con un *passing shot* o me la hubiera devuelto y yo hubiese fallado, me habría hecho polvo. Porque me habría desviado del plan consistente en apuntar siempre a su revés; me habría percatado enseguida de que me había equivocado. Eso me habría afectado mucho psicológicamente. En realidad mi opción fue buena, aunque la ejecución no había sido tan eficaz como habría podido ser. Pero no fue un mal golpe. Federer había fallado muchas veces con aquella devolución. Para ser justos, propinó un golpe realmente fantástico en un momento en que tenía sobre sí una gran presión. En el punto anterior yo había dado el mejor golpe del partido y él había respondido de inmediato con otro equivalente. Sólo más tarde, cuando todo terminó, fui capaz de reflexionar y concluir que aquella final de Wimbledon fue especial a causa de momentos como los descritos, que fueron los más dramáticos.

Aquel golpe ganador le dio un subidón. Me hizo sudar la gota gorda en el punto siguiente, pues golpeó con una confianza terrible y ganó con una derecha cruzada a la que ni siquiera llegué. Estábamos 9-8 en el *tiebreak* y él servía. Su primer pelotazo botó fuera del cuadro de saque y gran parte

del público lanzó un «¡Aaaah!» de decepción muy poco frecuente. No querían que terminara el partido, querían un quinto set. Y lo tuvieron. Mi resto a su segundo servicio también
salió fuera y fue entonces cuando de verdad quedamos igualados. Dos sets a dos, a todos los efectos 0 iguales.

MALLORQUINES

No fue ninguna sorpresa que Sebastián Nadal y su mujer, Ana María Parera declinaran la oferta, aparentemente atractiva, que recibió su hijo en la adolescencia para perfeccionar su tenis con una beca en Barcelona. Y menos sorprendente fue que él respondiera con un suspiro de alivio a la decisión de sus padres. La isla ejerce un poderoso magnetismo sobre Rafa Nadal: siempre la echa de menos cuando está fuera, compitiendo en torneos internacionales; y siempre vuelve corriendo en cuanto se le presenta la menor oportunidad, por el medio más rápido.

Dice mucho de su garra competitiva, y algo sobre la brecha que hay entre su personalidad deportiva y su personalidad privada, que sólo se sienta totalmente él mismo cuando está en casa. El tenista Nadal triunfa en las pistas de todo el mundo; lejos de Mallorca, el hombre Nadal se siente como un pez fuera del agua.

Las razones tienen que ver con el intenso sentido de la identidad que caracteriza a los isleños, pero también porque Mallorca es el único lugar del mundo donde se siente normal, donde el carácter de sus habitantes es tal que se relacionan con él como él cree que deberían relacionarse las personas: no según lo que ha conseguido en la vida, sino por ser quien es.

A los Nadal les gusta creer que reflejan la cultura mallorquina y son fruto de la misma, y en ningún aspecto lo manifiestan más que en la fuerza y firmeza de los lazos que unen a la familia, la base sobre la que se asienta el empuje y el aguante de Rafa. La fuerza del vínculo familiar en Mallorca es insólita incluso en el contexto de un país tan inmerso en la tradición católica como España. Otra característica de los españoles es la lealtad y sentido de pertenencia a la ciudad o pueblo de sus antepasados. Pero también en este aspecto llevan los mallorquines las cosas un paso más allá, particularmente en el caso de los Nadal, cuya red de relaciones íntimas se mantiene exclusivamente en los confines del lugar de donde son originarios, Manacor, la tercera ciudad más grande de la isla.

Sebastián y Ana María nacieron y se criaron allí, al igual que los padres y los abuelos de ambos; lo mismo cabe decir de Rafa y de su novia, María Francisca, con quien sale desde hace más de cinco años. Rafa se identifica tan estrechamente con su ciudad natal que sería difícil imaginarlo relacionado con una mujer de otra parte. Su hábitat natural es Manacor y, para él, tener una relación sentimental con alguien de Miami o de Montecarlo sería tan antinatural como el cruce de dos especies diferentes.

La familia extensa de Nadal, que abarca tres generaciones, vive en Manacor o en Porto Cristo, complejo turístico costero y población satélite de Manacor. Los amigos más íntimos del tenista también son casi todos manacoríes, por ejemplo Rafael Maymó, su fisioterapeuta. Dos íntimos que no son de la ciudad, Carlos Moyà y su preparador físico, Joan Forcades, nacieron cerca, en Palma, la capital de las Baleares.

Que haya dos catalanes, Carlos Costa y Jordi Robert, en el equipo trotamundos de Nadal también tiene su explicación. Para los mallorquines hay dos clases de «extranjeros»: los catalanes y los demás. La raíz lingüística común del mallorquín y el catalán y la proximidad geográfica (Barcelona está a media hora en avión de Palma de Mallorca) concede a los catalanes la condición de primos hermanos. Benito Pérez-Barbadillo, también español pero de Andalucía, es valorado y apreciado en el equipo de Nadal, pero se mueve según códigos diferentes, es decididamente extrovertido —como corresponde a un andaluz— y en consecuencia es considerado, con distancia amable y con un atisbo de perplejidad, la excepción.

La tendencia endogámica de los mallorquines ha animado a los demás españoles que visitan la isla a pensar que los isleños son muy «desconfiados». Una rápida ojeada a la historia de la isla quizás explique por qué no es del todo desacertada esta impresión. Mallorca, una pequeña mancha en el mapa de Europa, ha sido víctima de invasiones extranjeras desde hace por lo menos dos mil años. Primero fueron los romanos, luego los vándalos, más tarde los musulmanes, después los cristianos de la Corona de Aragón, y en los últimos cincuenta años, turistas británicos y alemanes: estos últimos, según la jerga local, «bárbaros del norte», muchos de los cuales se han quedado y han colonizado las partes más pintorescas de la isla. (La población permanente de Mallorca es de unas 800.000 personas; todos los años cruza la isla un mundo paralelo de 12 millones de turistas.)

Durante todo ese tiempo, y entre una invasión y otra, los piratas saqueaban las costas. Lo cual podría explicar hasta cierto punto por qué no era raro, a mediados del siglo xx, encontrarse con gente del campo a la que nunca se le había ocurrido acercarse al mar, o que no lo había visto en su vida, o que preguntaba: «¿Qué es más grande, Mallorca o lo que hay fuera de Mallorca?» La secular actitud adoptada para coexistir con los ocupantes extranjeros ha sido una pasividad tranquila y prudente.

Sebastián Nadal, que no discute esta impresión, invita a los forasteros deseosos de comprender la cultura de la cuna de sus ancestros a que lean un libro, muy conocido en la isla entre autóctonos y visitantes por igual, que se titula *Queridos mallorquines*. Sus páginas corroboran hasta cierto punto la opinión de los demás españoles, ya que en ellas se dice que los isleños son «flemáticos» y que están «siempre dispuestos a escuchar pero no siempre a hablar». Estos rasgos describen el carácter de Sebastián y de su hijo, pero no cuadran con el parlanchín de Toni, de aquí la idea de la familia de que tiene algo que rompe los moldes.

Sin embargo, si Rafa Nadal ha conquistado el mundo del tenis y ha alcanzado la fama en todos los continentes, es porque en algunos aspectos decisivos ha roto, al igual que Toni, con los estereotipos que definen a los isleños. «En Mallorca, la gente busca más el triunfo en el placer de vivir que en el trabajo y tiene un concepto del tiempo más vinculado al disfrute del ocio que a los resultados materiales del esfuerzo», nos informa *Queridos mallorquines*.

Por su inusitada asimilación de la ética laboral protestante, Rafa Nadal tiene más cosas en común con los recientes colonizadores alemanes que con los tradicionales habitantes de Mallorca. Carlos Moyà, que también es mallorquín y también campeón de tenis, pero según confesión propia notablemente menos ambicioso que Nadal, hace hincapié en que el impulso y el deseo de triunfar que exhiben tanto Rafa como Toni no guardan relación con el carácter mallorquín, que según él es «relajado, casi caribeño».

Fuera del tenis, Rafa Nadal sí tiene lo que la biblia isleña caracteriza como una actitud típicamente indolente de los mallorquines ante el tiempo. Es impuntual por naturaleza y si está con los amigos en Manacor, no titubea en irse de marcha hasta las cinco de la madrugada. La diferencia entre él y sus amigos es que, en contra de las convenciones isleñas, se levantará sin falta cuatro horas después para ir a entrenar a la pista. Cuando el deporte al que ha dedicado su vida lo llama, deja de ser un hijo hedonista del Mediterráneo y se convierte en un modelo de disciplina y sacrificio.

Sus compatriotas mallorquines lo respetan pese al camino anómalo que ha seguido y por la fama que ha dado a la isla, pero no se sienten impresionados. «Mallorca no es un lugar que produzca muchos héroes —dice *Queridos mallorquines*—, pero los que produce no reciben ninguna felicitación». Esto es verdad y es el motivo por el que Manacor es el único lugar del planeta donde Rafa Nadal puede pasear por la calle a la luz del día o entrar en una tienda sabiendo que nadie lo abordará para pedirle un autógrafo o una foto, que no será acosado por desconocidos en la calle. Es otro ejemplo de la reserva habitual de los isleños. El exhibicionismo no está bien visto («¿Quién se cree que es?», dirían si Nadal, a causa de su éxito, se diera aires de importante), y por ello mismo, elogiar vivamente a las personas, por mucho que merezcan el elogio, se considera de mal gusto. «Quien levanta la cabeza por encima de los demás —nos informa *Queridos mallorquines*— es decapitado en el acto». Cuando Nadal no juega al tenis no siente el menor deseo de levantar la cabeza por encima de nadie; más bien lo contrario. Por ese motivo, según dice su madre, Mallorca es el único lugar donde el tenista puede desconectar totalmente.

«Si no pudiera volver siempre después de los torneos, se volvería loco», afirma Ana María.

Para Rafa Nadal, cuya vida profesional es un torbellino, volver a Mallorca significa paz.

CAPÍTULO 6

UNA INVASIÓN DE
LA MÁS PURA ALEGRÍA

Hay partidos en los que, al llegar al último set, sigo teniendo algo en reserva. Noto que mi juego aún puede subir una marcha. Aquella vez no. Al comienzo del quinto set en Wimbledon no era así. Estaba jugando lo mejor que podía y, a pesar de todo, había perdido los dos últimos sets en *tiebreaks* que se había llevado Federer. El peligro que corría ahora era dejar que me arrastrara la corriente, perder el ánimo. Federer estaba haciendo ante mí lo que yo he hecho a menudo ante otros jugadores: salvar una situación muy difícil; peleaba con todas las probabilidades en contra y ganaba los puntos más críticos. Yo acababa de desperdiciar una gran oportunidad de ganar y, para empeorar las cosas, le tocaba sacar a él. Eso era una ventaja en el set decisivo porque significaba que yo iba a tener que ganar todos los juegos de mi servicio si no quería perder el partido. Hacía veinticinco juegos que ninguno rompía el servicio del otro y, dado que los dos jugábamos lo mejor que sabíamos, no parecía probable que yo rompiera el suyo al principio de aquel set. Sin embargo, estaba pensando con claridad. Ardía por fuera, pero por dentro estaba frío. Mientras estaba sentado en la silla en espera de que comenzase el set no lloraba por la pérdida de los dos últimos, no dejaba que me remordiera la conciencia por no haber sabido aprovechar la ventaja de 5-2 que había tenido en el último *tiebreak*. La doble falta se había desvanecido, estaba olvidada. Pensaba con pragmatismo, como mi padre cuando está bajo presión. Resistir significa reconocer, admitir que las cosas son como son y no como me habría gustado que fueran, y mirar hacia delante, no hacia atrás, lo cual significa hacer balance de lo que hay y pensar fríamente. Me decía: «No te preocupes por romper su servicio en el primer juego, concéntrate en conservar el tuyo en el segundo.» De lo contrario, si cometía un error al sacar en el punto menos conveniente, Federer quedaría 3-0 y yo, psicológicamente, las pasaría canutas. Vería la victoria a mil años luz, aunque sólo me rompiera el servicio una vez. Así pues, tenía que ganar los tres juegos de mi servicio, eso era ahora lo prioritario, porque Federer avanzaba con una dinámica arrolladora y en aquel momento era más peligroso que nunca. Pero yo sabía lo que tenía que hacer; si me las arreglaba para conservar mis tres primeros servicios, estaríamos 3-3 y por entonces habría frenado su ímpetu. Federer no tendría ya el viento en popa y estaríamos igualados en el partido mental que los dos disputábamos y que el público no veía. El más mínimo error que cometiera Federer me pondría otra vez a un paso de la victoria; el más mínimo error que cometiese yo pondría la victoria a sus pies. Quería conservar el servicio hasta que llegáramos a esa etapa del partido en que todo estaba aún por decidir.

La derrota ante Federer en cinco sets el año anterior en Wimbledon, después de desaprovechar cuatro puntos de *break* en el último, me había obsesionado, pero estábamos en el momento del partido en que la experiencia de aquel fracaso resultaba más valiosa. Había estado muy cerca de ganarle entonces; sabía que habría podido hacerlo, pero si no gané fue porque las emociones dominaron a mi razón en demasiados puntos. No estaba preparado entonces para templar los nervios y la tensión, inevitables en aquellas circunstancias, con la debida dosis de calma mental.

En estos momentos necesitaba una muy buena dosis porque el set que se avecinaba era de infarto. Para darme cuenta me bastaba con las miradas de reojo que dirigía a mi familia: todos recordaban la experiencia de 2007 y estaban muertos de miedo. También yo la recordaba, pero bajo una luz constructiva. Había aprendido la lección y me sentía capaz de poner en práctica las enseñanzas. Empecé el quinto set sintiéndome ligero y ágil, convencido de que iba a ganar. Desaprovechar la ocasión que había tenido en el cuarto, lejos de debilitarme, me había vuelto más fuerte. Porque no iba a derrumbarme de nuevo. No iba a cometer otra doble falta al sacar. No iba a concentrarme en ganar el juego, sino en ganar el punto. Iba a dejarme llevar por el instinto, a dejar que las miles de horas de práctica que había acumulado entraran en juego de manera natural.

Dos años antes, al derrotar a Federer en el Abierto de Francia y perder ante él la primera de nuestras tres finales de Wimbledon, había creído que él tenía más probabilidades de completar su cuarteto de Grand Slams con una victoria en Roland Garros que yo de ganar en la Centre Court. Desde 2005 me había colocado en el número dos de las clasificaciones mundiales, detrás de él, pero sin acercarme lo suficiente. Había sido una época de mantener el paso y de conservar el ritmo, más que de dar saltos espectaculares al frente. Había vuelto a obtener grandes éxitos en tierra batida en 2007 y en 2008 y había ganado el Abierto de Francia por tercera y cuarta vez, imponiéndome como la figura dominante de aquel torneo, más o menos como Federer en Wimbledon. Fue particularmente satisfactorio establecer una marca en Montecarlo, mi hogar fuera de mi hogar, y llegar a ser en 2008 el primer jugador profesional que ganaba el torneo cuatro veces seguidas. Batí a Federer en la final por 7-5, 7-5, e inmediatamente sentí una incontenible necesidad de volver a Mallorca lo antes posible. No quería pasar otra noche en Montecarlo, a pesar de lo mucho que me gustaba el lugar. Quería volver a casa en el acto y la única forma de hacerlo fue tomar un vuelo barato a Barcelona y empalmar con otro a Palma. Aún recuerdo la cara de sorpresa que pusieron los demás pasajeros en el aeropuerto de Niza cuando me vieron en la sala de embarque para subir al avión naranja de easyJet y cuando me puse en cola como cualquier otro para pedir una bebida y un bocadillo en la cafetería. Uno me preguntó que por qué no volaba en un avión privado; la verdad es que no me gusta. Podría presionar a mis patrocinadores para que se encargaran de mis vuelos, pero no me sentiría cómodo. Me parece demasiado ostentoso y, además, no me gusta abusar en las relaciones comerciales. Pero cuando subí a bordo y forcejeé para meter la ancha y achatada copa del torneo en el portaequipajes situado encima de los asientos, me pregunté un segundo si había hecho bien subiendo a aquel aparato. Mientras probaba a meter la copa una y otra vez hubo una explosión de risas y aplausos en la cabina. Otro pasajero me preguntó si había tenido rivales serios en la competición, aparte de Federer. Le respondí sin titubear: «Novak Djokovic. Dentro de un par de años será un rival muy duro para los dos.»

Ya me había creado dificultades. Aunque le había derrotado en Indian Wells en 2007 para ganar mi primer torneo en suelo americano, me había tocado perder a mí en el torneo siguiente, el Masters de Miami. También le gané en las semifinales del Abierto de Francia y en las semifinales de Wimbledon de aquel año, y luego me derrotó en el Masters de Canadá, torneo que él ganó. Cuando volvimos a enfrentarnos un año después, en 2008, me derrotó en Indian Wells y luego le gané yo en Hamburgo y en el Abierto de Francia. Pero había ganado ya un Grand Slam en enero de aquel año, el Open de Australia, y sólo tenía veinte años. Todo el mundo seguía todavía pendiente de Federer y de mí, pero los dos sabíamos que Djokovic era la nueva promesa y que iba a poner en peligro nuestro reinado dual más que ningún otro jugador. Pero me desconcertaba que era más joven que yo. Aquello suponía una novedad para mí. Hasta la fecha, en tenis, e incluso en las ligas de fútbol juvenil de Mallorca, me había acostumbrado a ser el benjamín que se atrevía a enfrentarse y derrotar a los mayores. Y aquel chico, que era más joven que yo, me derrotaba ahora, e incluso cuando ganaba yo, me lo ponía muy difícil. Seguramente Federer se retiraría antes que yo, siempre que mis lesiones me lo permitieran; eso significaba que Djokovic me estaría acosando hasta el final de mi carrera, haciendo todo lo posible por adelantarme en la clasificación mundial.

En tierra batida yo tenía ventaja sobre él, como sobre Federer y todos los demás, pero en pistas duras me costaba vencerlo, como me costaba vencer a muchos otros. Era la superficie en la que más duro tenía que trabajar para adaptarme. No conseguía dar el salto necesario para hacerme a las superficies más rápidas, así que hasta la fecha había hecho pocos progresos en Australia y menos aún en el que para mí era el torneo de Grand Slam más difícil, el US Open. Nunca me doy por satisfecho, siempre quiero más. O, en cualquier caso, quiero esforzarme hasta llegar al límite de mi capacidad.

Mientras tanto, ganaba más dinero del que había soñado en mi vida, aunque nunca se me pasó por la cabeza la idea de comprar un piso en Montecarlo o en Miami, ni siquiera en Mallorca. Estaba más que contento de seguir viviendo en casa de mis padres. Y no es porque fuera austero. Soñaba con comprarme un barco y fondearlo en Porto Cristo. De vez en cuando pensaba en comprarme un coche de lujo, una fantasía que adquirió forma un día de junio, mientras disputaba el Abierto de Francia de 2008.

Estaba paseando con mi padre cuando pasamos por delante de un concesionario de vehículos deportivos. Me detuve, miré el escaparate, vi un coche precioso y le dije a mi padre:

«¿Sabes qué? Me gustaría comprarme uno de esos.»

Mi padre me miró como si me hubiera vuelto loco. Comprendí su reacción; la había esperado. No había nada escrito sobre el tema, no había ninguna ley en contra, pero yo sabía perfectamente que, si me compraba un coche así, el resto de mi familia y nuestros vecinos de Manacor —y, naturalmente, mi padre— lo verían como un despilfarro vulgar y ostentoso. Me sentí un poco avergonzado pero, en el fondo de mi corazón, seguía deseando aquel coche. Si mi padre hubiera dicho que no, qué remedio, habría renunciado a la idea en el acto. No habría seguido adelante para comprarme el coche sin su aprobación. Pero en vez de decir que no, me salió con lo que debió de figurarse que era una astuta solución de compromiso. Me dijo:

«Mira, si ganas este año en Wimbledon, te lo compras. ¿Qué te parece?»

«¿Y si gano el Abierto de Francia aquí en París esta semana?», repliqué.

Sonrió y repuso:

«No, no. Gana en Wimbledon y luego te lo compras.»

Su argumento se basaba, como yo sabía muy bien por entonces, en la maliciosa convicción de que Wimbledon no estaba a mi alcance aquel año. No se le ocurrió que perdería la apuesta. Un mes más tarde, al comienzo del último set en la pista central de Wimbledon, el coche era otro aliciente más para derrotar a Federer y ganar el torneo de Grand Slam que más ambicionan todos los tenistas.

Aunque me creía tranquilo, dado que los nervios, evidentemente, seguían allí, no me cubrí de gloria con el primer punto del set, tras el saque de Federer. Después de un rápido peloteo, lo obligué a un mal revés que asestó con el marco de la raqueta y que consiguió rebasar la red por los pelos. En vez de darle a la bola un trallazo ganador, opté por una dejada. Se hace una dejada cuando no hay más remedio, porque la pelota aterriza demasiado lejos para hacer otra cosa o cuando ves que el rival ha retrocedido mucho y tiene pocas posibilidades de alcanzarla. Pero otras veces se da ese golpe porque los nervios pueden más que tú, la bola se intuye demasiado peligrosa y no te atreves a golpearla con fuerza. Eso fue lo que me ocurrió. Hubo un poco de cobardía en aquel golpe. Pero Federer la alcanzó y me envió un globo hacia mi revés. Tuve que estirarme para llegar y el golpe se me fue fuera. Mal comienzo.

Era importante no confirmarle a Federer la hipotética impresión de que me estaba debilitando, de que iba a continuar desaprovechando las ocasiones que se me presentasen. Así que me dije: «Te sientes bien a pesar de este nerviosismo momentáneo; la próxima oportunidad que tengas, la próxima media oportunidad, devuélvesela con fuerza.» Eso fue exactamente lo que hice al restar su segundo servicio muy abierto.

Lo fulminé con una derecha cruzada a la que no llegó. En realidad no había tenido intención de darle tan bien, tan cerca de la línea, pero no hubo quejas sobre el resultado.

Ganó el punto siguiente con un saque poderoso y a continuación fue víctima del mismo ataque de nervios que había sufrido yo en el primer punto. Sacó con fuerza el primer servicio, mi resto fue flojo, pero en vez de darle él un castañazo, probó una dejada, sólo que ni siquiera consiguió pasarla por encima de la red. Hasta aquel momento sólo me había propuesto mantener el servicio, pero al quedar 30 iguales vi una oportunidad inesperada; quedó en nada porque me metió dos primeros servicios potentes y se llevó el juego. Luego me llegó el turno de sacar y perdí el primer punto con una derecha que se me fue por poco. Nunca es bueno empezar el propio servicio con 0-15, y menos en aquellos momentos en que cada uno de los puntos era crítico; peleaba por conservar el servicio, y el público, cuya energía aumentaba conforme se prolongaba el partido, se daba cuenta. Yo estaba tranquilo y mi cara no reflejaba ninguna emoción. Gané el punto siguiente y Federer me dio a entender lo nervioso que se sentía cuando, tras una derecha liftada mía, cuestionó una pelota que botó en plena línea. No jugábamos ya al mismo nivel que en el cuarto set. Nos estábamos tanteando con ansiedad. La diferencia entre él y yo era que mis primeros servicios no entraban y los suyos sí. De todos modos, tras algunos errores por ambas partes, gané el juego dejándolo a 30. Esgrimí el puño derecho. Miré a mi hermana, a mis tíos, a mi tía. Asintieron serios con la cabeza para darme ánimos. Otros fans tal vez hubieran sonreído; mi familia, no.

Íbamos 1-1 y servía Federer. Sus primeros servicios siempre eran seguros y precisos, pero era lo único que le salía bien. Cada vez que yo conseguía tomar un poco de iniciativa, él fallaba los golpes más sencillos. De pronto, inesperadamente, cometió doble falta y el juego quedó en *deuce*. Ninguno de los dos estaba en su mejor momento, pero yo estaba jugando menos mal. Federer parecía haber perdido la furia ganadora del cuarto set. Las tornas estaban cambiando poco a poco en mi favor. Entonces envié una derecha que se me fue y cabeceé. No grité de cólera, a pesar de las ganas, pero me enfadé conmigo mismo por haberle regalado un punto cuando quien soportaba toda la presión era él. En el siguiente punto hice otra dejada, pero esta vez de ataque, y ni siquiera Federer, con lo bueno que era, consiguió llegar a la bola. Luego ganó los dos puntos siguientes y el juego.

Una vez más me tocó defender mi servicio para impedir que Federer se me escapara. Pero mi confianza crecía por momentos, porque me daba cuenta de que el tremendo esfuerzo que había hecho para remontar dos sets e igualarme le estaba pasando factura. Habría que ver si era capaz de mantener el nivel que había mostrado en el tercer y cuarto set, que había ganado por el margen más estrecho. Quizá fuera ésta una interpretación optimista del estado de cosas de aquel momento, pero la alternativa, permitir que me invadieran pensamientos negativos, habría sido un suicidio.

Defendí el servicio con mucha más comodidad de lo que había defendido él el suyo en el juego precedente, debido, entre otras cosas, a un error garrafal que había cometido. Una vez más hice una dejada mala —se me cruzaron los cables durante una fracción de segundo—, pero él, lanzándose claramente en busca de un golpe ganador, golpeó demasiado fuerte la bola, como habría podido hacerlo un jugador de club común y corriente, y la echó fuera. No todo era elegancia en esta fase del partido, pero íbamos 2-2 y yo había ganado más puntos que él en el set, lo cual no afectaba en nada al marcador, pero representaba un peso psicológico para él más que para mí.

Se levantó viento; miré al cielo. Estaba oscureciendo con rapidez y a los jueces de línea les costaba hacer su trabajo. En el quinto juego, sirviendo él, cuestionamos una pelota cada uno y las dos fueron para mí. El marcador señaló *deuce* y entonces empezó a llover. Federer indicó por señas que quería una interrupción y el juez accedió. No fue una buena noticia para mí. Yo iba ganando por dos sets la primera vez que habíamos suspendido el juego a causa de la lluvia y Federer había vuelto recuperado para ganar los dos siguientes; los dos estábamos jugando en aquel quinto set peor que en ningún otro momento del partido, pero él jugaba aún peor que yo, y su saque era su mejor y casi la única arma. A pesar de ello, quien peleaba por mantener su servicio era él y no yo. Creo que yo estaba en mejor forma y, en general, me habría beneficiado no interrumpir el juego en aquel momento. Él necesitaba un respiro más que yo.

Esto era lo que Toni parecía estar pensando, a juzgar por la expresión de su cara cuando él y Titín se reunieron conmigo en el vestuario. Según supe cuando hablamos del partido después, eso era exactamente lo que daba vueltas en la cabeza del resto de la familia, que pensaba que los hados se habían confabulado contra mí. Mi padre me contó que las dos interrupciones por culpa de la lluvia, en particular la segunda, habían sido una tortura para él. La lógica le decía que me habría convenido más continuar el juego, porque pensaba que me iba a costar más que a Federer recuperar el ritmo.

«Según lo veía, la lluvia significaba que estabas condenado a perder», me confesaría más tarde.

En cuanto a mi madre, no podía negar que yo estaba jugando mejor que Federer en aquel momento y estaba convencida de que la lluvia, al cortar por lo sano mi empuje, favorecía a Federer. Los demás miembros de la familia que estaban en la Centre Court lo vieron del mismo modo. Se preguntaban qué habían hecho para merecer tanto tormento y apenas se atrevían a mirar. Y todos pensaban: «Si yo me estoy comiendo las uñas, ¿qué no estará pasando Rafa?»

La cara de Toni, cuando llegó al vestuario, reflejaba la tensión acumulada. Titín, que entró con él, se mostraba más tranquilo, no daba a entender nada, esperando a que yo dijese algo. Luego me contaría que estaba en pleno ataque de nervios, pero que lo había disimulado enfrascándose en sus obligaciones profesionales, cambiándome las vendas, revisándome con detenimiento el pie izquierdo, el lesionado, que por suerte no me molestaba en absoluto. Titín mantenía la cabeza gacha y se dedicaba a lo suyo sin decir nada. La misión de Toni era, como siempre, encontrar las palabras justas para la ocasión. Pero esta vez dudaba. Más tarde admitió que, cuando se puso a llover en aquel quinto set, se había resignado a verme perder. Procuró poner una cara resuelta, se esforzó por reprimir lo que en realidad sentía y me soltó un breve sermón que ya había oído en anteriores ocasiones y que pronunció mecánicamente, de eso me di cuenta. Mientras yo estaba sentado en el banco, se inclinó hacia mí y dijo:

«Mira, por pequeña que sea la posibilidad de ganar, lucha hasta el final. La recompensa es demasiado grande para que no te esfuerces. Muchas veces, los jugadores, por desánimo o agotamiento, no presentan la batalla que exigen las circunstancias, pero si hay una posibilidad, sólo una, lucha por ella hasta que todo esté perdido. Si consigues que el marcador llegue a estar 4-4, no será el que mejor juegue el que gane, sino el que mejor controle sus nervios.»

Saltaba a la vista que Toni había llegado al vestuario imaginándose que yo me sentiría hundido por las oportunidades que había dejado escapar en el tercer y cuarto set y que estaría convencido de que no se presentarían otra vez, y que por lo tanto se enfrentaba a la imposible misión de levantarme el ánimo. No me había comprendido. Toni se basaba en el guión del año anterior, evidentemente tan obsesionado como el resto de la familia por el estado en que me había encontrado tras la derrota. Pero yo operaba con un guión diferente. Mi respuesta no dejó de sorprenderlo:

«Relájate. No te preocupes. Estoy tranquilo. Puedo ganar. No voy a perder. —Toni se quedó desconcertado y no supo qué decir—. Puede que al final a lo mejor gane Federer —proseguí—, pero no voy a perder como el año pasado.»

Quería decir con esto que, ocurriera lo que ocurriese, no iba a servirle la victoria en bandeja. No pensaba bajar la guardia y no iba a desmoronarme. También él iba a tener que sudar sangre por cada punto y yo no tenía intención de regalarle ninguno. Aquella vez, en el vestuario, a diferencia de lo sucedido durante la primera interrupción por culpa de la lluvia, era Federer el que estaba callado y yo, el que charlaba. Cuando Toni se recuperó de la sorpresa de ver que no necesitaba animarme, hablamos del partido desde un punto de vista más técnico. Le mencioné un par de errores que había cometido yo en el cuarto set, aunque no para mortificarme. Suponía que, hablando de ellos, los recordaría y no los repetiría. Repasé mis fallos en el *tiebreak* del cuarto set, cuando yo ganaba 5-2, y los dos puntos de partido que se me habían escapado, pero no pensaba en ellos en calidad de oportunidades perdidas, como Toni, sino en tanto que prueba de lo cerca que había estado de ganar, de lo mucho que había conseguido poner a Federer contra las cuerdas, de que no pensaba fallar de nuevo si esas oportunidades volvían a presentarse. Además, como recordé a Toni, sólo había perdido el servicio una sola vez, mientras que Federer lo había perdido en dos ocasiones, a pesar de que hasta el momento me había clavado cinco veces más *aces* que yo a él. Y más aún: si ya había ganado dos sets, ¿por qué no podía ganar otro?

Mi padre, mi madre, todos confesaron después que, cuando Toni volvió del vestuario, se quedaron de piedra al saber lo optimista y constructivo que me sentía. Alguno incluso se preguntó si no estaría yo fingiendo, para engañarme a mí mismo o para tranquilizarlos a ellos. Toni les dijo que él también se lo había preguntado, pero había percibido algo en mi tono de voz y en mis ojos que le indicaba que yo hablaba muy en serio. Y así era. Sabía que aquél era mi momento.

Titín también lo sabía. Hemos charlado sobre aquel momento muchas veces desde entonces. Se había esperado otra cosa, al igual que Toni, pero se dio cuenta de que entonces, en el último acto de la obra, yo me sentía más seguro y tranquilo que la noche anterior durante la cena, que cuando habíamos estado jugando a los dardos, que aquella misma mañana durante el entrenamiento o durante la comida. Media hora después, cuando cesó la lluvia, Titín salió del vestuario convencido, como yo, de que por fin había llegado el momento de ganar Wimbledon.

Íbamos 2-2 y 40 iguales, y le tocaba sacar a Federer. Me clavó dos *aces* y ganó el juego. Nada pude hacer al respecto. Los *aces* son como la lluvia: los aceptas y sigues jugando. Le respondí con una fulminante derecha ganadora al comienzo del siguiente juego, que me llevé dejándolo a 15. En el siguiente me dejó a 0 con toda comodidad y remató la faena con otro *ace*. En el siguiente juego, con mi servicio y perdiendo yo 4-3, Federer tuvo su oportunidad. Ganó el primer punto gracias a que una derecha mía botó un pelín fuera. Protesté ante el juez, con más fe que esperanza. 0-15. Luego llegamos a 30 iguales y de súbito me metió una derecha ganadora en paralelo que me pilló a contrapié porque había esperado que la bola viniera a mi revés, y quedamos 30-40 a su favor. Era el primer punto de *break* del set y fue uno de los más importantes de mi vida. No pensé en las consecuencias. No pensé que si lo perdía, quedaríamos 5-3 a su favor y, tal como estaba sacando él, el partido sería indudablemente suyo. Sólo pensé: «Concentra cada gramo de energía, todas las células de tu cerebro y todo lo que has hecho en tu vida en ganar este punto.» Intuí entonces que iba a lanzarme un cañonazo, que iría en busca de un golpe ganador rápido, de modo que tenía que impedírselo y lo mejor para conseguirlo era atacar antes que él. Había llegado el momento de cambiar el plan de juego, de pillarlo por sorpresa e intentar lo inesperado. En vez de un primer servicio abierto hacia su revés, como había hecho en el 90 por ciento de mis servicios, le lancé un trallazo contra el cuerpo, obligándolo a un resto de derecha y en postura incómoda que aterrizó en mitad de la pista. Supuse que pensaría que iba a devolverle alto contra su revés, pero volví a sorprenderlo. No era momento para medias tintas. Había vencido el temor y había llegado el instante de atacar, así que hinché el pecho y le lancé una potente derecha en profundidad hacia su derecha. Lo único que pudo hacer fue estirarse y responder con un globo que subió hasta las nubes y aterrizó junto a la red. Rematé el punto estrellando contra la hierba la pelota, que rebotó hacia las gradas. Esgrimí el puño. Nunca había jugado un punto de tal presión con tanta valentía, inteligencia y tan bien. Gané también el siguiente y a continuación el juego, cogiéndolo descolocado con una derecha ganadora, limpia y curva, abierta hacia su revés.

El set iba 4-4. Yo estaba donde quería estar; había llegado el momento de combatir, de jugar agresivamente, de ir a apoderarme de cada punto, de esperar el momento de saltar como un león. Si había llegado al quinto set de un partido como aquél, eso significaba que había jugado lo bastante bien como para arriesgarme y atacar. Además, ya no quedaba otra solución. Recordé que Toni me había dicho que si llegábamos a estar 4-4, ganaría el jugador que mejor controlara sus nervios. Yo me sentía dueño y señor de los míos. Además, notaba que el público se estaba decantando por mí. En el set anterior había animado más a Federer porque quería que el partido llegara a los cinco sets, pero ahora oía más gritos de «¡Rafa! ¡Rafa!» que de «¡Roger! ¡Roger!». Me gusta tener al público de mi parte, obviamente, pero lo disfruto más cuando ha acabado el partido o cuando vuelvo a verlo en vídeo que en el momento de jugar. Cuando juego no permito que nada me distraiga, ni siquiera el apoyo de los fans.

Puede que el público me aplaudiera porque pensara que yo estaba jugando mejor y merecía más la victoria. Al menos, era lo que yo pensaba en aquellos momentos en que faltaba poco para la conclusión del partido. Federer ya no golpeaba la bola con la misma destreza que yo y estaba fallando incluso algunas derechas, que suelen ser el punto más fuerte de su juego. Presentía que yo estaba ganando la batalla de los nervios y notaba también que él estaba más cansado que yo. La diferencia seguía radicando en que él tenía un arma de que yo carecía: aquel servicio colosal. Lo sacaba continuamente de apuros y gracias a él ganó el juego siguiente, poniendo el marcador 5-4 a su favor. Ahora me tocaba sacar a mí y no sólo tenía que evitar el *break*, sino además salvar el partido.

Yo no podía hacer nada contra la potencia de su servicio, pero podía intentar ser más listo que él. Y en este caso lo fui, y le metí un *ace* tras ir 15-0. No se lo metí porque le diese fuerte a la bola, sino porque él esperaba que se la enviase contra su revés y, en cambio, la envié abierta y hacia su derecha. Me sentía seguro y quería que él se diera cuenta. Gané el juego con mucha comodidad, dejándolo a 30. Entonces fue él quien se encontró en serios apuros. Pese a que sacaba él, llegamos a 15-40 a mi favor tras atizarle desde la esquina izquierda de mi lado una derecha en paralelo. Dos puntos de *break* y yo ya estaba casi en las nubes, pero de pronto, ¡zas! Un *ace*. Y a continuación, otro saque enorme. Ganó el juego y quedamos 6-5. Mi consuelo era saber que, a diferencia del momento del tercer set en que yo había perdido la ocasión de romperle el servicio cuando estábamos 0-40, ahora la culpa no había sido mía. En aquel momento tenía otra batalla mental que librar, puesto que me esforzaba por reprimir la creciente frustración que me producía la sistemática efectividad de su saque. Yo sabía que cuando jugábamos el punto, yo tenía las de ganar, pero con aquel saque ni siquiera me permitía jugarlo.

Una vez más me tocaba sacar para salvar el partido y de nuevo lo hice con relativa facilidad, dejándolo a 15. Federer respondía mal a mi agresividad una vez que iniciábamos el peloteo, aunque no estoy seguro de que mi padre lo viese así en aquel momento. Me volví a mirarlo cuando gané aquel juego que nos puso 6-6 y lo vi frenético, de pie, aplaudiendo, con la cara crispada de un modo que no le había visto nunca, animándome con furia y júbilo. Yo no podía perder los estribos en aquellos instantes. Tenía la impresión de que, si mantenía la calma, la victoria sería mía. Los golpes de Federer no eran ya lo que habían sido. En el primer punto del 6-6 —era el último set y no había lugar para *tiebreak*— falló estrepitosamente una derecha elemental. El siguiente punto lo gané yo después del primer peloteo largo que tuvimos con su servicio, que yo recuerde. Luego otros tres trallazos de saque lo pusieron por delante con 40-30. Para mí era evidente que estaba más cansado que yo y que le pegaba a la bola con más inseguridad, y yo me sentía cada vez más frustrado ante la tenaz contundencia de sus servicios, que eran su única vía de escape. Pensaba: «Juego indiscutiblemente mejor, pero ¿qué más puedo hacer...?»

Lo igualé, quedando en *deuce,* y cuando por fin falló el primer servicio, vi mi oportunidad. Pero no: resté el segundo servicio con demasiada fuerza y se me fue, medio metro de más. En fin, habría podido parecer un error grave, pero en cierto modo no lo era, porque significaba que yo seguía al ataque, que estaba jugándome el todo por el todo. Si hubiera perdido el punto con una bola corta, estrellándola contra la red, habría sido señal de que la cabeza me estaba fallando. Pero había sido un golpe con convicción. Equivocarse es parte del juego, pero a veces es más productivo perder un punto por un error propio que por un golpe ganador del rival.

Todos los puntos son importantes, pero unos lo son más que otros. En aquellos momentos todos valían su peso en oro. Mi tío Rafael, que estaba presente en la Centre Court, me dijo luego que si hubiera estado en mi lugar, no habría soportado la presión, que las piernas le habrían fallado y que habría echado a correr para subirse a un avión rumbo a un sitio lejano y que no habría vuelto jamás. La diferencia entre yo, él y los espectadores que por casualidad hubieran pensado lo mismo era que yo había estado entrenando toda la vida para llegar a aquella situación, no sólo golpeando pelotas, sino ejercitando la mente. Toda aquella «crueldad mental» de Toni —tirarme pelotas cuando era un crío para mantenerme alerta, no dejarme nunca que pusiera excusas o sucumbiera a la complacencia— estaba arrojando dividendos. Además, tengo una cualidad —innata o aprendida, no lo sé— obligatoria para los campeones: la presión me pone eufórico. Sí, a veces me dobla, pero con más frecuencia me sirve para mejorar mi juego.

El resumen del partido hasta el momento había sido, para mí, una serie de ocasiones perdidas. No aprovechar el 0-40 para romperle el servicio a Federer en el tercer set, fallar dos puntos de partido en el cuarto y ahora, en el quinto, no romperle el servicio cuando ganaba yo 15-40 estando 5-5, o cuando le ganaba 0-30 y estábamos 6-6. Pero ahora me ganaba él

7-6 y, por enésima vez, servía yo para salvar la vida. La verdad es que estaba más emocionado que asustado. Había perdido oportunidades, cierto, pero habían sido mis oportunidades. Más que lamentarlas, había que celebrarlas. Me obligaba a pensar que, más pronto o más tarde, llegaría la gran ocasión.

Pero ganó el primer punto. Un resto profundo estupendo y, acto seguido, un golpe ganador incontestable. No pude hacer ni decir nada. Jugó un gran punto. A esperar el siguiente. Me recuperé enseguida. Soltó una derecha que fue larga. Saqué un primer servicio directo al cuerpo y no pudo restar; luego, hubo un peloteo prolongado en el que le devolvía los golpes con ganas y en el que acabó estrellando la bola contra la red. No había colocado bien las piernas para dar el golpe; estaba más cansado que yo. Advertirlo me daba fuerzas, pero no me confiaba. Habría podido decirme a mí mismo: «Ya lo tengo», pero no me lo dije. Antes bien, pensé: «Todavía sigo, puedo ganar.» También sabía que, si perdía el punto siguiente, él estaría a dos puntos de proclamarse campeón de Wimbledon. Y perdí el dichoso punto por culpa de un afortunado golpe suyo que rozó la red y cayó en mi lado.

Luego, cuando estábamos 40-30, jugamos uno de los mejores puntos del partido. Saqué abierto contra su revés; su resto fue bien colocado y en profundidad contra mi derecha. Replicó a mi golpe con un potente revés cruzado al que respondí con una derecha en paralelo, no menos fulminante. La atrapó a duras penas y no pudo hacer otra cosa que lanzarme una incómoda derecha cortada que salvó la red por los pelos.

La recogí con un golpe bajo, liftado y abierto hacia su revés, pero sólo pudo responderme con un globo; yo contesté con un remate que habría tenido que ser definitivo, pero se las arregló para llegar a la bola y me lanzó otro globo alto, aunque mejor que el anterior, que me obligó a retroceder; y entonces, cuando rebotó la bola, le sacudí otro remate, un golpe controlado y con efecto rotativo, equivalente a un segundo servicio. No obstante, también atrapó aquella bola y lanzó un revés cortado que aterrizó en mitad de la pista; corrí hacia la pelota y le envié una potente derecha con todo el liftado que pude imprimir en un golpe ganador inalcanzable, hacia la esquina derecha de su lado. 7-7. Para mí fue el momento más eufórico de todo el partido. Levanté la rodilla izquierda y un puño al aire, bramé triunfante. Fue como una inyección de energía, una nueva dosis de confianza, y me dije: «¡Vamos!»

El partido parecía estar de repente en bandeja, pero aún no me hacía ilusiones con la victoria. Todavía tenía que ganar punto por punto. «Mi ritmo es bueno, mi movilidad es buena y juego con convicción», eso pensaba. Y también pensaba que en aquella situación, con 7-7 en el marcador, había llegado el momento de ir por el partido; tenía el empuje necesario y debía aprovechar la ocasión. El siguiente juego tenía que ganarlo.

En el primer punto de su servicio reanudé mi dinámica donde la había dejado en el juego anterior y gané en el peloteo con una derecha ganadora cruzada a la que no pudo responder. Luego falló una derecha estrellándola contra la red y me puse por delante con 0-30. Otra gran oportunidad. Pero no soy una máquina, no soy una locomotora, y en el siguiente punto cometí un error idiota. Opté por un revés cortado cuando debería haber soltado una derecha. Durante aquella fracción de segundo, entre todas las fracciones de segundo, una pequeña duda se me coló en el cerebro y perdí el punto. Miedo a ganar, aunque no tan grave como la vez anterior. Las piernas no me temblaban. Las sentía fuertes.

Resté su siguiente saque en profundidad y gané el punto con un fulminante revés cruzado. Giré las muñecas, orienté la bola con la mano derecha y le aticé con la izquierda: era un golpe que había practicado toda la vida y que, en el momento de la verdad, me había salido tan perfecto. Tenía ahora dos puntos de *break* y mi mayor temor no era fallar, sino que él empezara a enviarme aquellos servicios que se sacaba de la manga. Dicho y hecho. Un *ace*. Después, otro saque de órdago. Me resbalé en la hierba y perdí la coordinación; otra vez estábamos *deuce*.

Yo ya había visto aquello. Una y otra vez. Aquel juego empezaba a ser una versión resumida de lo sucedido en todo el encuentro. Yo tomaba la delantera, él contraatacaba, negándose a ceder. Pero seguía cometiendo más errores que yo y realizó otro en el punto siguiente, una derecha, que botó fuera, que me dio punto de ventaja. Los dos habíamos llegado al límite de nuestra capacidad de aguante, aunque física y mentalmente él estaba más castigado que yo. Sin embargo, seguía teniendo el servicio y me lanzó otro cañonazo imparable al que sólo pude dar con el marco de la raqueta. Pero en cuanto conseguí restar bien y se inició el peloteo, tuve yo la ventaja. Gané los dos puntos siguientes por dos errores que cometió, dos errores no forzados de su golpe de derecha, una demasiado corta y otra demasiado larga.

Y allí estaba: por fin le había roto el servicio. El marcador estaba 8-7, me tocaba sacar a mí para a ganar el partido. Pasaban ya de las nueve de la noche y oscurecía rápidamente. Si después de aquel juego volvíamos a la situación anterior, cabía perfectamente la posibilidad de que el juez aplazara el partido hasta el día siguiente. Una interrupción así en aquel momento, después de cuatro horas y tres cuartos de juego, sólo podía beneficiar a Federer. No había caído en la cuenta antes cuando se había puesto a llover, pero ahora era innegable que necesitaba un descanso mucho más que yo. Y me dije: «Tengo que ganar este juego como sea.»

Corrí para situarme en la línea de fondo. Federer fue andando hasta la suya. Me tocaba sacar desde el lado donde estaban sentados mis padres y los dos se levantaron para hacerme gestos de ánimo con las manos. Pero perdí el primer punto por culpa de una derecha que envié fuera. En el mismo instante en que me preparaba para dar el golpe, me di cuenta de que lo iba a dar mal, de que los nervios me ofuscaban. Tenía que dominarlos de inmediato y la mejor fórmula para ello era aumentar unas décimas mi agresividad; para vencer a Federer tenía que vencerme antes a mí mismo. Por primera vez en todo el partido subí a la red después del saque y funcionó. Respondí a su resto con un golpe ganador. No lo había planeado antes de servir, fue fruto de la inspiración del momento y resultó la solución más oportuna. Si hubiera dejado que la bola rebotara antes de darle, el punto habría quedado en el aire. El marcador estaba 15-15.

Gané el siguiente punto subiendo otra vez a la red y tirando a matar, una ejecución fácil con una volea alta de derecha, después de incordiar a Federer con un revés profundo y abierto. Correr a la red fue nuevamente una decisión espontánea, fruto de mi determinación de dominar el juego y no dejar que éste me dominara a mí. Íbamos ya 30-15, pero aún no veía la línea de meta. Para mí sólo existía el siguiente punto. Subir a la red era un riesgo calculado en aquella creciente oscuridad y esta vez mi cálculo fracasó, tanto más porque se me ocurrió responder a una derecha de Federer que, si hubiera dejado pasar la bola, se habría ido fuera y yo habría tenido dos puntos de partido. Pero había perdido el punto por arriesgarme y eso era mejor que perderlo por una doble falta o un cobarde revés cortado.

30-30. «Aún sigo aquí», me dije. Volví a mi plan de juego y ataqué su revés en el siguiente peloteo y, fuese por la luz, por el cansancio o por los nervios, golpeó mal un tiro cruzado y se le fue.

40-30 y punto de partido, el tercero que conseguía yo en todo el encuentro. Me ceñí a la opción segura y de confianza, un primer servicio abierto hacia su revés que me devolvió con asombrosa genialidad y valor, con un trallazo cruzado que me esforcé por alcanzar, pero al que no llegué. Era Roger Federer, el mejor jugador de todos los tiempos, y por ese motivo no podía pensarse en la victoria ni caer en complacencias, ni siquiera en aquellos momentos. Otra vez *deuce*.

Entonces tuve la brillante idea —muy brillante, hablando retrospectivamente— de enviarle un primer servicio abierto hacia su derecha, cuando lo lógico era que él esperase que, en un momento tan crucial como aquél, me aferrase a la tónica del revés que había ensayado prácticamente durante todo el partido. Conseguí hacerle por fin lo que él me había estado haciendo todo el encuentro: meterle un primer servicio imposible de restar. No fue exactamente un *ace*, porque la tocó con la punta de la raqueta, pero como si lo hubiera sido. Y conseguí el cuarto punto de partido.

Dudé en el saque. Debería haber buscado otra vez el revés, pero aún vibraba en algún rinconcito de mi cabeza el pasmoso resto de revés que me había hecho en el punto de partido anterior, así que apunté a su cuerpo. El saque no resultó ni una cosa ni la otra y él pudo haberme clavado perfectamente otro golpe ganador, esta vez una derecha, o por lo menos haberme presionado en serio, pero tampoco él lo logró, ya que restó con poco brío, devolviéndome una derecha inofensiva, y yo le respondí con menos convicción de la que debía. Se adelantó hacia la bola, que cayó suavemente en mitad de la pista, la alcanzó, pero no le salió un golpe ganador, ya que la golpeó mal, con los pies descolocados, y la estrelló contra la red.

Caí de espaldas sobre la hierba, con los brazos estirados, los puños apretados y un rugido de triunfo. El silencio de la Centre Court dio paso a un auténtico jaleo y yo sucumbí, por fin, a la euforia de la multitud, dejándome inundar por ella, saliendo de la cárcel mental en que me había encerrado desde el principio hasta el final del partido, todo el día, la noche anterior y las dos semanas que había durado el mayor torneo de tenis del mundo. Que, finalmente, yo había ganado al tercer intento: la consumación del trabajo, los sacrificios y sueños de mi vida. El miedo a perder, el miedo a ganar, las frustraciones, las decepciones, las decisiones equivocadas, los momentos de cobardía, el temor a acabar llorando otra vez en el suelo de la ducha del vestuario: todo desapareció. No era alivio lo que sentía; estaba más allá de eso. Era un estallido de poderío y júbilo, la caída del dique de la emoción que había tenido comprimida dentro de mi pecho durante las cuatro horas y cuarenta y ocho minutos más tensos de mi vida, una invasión de la más pura alegría.

Pese a todo, había que guardar la compostura. Tenía que levantarme y acercarme a la red para estrechar la mano de Roger, a quien, tras cuatro años de espera, estaba a punto de arrebatar el cetro en la clasificación mundial. Y aún faltaban las rígidas formalidades de la ceremonia de entrega del trofeo. Pero me brotaron las lágrimas y no pude hacer nada por contenerlas, y aún había que hacer algo más antes de la ceremonia, otra liberación emocional que necesitaba antes de poder comportarme con un poco de la contención que exigía la tradición de Wimbledon. Corrí a la esquina donde habían presenciado el partido mis padres, Toni, Titín, Carlos Costa, Tuts y el doctor Cotorro, que en aquel momento estaban de pie, y subí el graderío y escalé una pared para llegar hasta ellos. Yo lloraba, y mi padre, que fue el primero en felicitarme, lloraba también, y nos abrazamos, y abracé a mi madre, y abracé a Toni, y los cuatro nos fundimos en un prieto y caluroso abrazo familiar.

¿Fue el momento más grande de mi trayectoria? Todos los partidos son importantes; juego cada uno como si fuera el último, pero aquél, en aquel escenario, con aquella historia, aquella expectación, aquella tensión, las interrupciones por la lluvia, la oscuridad, el número uno contra el número dos, ambos jugando al límite de nuestro juego, la recuperación de Federer y mi resistencia a ella, y yo más orgulloso que nunca de mi comportamiento en una pista de tenis, obsesionado por el recuerdo de la derrota de 2007, pero peleando y ganando mi propia guerra de nervios... De modo que sí, súmese todo y será casi imposible imaginar otro encuentro que haya generado tanta emoción y tanta tensión dramática, y para mí y los míos, una satisfacción y una alegría tan grandes.

EL DÍA MÁS LARGO

La final de Wimbledon 2008 entre Rafa Nadal y Roger Federer fue la más larga de los 131 años de historia del torneo y, para muchos, el partido de tenis más grande que se haya jugado jamás. John McEnroe, que se encontraba en la Centre Court comentándolo para la televisión estadounidense, dijo que había sido el mejor partido de tenis jamás visto. Björn Borg, que también había estado en primera fila, pero como espectador, y que había derrotado a McEnroe en el mayor duelo de Wimbledon que podía recordarse antes de éste, admitió que Nadal y Federer habían protagonizado el mejor partido de la historia. Algunos miembros de la prensa deportiva mundial sugirieron que había sido el enfrentamiento más impresionante que se hubiera dado en cualquier deporte. El *New York Times* determinó que el partido había sido tan excepcional que merecía un editorial por méritos propios.

«Empieza a oscurecer y, aunque todos sienten el peso acumulado de lo que ya ha sucedido, los protagonistas tienen que seguir jugando», decía el editorial del *Times* con extraordinaria perspicacia, «tienen que dejar de lado lo pasado para restar otro servicio, mientras todos los espectadores se preguntan cómo consiguen no sólo imaginar el pelotazo, sino también no imaginar —no anticipar— la victoria o la derrota. El juego enmascara su deseo. Pero el nuestro se ha desatado y se vuelve difícil respirar, incluso mirar».

Si al editorialista del *Times* le costaba respirar, es un milagro que la familia Nadal no muriese de asfixia colectiva.

«Cuando acabó, derramé lágrimas de júbilo —dijo Sebastián Nadal cuando por fin concluyó su día más largo—, pero también tuve la sensación de que mi cuerpo se había vuelto repentinamente más ligero, como si me hubieran quitado un gran peso de encima. Había pasado todo el partido atormentado por el miedo a que se repitiera lo de 2007, a que Rafa terminase deshecho en llanto en la ducha y yo no pudiera hacer nada por mitigar su dolor.

Lo que había allí era otro enfrentamiento entre Tyson y Holyfield, y yo me sentía como si estuviera en el cuadrilátero con ellos, agotado, como si me hubieran dado una paliza. La gente decía que mi cara cambió durante el encuentro, que cuando me veían en televisión no me reconocían. Fue sufrimiento puro desde el principio.»

Toni Nadal conocía a Rafa, el tenista, mejor que nadie, pero incluso él se había quedado estupefacto al comprobar el aguante que había mostrado su sobrino.

«Wimbledon siempre había sido nuestro sueño, pero en el fondo de mi corazón temía que fuera un sueño imposible —confesaba Toni—. Yo siempre lo incitaba para que pusiera el listón de sus ambiciones cada vez más alto, pero sinceramente no creía que pudiera llegar tan arriba. Cuando ganó, fue la primera vez en mi vida que lloré en una pista de tenis.»

La madre de Nadal, Ana María, dijo que el partido la había dejado hecha polvo.

«Durante el partido hubo momentos en que deseaba que parase. Pensaba: "Déjalo. ¿Por qué ha de tener tanta importancia que ganes o pierdas?" No dejaba de preguntarme cómo era capaz de guardarse dentro toda aquella tensión. ¿De dónde lo saca? Mi propio hijo... ¿Cómo se las arregla para no venirse abajo?»

Carlos Moyà cree que él se habría desmoronado sin remedio si hubiera tenido que soportar tanta tensión.

«Casi cualquier otro jugador de la historia que se hubiera enfrentado a Federer, jugando con el valor y la brillantez con que él jugaba, habría perdido el partido. Cuando has estado tan cerca y a pesar de todo no has ganado, cuando consigues un quinto set, que significa prácticamente empezar de nuevo el partido, después de haber tenido la victoria al alcance de la mano, si eres un jugador normal, incluso un campeón normal, las emociones acaban contigo. Te acuerdas de todas las oportunidades perdidas y esos recuerdos te devoran por dentro, se te comen el juego. Pero en el caso de Rafa no es así, por eso no es un campeón corriente. Todo favorecía a Federer al comienzo del quinto set, pero Rafa lo dominó, lo amansó, jugó mejor.»

Según Moyà, Nadal, aquel día, fue un animal que se negaba a morir.

«Federer aprendió en aquella final que para batir a Rafa no bastaba con arrollarlo una vez ni dos, sino muchas, muchas veces.

Crees que está muerto en un punto, en un juego o en un set, pero siempre se recupera. Por eso creo que puede acabar batiendo todas las marcas; por eso creo que, si se mantiene en forma, es capaz de ganar más Grand Slams que nadie en toda la historia.»

Federer —número uno del mundo durante otras tres semanas, hasta que Nadal le arrebató el título— quedó hundido por la derrota.

«Probablemente mi derrota más dura, y con diferencia. Algo más duro que esto....no me lo puedo imaginar —diría Federer, esforzándose por ser coherente—. Estoy decepcionado —añadiría—. Y estoy destrozado.»

Nadal, casi disculpándose, repitió, cuando todo hubo terminado, que Federer había sido, y seguía siendo, el mejor jugador de la historia.

«Ha sido campeón aquí cinco veces; yo sólo una».

La magnanimidad de Nadal en la victoria tal vez hiciera que algunas personas se preguntasen si, entre partido y partido, recibía clases para hablar en público. No es así. La generosidad de Nadal hacia Federer tras el encuentro era fruto de una costumbre convertida en reflejo, de un joven a quien su padre ordenaba de pequeño que felicitara a los rivales después de un partido de fútbol cuando su equipo era derrotado; era el efecto de las enseñanzas que sus padres y su tío Toni le habían inculcado desde siempre: que mantuviera los pies en la tierra, que, aunque a veces sus hazañas pudieran ser especiales, él no era una persona especial.

«Cuando lo vimos levantar la copa de Wimbledon fue un gran momento —dijo Sebastián Nadal—, pero cuando te paras a meditarlo, te das cuenta de que no es mucho más especial que cuando le dan a tu hijo un título por terminar los estudios. Todas las familias tienen su momento de alegría. El día posterior a la victoria de Rafael en Wimbledon, cuando toda la emoción y la atención de los medios se redujeron, no sentí más satisfacción que la que sé que sentiré, por ejemplo, el día que mi hija se licencie en la facultad. Porque, en definitiva, lo que quieres es que tus hijos sean felices y estén bien.»

La madre de Nadal, Ana María, también se niega a dejarse llevar por los logros de su hijo.

«A veces me dice la gente: "¡Qué suerte ha tenido con su hijo!" Y yo respondo: "He tenido suerte con mis dos hijos." No doy mucha importancia al hecho de que Rafael sea un supercampeón, porque lo que me hace feliz en la vida es saber que tengo dos hijos que son buenas personas. Son responsables, tienen buenos amigos muy cercanos, se sienten unidos a su familia, la cual es muy importante para ellos dos, y no nos han causado problemas. Ése es el verdadero triunfo. Cuando todo esto pase, Rafael será el de siempre: mi hijo, y eso es lo que cuenta.»

Toda la familia volvió en avión a Mallorca al día siguiente de la final de Wimbledon y reanudó su vida de siempre. ¿Organizaron alguna fiesta para celebrarlo?

«No —respondió Sebastián Nadal—. La noche del partido se celebró la cena oficial, a la que llegamos muy tarde porque Rafael fue entrevistado por muchos medios, y eso fue todo. No somos dados a celebraciones. Me acuerdo del partido y siempre me acordaré, pero ¿de lo que pasó a continuación? Muy poco.»

Al hacerle la misma pregunta, Toni Nadal repitió las palabras de su hermano mayor.

«No, no. No soy una persona festiva, y no cambio de forma de ser cuando gana Rafael. La satisfacción que sentí fue enorme, eso desde luego. La de toda la familia lo fue. Pero los mallorquines no somos muy dados a las celebraciones.»

Sin embargo, dos cosas cambiaron después de Wimbledon. Nadal se compró el coche con que soñaba; a pesar de sus recelos, el padre no puso objeciones. Y Nadal tuvo otro trofeo que poner al lado de los muchos que ya había ganado. Algún tiempo después, estando con él en la sala de estar donde se exhibe la abundante colección de trofeos, su padrino le preguntó cuál valoraba más. Sin vacilar un segundo, Nadal señaló la copa de oro de Wimbledon y respondió:

«Éste.»

CAPÍTULO 7

LA MENTE PUEDE VENCER
A LA MATERIA

Si la Centre Court de Wimbledon se caracteriza por el silencio, el estadio Arthur Ashe de Nueva York, donde jugué la final del US Open de 2010, se define por el ruido. En otros lugares, las pausas entre juego y juego son momentos de calma, pero allí el espectáculo no cesa nunca. La música, fuerte y machacona, retumba en los oídos, los sorteos se anuncian con un suspense de película por los altavoces y en las pantallas gigantes se repiten las últimas jugadas del encuentro o, para caldear aún más el ambiente, escenas protagonizadas por el público: parejas que se besan, niños simpáticos que sonríen, famosos que posan, ganadores de sorteos que lo celebran y, de vez en cuando, neoyorquinos que se pelean. El ruido nunca acaba del todo; se reduce, eso sí, a un murmullo, pero se mantiene mientras los tenistas juegan. Como en todos los estadios del mundo, se pide a los espectadores que se queden sentados hasta que el juego se interrumpa y los tenistas vayan a su respectiva silla. Pero el estadio Arthur Ashe es tan grande —el mayor coliseo del tenis que existe, con capacidad para 23.000 espectadores— que los sentados en las gradas inferiores son los únicos que obedecen. En las superiores, los fans no paran de meter bulla, pues aunque en teoría está prohibido hablar mientras se juegan los puntos, parece que esa norma está hecha para infringirse. Tampoco tendría mucho sentido querer que se cumpliera a rajatabla, dado que no hay ninguna ley que prohíba a los aviones pasar por encima del estadio. El complejo tenístico de Flushing Meadow, donde tiene lugar el US Open, está en un pasillo aéreo del aeropuerto de La Guardia, lo que significa que puedes estar en mitad de un punto importante o preparándote para servir un nervioso segundo saque y sentir de pronto que el estadio vibra por culpa del estruendo ensordecedor de un avión que vuela bajo.

No es Wimbledon.

La actividad, la frescura y el ruido incesante ponen al US Open en una categoría diferente de la de los otros tres torneos de Grand Slam. Es un espectáculo. Es América en estado puro, Nueva York en estado puro, y bueno, a mí me encanta. El alboroto y el frenesí general sin duda ponen a prueba mi capacidad de concentración, pero es algo que se me da bien. En general consigo aislarme de mi entorno en Flushing Meadow con la misma efectividad que en Wimbledon. Nueva York es lo más alejado de Manacor que pueda imaginarse, pero la presencia de mi equipo hace que, vaya donde vaya, me sienta como en casa.

Lo genial de los profesionales que me acompañan en la temporada tenística es que consiguen que mi trabajo no parezca un trabajo y me brindan amistad, cuando la alternativa, si no fueran íntimos ni incondicionales ni de trato fácil, sería llevar una vida extrañamente solitaria y nómada, saltando de aeropuerto en aeropuerto, de hotel anónimo en hotel anónimo, de salones y restaurantes reservados en salones y restaurantes reservados que casi siempre parecen iguales, esté en el lugar del mundo en que esté.

Jordi Robert, que siempre me acompaña cuando voy a Nueva York, trabaja para Nike, mi primer patrocinador de verdad, pero ante todo y sobre todo es un amigo. Espero que la empresa lo valore tanto como yo. Si una casa rival de Nike me hiciera una oferta mejor, me lo pensaría mucho antes de aceptar, a causa de mi relación con Tuts. Vale su peso en oro. De acuerdo con la escueta definición laboral de su puesto de trabajo, su relación conmigo no tendría que ser necesariamente tan cercana, pero ha acabado por ser un miembro insustituible del equipo. Me acompaña a los entrenamientos, se sienta a la mesa conmigo antes y después de los partidos, se queda a charlar en la habitación del hotel en que me alojo, se hospeda conmigo en la casa que alquilamos en Wimbledon. Tuts tiene unos diez años más que yo, pero debido a las estilosas gafas que lleva y su ropa de atrevidos colores se diría que yo soy el mayor, puesto que visto de un modo mucho más convencional. Lo que más me gusta de Tuts, aparte de lo que me aporta en mi relación con Nike, es que siempre sonríe, siempre está de buen humor. Es amable y leal y me tranquiliza tenerlo cerca. Me obliga a trabajar cuando, a veces, y lo digo muy sinceramente, preferiría hacer otra cosa, aunque lo más importante de todo es que es un tipo realmente estupendo cuya presencia ayuda a crear el entorno de confianza y calma que necesito para rendir a tope en la pista.

Carlos Costa, al igual que Tuts, tampoco es empleado mío. Trabaja para IMG, la gran agencia internacional de deportes, pero ha estado conmigo desde que yo tenía catorce años. Carlos negocia los contratos y hace las primeras evaluaciones sobre las ofertas que me llegan para patrocinarme. Pero es también un gran amigo y, cuando surge un problema, es una persona a la que me dirijo con absoluta confianza. Su consejo tiene un valor tremendo para mí, más aún porque sé que las recomendaciones comerciales que nos hace no están determinadas en primera instancia por el imperativo de ganar dinero, sino por el deseo de conseguir lo que sea más beneficioso para mi juego. Es muy difícil encontrar un agente como él. Sería más difícil si cabe encontrar a alguien que también hubiera jugado al tenis al más alto nivel y hubiese llegado a ser número diez en la clasificación mundial. Como mentor deportivo complementa muy bien la labor de Toni. Es técnicamente sagaz, conoce las cualidades de mis rivales y, a su manera, me estimula muy positivamente. Cuando la tensión que crea Toni —una tensión por lo general valiosa— crece demasiado, Carlos sabe desinflarla. Por ejemplo, si durante el Abierto de Francia estamos en un hotel de París y se caldean las cosas con Toni,

Carlos sugerirá: «Vamos a dar un paseo, Rafa.» Y los dos saldremos a dar un paseo por París, hablaremos de nuestras cosas, veremos la situación con cierta perspectiva y volveremos al hotel con el ánimo más relajado. Carlos pone orden y estabilidad en el equipo. Que no sea de la familia significa que puede tomar decisiones con la cabeza más que con el corazón. Sería estupendo que nuestra relación profesional prosiguiera al margen de mi trayectoria tenística. Si yo llegara a montar una empresa, es la clase de persona que me gustaría tener a mi lado. A Tuts, también. Porque trabajaríamos bien juntos y, además, nos lo pasaríamos bien.

Una parte considerable del trabajo, en Nueva York y en los demás sitios, es tratar con los medios, por eso es para mí tan importante tener de jefe de prensa a un gran profesional. Benito Pérez-Barbadillo es el miembro más cosmopolita de nuestro grupo. Habla cuatro idiomas a la perfección, una gran ventaja en un trabajo que le exige tratar con periodistas de todo el mundo, y le toca la ingrata labor, que sé que le cuesta, de enseñar los dientes por mí, decir que no a los periodistas continuamente y protegerme de las incesantes peticiones de entrevistas. Si yo accediera a todas, no me quedaría tiempo para nada más. Benito entiende, como Carlos Costa, que necesito tiempo no sólo para entrenar, sino también para llevar una vida propia tranquila y ordenada, para tener la paz imprescindible que me hace falta con vistas a crearme un espacio mental cerrado, esencial para conseguir victorias en la pista. Cuando Benito no está cerca, lo echo de menos. Es irreverente, ingenioso y muy bromista. Está informado de lo que ocurre en política y en el mundo en general: él es el contacto con el mundo exterior de la burbuja en que vive el equipo, como también es el contacto con los medios, y sabe darnos las noticias de lo que ocurre en el resto del planeta en la medida justa, siempre con mucho humor y abundancia de opiniones provocativas. No se toma a sí mismo demasiado en serio y hemos aprendido a escuchar con cierto escepticismo gran parte de lo que dice, porque le gusta exagerar. Es quien nos alegra el día en un entorno en que es fácil perder la perspectiva y dejar que las cosas se vuelvan demasiado serias y tensas.

Francis Roig, mi segundo entrenador, es una presencia igualmente tranquilizadora, pero de una forma más discreta. Ex profesional, como Carlos Costa, es brillante en su lectura del juego de mis rivales y un muy experimentado analista de las sutilezas del tenis. Tiene una enorme fe en mis habilidades y me transmite mucha confianza. Me ha aportado mucho a mi conocimiento del juego. Como Carlos es de trato fácil y es un placer tenerlo cerca desde que trabajamos juntos por primera vez en una gira por Sudamérica en el 2005. Me acompaña cuando Toni no puede hacerlo, lo que equivale a un 40 por ciento de los partidos del calendario annual.

Ángel Ruíz Cotorro ha sido mi médico desde que tengo 14 años. Me ha asistido durante las lesiones graves que he sufrido. No sólo me ha proporcionado sabios consejos médicos sino también la tranquilidad que he necesitado para continuar batallando, animándome a confiar en mis poderes de recuperación. Siempre está a mi disposición sin importar el lugar del mundo donde me encuentre, respondiendo a cualquier tipo de emergencia. Y posee un profundo conocimiento de mis necesidades particulares como atleta, pues ha sido director médico de la Federación Española de Tenis. Forma parte del equipo en muchos de los torneos importantes, y cuando no, está conmigo en espíritu. Al igual que Joan Forcades, mi entrenador físico, con quien está en contacto permanente para valorar mi condición física, antes de impartir instrucciones a Titín, quien siempre me acompaña.

Si Titín abandonara el equipo me sentiría desamparado. No sé cómo afectaría su ausencia a mi juego, pero sé que afectaría a mi estado de ánimo. Siempre a mi lado durante los torneos, es la primera persona a la que me dirijo cuando tengo un problema. Es mi fisioterapeuta y es excelente en su oficio, pero valoro su papel personal más aún que su papel profesional, porque en el mundo hay muchos fisioterapeutas, pero si él se fuera, sería casi imposible llenar el vacío de amistad que dejaría. No sólo es una magnífica persona, sino que además es incorregiblemente sincero. Si tiene que decirte algo, te lo suelta sin rodeos.

Me costaría desarrollar mi juego si fuera uno de esos tenistas, de los que hay tantos, que no paran de cambiar a los miembros de su equipo. Yo los necesito antes que nada a nivel personal, porque el tenis es un deporte en el que el estado emocional es fundamental para vencer. Cuanta más paz sientes en tu interior, más probabilidades tienes de jugar bien. Hablo mucho de la importancia de aguantar, pero hay otro concepto muy importante en mi vocabulario y es «continuidad». Simplemente, ni siquiera contemplo la posibilidad de cambiar mi equipo. Siempre he tenido el mismo equipo y espero seguir teniéndolo hasta que termine mi carrera; y más allá, si fuera posible. Toni, que ha estado conmigo desde el principio, estableció esa pauta y no quiero que se rompa.

También seguimos una pauta cuando estamos en Nueva York para jugar el US Open. Siempre vamos a un hotel en la misma zona del centro de Manhattan y, después de ir y venir a Flushing Meadow durante el día, por la noche vamos a cualquiera de los cuatro o cinco restaurantes a los que se puede llegar andando desde el hotel, por lo general de comida japonesa, porque en los restaurantes japoneses es donde tienen el pescado —mi pasión— de mejor calidad. El resto del tiempo lo pasamos en la habitación del hotel, viendo películas o partidos de fútbol. También vemos muchos vídeos de partidos míos: Toni y yo los estudiamos con atención y sacamos lecciones de los errores, aunque también de mis mejores momentos de juego. Es bueno para la moral verme a mí mismo disputar un punto decisivo o soltar una derecha ganadora, pero lo más importante es que me ayuda a visualizar los detalles de mi juego, permitiéndome grabar una imagen mental que utilizo luego, cuando salgo a la pista, para recuperar esa fluida sensación de control que necesito para golpear bien la bola. Es difícil de explicar, pero funciona.

Cuando estoy en Manhattan me gustaría pasear más para absorber la energía del lugar y ver sitios típicos, aunque los neoyorquinos no son de los que se contienen cuando ven a un famoso y, como ya sé por experiencia, comportarme como una persona normal y caminar por la Quinta Avenida sin que me reconozcan es imposible. Quejarse de esto es como enfadarse cuando la lluvia detiene el juego. Es un gaje del oficio y hay que aceptarlo. Eso significa que sólo me alejo del barrio donde está el hotel cuando alguno de mis patrocinadores me indica que participe en algún acto de promoción que a lo mejor organiza en un almacén del centro o, como en aquel gran espectáculo que preparó Nike, en un muelle del río Hudson, donde habría atracado el *Titanic* si hubiera completado la travesía y llegado felizmente a puerto. En esos casos siempre acudimos todos. No sólo Tuts, sino también Titín, Carlos, Benito y todos los que estén allí. Hagamos lo que hagamos, siempre estamos juntos.

La primera semana del US Open de 2010 hizo un calor increíble, pero el día de la final amaneció fresco y lluvioso. De hecho, llovió tanto que hubo que aplazar el partido veinticuatro horas. No le sentó mal la noticia a mi contrincante, Novak Djokovic, que había disputado una semifinal mucho más larga y difícil que yo y había tenido que jugar cinco sets para derrotar a Roger Federer. En su lugar, yo habría dado gracias por aquellas inesperadas veinticuatro horas de descanso extra.

Djokovic, fuerte y en forma, era un rival temible. Nuestro partido no tenía de antemano el aura de una batalla Federer-Nadal, al menos en lo que se refiere al público, pero para mí el desafío era abrumador. Es un jugador muy completo —según

Toni, más completo que yo—, sin puntos flacos evidentes, y en superficies duras, como las de Flushing Meadow, me había derrotado más veces que yo a él. Sus rasgos más destacados son su excelente sentido del posicionamiento en pista y su facilidad para golpear la pelota al inicio de su curso ascendente. Es tan bueno con el revés como con la derecha y adivina la trayectoria de la bola hasta el extremo de que juega más dentro de la pista que fuera, y sabe estrechar los ángulos de sus tiros, dificultando el juego de sus rivales y facilitando el propio.

Cuando me enfrento a Federer, sigo un patrón de juego que tarde o temprano lo obligará a cometer errores. Cuando me enfrento a Djokovic, la táctica no está tan clara. Es cuestión de jugar del mejor modo posible, con la máxima intensidad y agresividad, reteniendo el control del punto, porque en el momento en que te descuidas, te la clava.

Confirmé estas impresiones cuando vi en televisión la semifinal que disputó contra Federer y en la que ganó Djokovic después de salvar dos puntos de partido. Pensé entonces, no por primera vez: «¡Qué tío más duro y cuánto talento tiene!» También pensé que iba a ser muy difícil ganarle. Cuando veo en vídeo a los mejores jugadores, a menudo tengo la impresión de que me superan. No era muy lógico que pensara así durante el US Open, dado que por entonces yo era ya el número uno del mundo y lo había sido durante gran parte de los dos años anteriores. Además, los había derrotado más veces que ellos a mí. Tampoco estoy seguro de que sea así como los campeones deportivos juzgan a sus rivales; supongo que debe de ser más bien al revés. Esta actitud mía seguramente tiene mucho que ver con Toni, que desde niño me ha acostumbrado a creer que cada partido va a ser una batalla casi imposible de ganar. No me parece que este estado de ánimo sea siempre el más saludable a la hora de afrontar un partido, puesto que a veces hace que mi confianza titubee y me lleva a jugar con menos agresividad de la que soy capaz. Pero, en el lado de los pros, significa que trato a todos los jugadores con el debido respeto y nunca sucumbo a la complacencia. Tal vez sea este el motivo por el que raramente pierda ante jugadores a los que, si juzgamos por la posición que ocupan en la clasificación, debería derrotar.

Sin embargo, y teniendo en cuenta lo que me aguardaba, no me sentía particularmente nervioso antes de la final de 2010 contra Djokovic. Desde luego, estaba mucho menos inquieto que la víspera de la final de Wimbledon de 2008. Las dos noches previas dormí bien, mis buenas ocho horas. Hablo de dos noches a causa de la demora motivada por la lluvia. En ambas ocasiones me puse una película en la habitación del hotel y, en vez de dar vueltas e imaginar lo peor, me quedé dormido. Por un lado se debía a que no estaba obsesionado, como en Wimbledon, por el recuerdo de pasados traumas; por el otro era que tenía más experiencia, más madurez, y ya había jugado muchas finales de Grand Slam. Aunque supongo que también influía el hecho de que mis expectativas no fueran muy grandes. Desde la adolescencia había fantaseado con ganar Wimbledon; en cambio, ganar el US Open había sido siempre un sueño demasiado lejano.

Con esto no quiero decir que fuera al encuentro con Djokovic con un espíritu derrotista. Sabía que podía ganar, claro que sí, pero si lo hacía, la victoria iba a ser un extra feliz e inesperado en mi carrera, y no algo que tenía que conseguir bajo pena de vivir el resto de mi vida con una sensación de fracaso.

El US Open siempre me había resultado el torneo más difícil de ganar. En Wimbledon había jugado muy bien incluso cuando no había ganado, pero en el US Open nunca había jugado como mejor sabía. Ya había llegado a las semifinales en dos ocasiones, pero en ninguno de los dos casos me había sentido totalmente a gusto en la pista. Esta incomodidad tenía que ver con la superficie, excepcionalmente rápida, pero también con las pelotas que utilizan en ese torneo, puesto que son más blandas que las de otros sitios y me impiden darles el liftado y, por lo tanto, la altura que les doy habitualmente cuando golpeo. Es el aspecto de mi juego que más problemas da a mis oponentes y con el que les saco más ventaja. Hay además otro factor: el US Open es el último de los cuatro Grand Slams, se celebra hacia el final de la larga y difícil temporada de verano y suelo llegar a Nueva York algo cansado física y mentalmente.

Al torneo de 2008 había llegado más hecho polvo que de costumbre y perdí las semifinales frente a Andy Murray, no sólo por culpa de la energía que había gastado para ganar Wimbledon. Entre una y otra competición había tenido que viajar a la otra cara del planeta para participar en los Juegos

Roland Garros 2005. Mi primer Grand Slam.

*Mi primer trofeo
del Abierto de
Francia, 2005.*

*Avanzando
hacia la final
de Wimbledon
de 2008.*

Momento de triunfo en la final de Wimbledon de 2008.

Apretón de manos con Federer al terminar la final de Wimbledon de 2008.

Con la bandera española después de abrazar a mi familia en la Centre Court de Wimbledon, 2008. En la foto también están: mi padre, mi madre, Toni, Tuts y Titín.

En la final del Open de Australia de 2009, jugando contra Federer, al borde del agotamiento.

Gano la final del Abierto de Francia de 2010, el primero de los tres Grand Slams de ese año.

Relajado después de ganar el Abierto de Francia de 2010.

Otra victoria en la final de un trofeo de Grand Slam, contra Tomas Berdych en Wimbledon, 2010.

Gano mi segundo Wimbledon en 2010.

Celebrando la victoria de Wimbledon en 2010.

Con el trofeo de Wimbledon en la cena de gala la noche de la final.

Celebro ganar el US Open de 2010 contra Novak Djokovic en cuatro sets.

De rodillas en el estadio Arthur Ashe de Flushing Meadows, Nueva York, 2010.

Muerdo el trofeo del US Open, el que me faltaba de los torneos de Grand Slam.

Olímpicos de Beijing. Fue la primera vez que intervine en este espectáculo deportivo, el mayor del mundo. Disfruté enormemente y aprendí mucho, sobre todo que tengo mucha suerte.

Me hospedé en la ciudad olímpica con los demás deportistas y de nuevo, como en la Copa Davis, saboreé ese espíritu de equipo que tanto me gustaba cuando jugaba al fútbol de pequeño. Convivir con mis compañeros españoles, en el mismo complejo residencial, entablar amistad con los jugadores de baloncesto y los miembros del equipo de atletismo (algunos de los cuales, con cierta timidez, me paraban en los pasillos o se me acercaban en la lavandería común donde lavábamos nuestra ropa, para pedirme un autógrafo) y desfilar con todos ellos, con el uniforme oficial, en la ceremonia inaugural de los Juegos, fueron experiencias inolvidables. Pero la impresión de que era un afortunado vino acompañada por fuertes dosis de indignación.

Comprendí mejor que nunca lo privilegiados que somos los tenistas profesionales y la injusticia que se comete con muchos atletas olímpicos. Entrenan con una intensidad alucinante, como mínimo la misma que nosotros, y sin embargo su recompensa es mucho más exigua. Un tenista en el número 80 de la clasificación mundial, pongamos por caso, percibe beneficios económicos, tiene privilegios sociales y recibe un reconocimiento mucho mayor del que podría soñar alguien que fuese número uno en atletismo, natación o gimnasia. En el circuito tenístico todo está preparado para que estemos en activo todo el año y el dinero que ganamos nos permite ahorrar para el futuro. En cambio, estas personas entrenan con disciplina de monjes durante cuatro años con objeto de prepararse para una competición que sobresale por encima de las demás, las Olimpíadas, y sin embargo la inmensa mayoría recibe muy poco apoyo en relación con el esfuerzo que invierte. Es admirable que se preparen con tanto rigor y sacrificio personal por la sola satisfacción de competir y la pasión que sienten por su deporte concreto. Eso es algo que no tiene precio, pero tampoco debería bastar. Con todos los ingresos que percibe el Comité Olímpico Internacional gracias a los Juegos —un acontecimiento cuyo éxito depende de la entrega de los deportistas—, sería de esperar que los beneficios se repartieran de manera más equitativa. En mi caso, tengo la suerte de no necesitar que me paguen, pero un atleta que corre los cuatrocientos metros lisos o una maratón necesita mucho apoyo financiero, el imprescindible para entrenar al nivel requerido para participar en los Juegos y luego competir por los máximos galardones. Entiendo que el tenis resulta más atractivo para el público, al menos a lo largo del año, pero creo que es injusto que no se hagan más esfuerzos para que estas personas que se entregan con una dedicación increíble vivan y entrenen en mejores condiciones.

Pero estas cosas las pensé cuando acabó todo. Mi estancia en Beijing no se caracterizó por la queja y el enfado. Lo más destacado fue el compañerismo de los deportistas y la oportunidad que tuve de conocer detalles de multitud de deportes desconocidos para mí hasta entonces y de saber lo mucho que todos teníamos en común. El solo hecho de participar y tener acceso a un mundo que nunca creí que llegaría a conocer fue en sí mismo una recompensa y un estímulo. Y luego ganar el oro en los individuales masculinos, tras derrotar a Djokovic en las semifinales y al chileno Fernando González en la final, y ver izarse la bandera española al son del himno nacional mientras yo estaba en el podio de los ganadores, bueno, aquél fue uno de los momentos de mi vida de los que más me enorgullezco. La gente no suele relacionar los Juegos Olímpicos con el tenis; de pequeño, yo tampoco lo hacía. En realidad, el tenis volvió a ser deporte olímpico en 1988, tras 64 años de ausencia. Pero en la mente de los tenistas, el oro olímpico ha pasado a ser una presa codiciada. Después de un Grand Slam es ya lo que más deseamos.

El primer Grand Slam del año es el Open de Australia, que se celebra en Melbourne. Es un torneo simpático, menos ruidoso que el US Open, más sencillo que Wimbledon, menos grandioso que el de París, aunque me colocan en una habitación de hotel tan grande que casi se podría jugar a fútbol sala en ella. Me gusta la comida de Melbourne. Al bajar del hotel hay otro restaurante japonés estupendo. También me gusta el paseo de cinco minutos en coche, a través de una zona verde exuberante, hasta Melbourne Park, el club en el que se celebra la competición. Y hace calor, sobre todo porque venimos directamente del invierno europeo. Por lo general llego una semana antes del inicio del torneo, con objeto de adaptarme a las diez horas de diferencia horaria con España. En mi caso, el esfuerzo por aclimatarme se complica porque enero es un mes importante en el calendario futbolístico español y me suelo levantar de madrugada para ver jugar al Real Madrid. Si juegan muy temprano (según la hora australiana), pongo el despertador, veo cómo va el partido y entonces decido si quedarme despierto o volver a dormirme. Si mi equipo gana 3-0 y sólo falta media hora para que termine el partido, apago el televisor y vuelvo a dormirme, pero si van 0-0, el suspense se vuelve intolerable y me quedo despierto hasta el final. Claro que si he de competir ese día, no me levanto demasiado temprano, por muy importante que sea el partido de fútbol. El trabajo es lo primero.

Cuando fui al Open de Australia de 2009, me di cuenta de que tenía tantas posibilidades de ganar como en Wimbledon seis meses antes. En otras palabras, las condiciones para pelear eran buenas. La superficie de las pistas era dura, pero menos complicada para mi juego que las de Flushing Meadow. La bola rebota más que en el US Open, es decir, no corre tanto y admite bien mi liftado. Lo que no había tenido en cuenta era una semifinal como la que tuve que disputar con mi amigo y compatriota Fernando Verdasco. Al final gané, pero tuve que pelear duro y quedé físicamente hecho polvo. Tenía que disputar la final con Federer día y medio después y durante casi todo ese tiempo estuve por completo convencido de que no iba a vencer. La única vez que me había sentido igual en vísperas de una final de Grand Slam fue en la de Wimbledon de 2006, pero aquello se había debido a que, en el fondo de mi corazón, no creía tener la menor posibilidad de ganar. Antes de la final de Australia de 2009 era mi cuerpo el que protestaba, el que pedía que me detuviera. La idea de abandonar no se me pasó por la cabeza —nadie hace eso en una final de Grand Slam a menos que esté al borde del infarto—, pero el resultado que preveía, y para el que me estaba preparando mentalmente, era una derrota por 6-1, 6-2, 6-2.

La semifinal que jugué con Verdasco fue el partido más largo de la historia del Open de Australia. Luchamos por cada punto con uñas y dientes. Verdasco jugó de manera espectacular y alcanzó un alto porcentaje de golpes ganadores. Yo me las apañé para resistir, jugando a la defensiva pero cometiendo pocos errores y, tras cinco horas y catorce minutos, gané por 6-7, 6-4, 7-6, 6-7, 6-4. Hacía tanto calor en la pista que los dos corríamos en los descansos a ponernos bolsas de hielo en el cuello y los hombros. En el último juego, inmediatamente antes del último punto, se me llenaron los ojos de lágrimas. No lloraba porque me sintiera derrotado, ni triunfador, sino como reacción a la extenuante tensión del partido. Había perdido el cuarto set en un *tiebreak* y eso, en un juego tan tenso y en tales condiciones, habría sido catastrófico si no hubiera recurrido a las últimas reservas de energía mental que había acumulado durante quince años de competiciones continuas. Me las arreglé para olvidar aquel puñetazo y abordar el quinto convencido de que iba a ganar.

Finalmente, la ocasión llegó cuando ganaba yo 5-4 y 0-40, y le tocaba sacar a Verdasco. Allí habría podido acabar todo porque tenía por delante tres puntos de partido, pero no había que confiarse. Perdí los dos primeros puntos. Aquello fue demasiado para mí y me vine abajo; la coraza se me desprendió y el guerrero Rafa Nadal, a quien los fans creen conocer, dejó al descubierto al Rafael vulnerable y humano. El único que no lo vio fue Verdasco. O no se dio cuenta o estaba en peores condiciones que yo, porque los nervios también lo traicionaron y, en un momento de suerte increíble para mí, cometió doble falta y me entregó la victoria sin que yo hubiera tocado la bola. Los dos caímos de espaldas al suelo, preparados para morir de cansancio muscular y nervioso. Yo fui el primero en levantarme, me dirigí a la red como pude, abracé a Fernando y le dije que había sido un partido que ninguno de los dos había merecido perder. Toni, que se había dado perfecta cuenta de que en el último juego estaba hecho un trapo, me señaló más tarde que, si Verdasco no hubiera cometido la doble falta, la semifinal habría sido suya. Sospecho que tenía razón.

El partido terminó a la una de la madrugada y no me fui a dormir hasta pasadas las cinco. Primero tuve que dar la obligatoria rueda de prensa que sigue a los partidos, luego concedí entrevistas a varios periodistas por separado. Las piernas apenas me sostenían y sólo Dios sabe lo que dije. Cuando por fin regresé al hotel, me aguardaba la cena. El sueño tuvo que esperar. Comí para cargar las pilas y, a continuación, me abandoné en manos de Titín, cuya misión era resucitar mi vapuleada musculatura y prepararme para el partido contra Federer. Tuts me vio en el vestuario después del partido con Verdasco, más muerto que vivo, y lo primero que pensó fue: «¡Madre mía! Titín va a tener que emplearse a fondo.» Tenía razón.

Por suerte, Titín estaba tan tranquilo como siempre. Hizo lo que hace siempre en circunstancias difíciles: pedir ayuda a Joan Forcades, mi preparador físico, al que localizó en Mallorca llamándolo por el Skype del ordenador portátil. Forcades y Titín son amigos y aliados, su misión común es atender a mis necesidades físicas, impedir lesiones, maximizar mi forma y contribuir a recuperarme a tiempo para el siguiente partido cuando estoy para el arrastre. En aquel momento estaba más cansado que en ningún otro momento de mi vida. El problema al que se enfrentaban —al que nos enfrentábamos los tres— sólo podía remediarse, en mi opinión, con un milagro. Pero Joan no se desanimó.

Joan me conoce desde que yo tenía nueve o diez años y tiene más fe en mí que yo mismo. Es fantástico en su trabajo y un miembro importantísimo de mi equipo, aunque opera más en la sombra que los demás. Antes viajaba conmigo, pero ahora lo hace muy raramente y prefiere quedarse en Mallorca, lejos de la fama y de los medios. Es una persona especial, con un trabajo fijo que le gusta —es profesor de educación física en un instituto de Pollença— y no trabaja conmigo por dinero, sino porque le gusta y se preocupa por mí como si fuéramos familia.

Oí por encima la conversación que sostuvo con Titín. Convinieron en que se necesitaba mucho hielo y mucho masaje para estimular el riego sanguíneo. Joan insistió en que necesitaba ingerir muchas proteínas y suplementos de vitaminas, pero adujo que lo más importante era que el cuerpo volviera a moverse. Recomendó que al día siguiente hiciera ejercicios de estiramiento para reactivar los músculos, que hiciese también bicicleta y luego una sesión de entrenamiento en la pista. Joan se mostró optimista y le recordó a Titín que en el entrenamiento navideño de pretemporada nos habíamos preparado precisamente para aquello: habíamos entrenado tres o cuatro horas por la mañana y hora y media por la tarde. «Lo más importante», dijo Joan, «es que el cuerpo vuelva a entrar en acción».

Oí aquello y me pareció lógico, pero eran las tres de la madrugada, hora de Australia, y en esos momentos sólo estaba para someterme pasivamente, tendido e inmóvil en un sofá, a las destrezas terapéuticas de Titín. Lo primero que hizo después de hablar con Joan fue llenar la bañera de hielo y sentarme encima para reactivar el riego sanguíneo en los muslos doloridos. Luego masajes, primero con una bolsa de hielo, después con una pastilla de jabón. Por lo general, en vísperas de una final entreno por la mañana. Aquella vez dormí la mañana entera, desperté a primera hora de la tarde y advertí horrorizado que me sentía más agarrotado que la noche anterior. Sin embargo, pedaleé en la bicicleta, sin prisas, dijo Titín, sólo para estimular la circulación; y más tarde fuimos a la pista, donde Carlos Costa se puso al otro lado de la red. Duré apenas 20 minutos. Fue Carlos quien se dio cuenta de que no podía proseguir.

«No me gusta esto —dijo—. No puedes moverte. Tenemos que parar.»

Mareado, totalmente agotado, con las piernas de plomo, abandoné la pista cojeando, volví al hotel y me metí en la bañera con hielo. Titín seguía trabajando a marchas forzadas con el fin de prepararme para la final del día siguiente, pero en aquel momento, desanimado por mi desmoronamiento en la pista, me dio la impresión de que no había fuerza en la tierra ni en el cielo capaz de conseguir esa tarea.

Aquella noche me fui a dormir con el humor más sombrío del mundo y a la mañana siguiente desperté sintiéndome apenas un poco menos entumecido. Cuando salí a la pista de prácticas para la última sesión de entrenamiento, a las cinco de la tarde, dos horas y media antes del comienzo previsto del partido, no me sentía mejor. Volvía a estar mareado; volvía a notar los músculos de las piernas pesados y duros, tanto que sufrí unos calambres en una pantorrilla. Toni estaba allí y, después de luchar media hora para conseguir algo de ritmo, le dije que no podía seguir. Yo debía de tener un aspecto espantoso, porque dijo: «Está bien. Déjalo. Volvamos al vestuario.» Fue entonces cuando Toni se puso a la altura de las circunstancias.

La fuerza de mi tío ha procedido siempre de sus palabras, de lo que dice para motivarme. Me cuenta que el entrenamiento más útil que hicimos cuando yo era pequeño no tenía lugar en la pista, sino cuando íbamos y veníamos de Palma en coche, antes y después de los partidos, planeando lo que había que hacer, analizando lo que habíamos hecho mal. Recuerdo que me ponía ejemplos tomados del fútbol, de los encuentros que jugaba el Real Madrid, para captar mi atención y hacerme entender lo que quería decir. Y la cuestión es que Toni tiene razón. Sus palabras me enseñaban a pensar por mí mismo en la pista, me enseñaron a ser un luchador. Le gusta citar a un escritor español que afirmó que quienes empiezan las guerras son siempre los poetas. Bueno, lo que me dijo entonces era poesía a su manera; el momento era tan desesperado que, aunque aún no habíamos comenzado el combate, en mi cabeza yo ya lo había perdido.

«Mira —dijo—, ahora son las cinco y media y cuando salgas a la pista, a las siete y media, te aseguro que no te sentirás mejor. Es posible incluso que te sientas peor. De modo que depende de ti sobreponerte al dolor y al cansancio y armarte del valor que necesitas para ganar.»

«Toni —contesté—, lo siento pero no puedo. Es sólo eso, que no puedo.»

«No digas que no puedes —replicó—, porque cualquiera que cave con profundidad suficiente siempre acaba por encontrar la motivación que necesita para hacer lo que sea. En la guerra se hacen cosas que parecen imposibles. Imagínate que en el estadio hay un tipo sentado detrás de ti, apuntándote con una pistola y diciéndote que, si no corres sin parar, apretará el gatillo. Me juego lo que sea a que echas a correr. ¡Así que muévete! Encontrar la motivación para ganar es decisión tuya. Es tu gran oportunidad. Por muy mal que te sientas ahora, es probable que nunca vuelvas a tener una oportunidad de ganar el Open de Australia como la que tienes hoy. Aun en el caso de que no tengas más que el uno por ciento de probabilidades de ganar este partido, aprovéchalo, exprime hasta la última gota ese uno por ciento. —Toni me vio vacilar, vio que le escuchaba y siguió presionando—. Recuerda esa frase de Barack Obama, "Yes, we can!" Pues cada vez que cambies de lado repítetelo, porque ¿sabes qué? La verdad es que sí puedes. Lo que no puedes es permitirte un fracaso porque te falle la voluntad. Si pierdes, que sea porque tu rival juega mejor, pero no porque no sepas rendir al máximo. Sería un crimen. Aunque no harás eso, lo sé. Siempre has dado lo mejor de ti y hoy no va a ser una excepción. ¡Puedes, Rafael! ¡Puedes de verdad!»

Yo escuchaba con atención. Era el discurso más estimulante que había pronunciado en su vida; otra cuestión era si mi cuerpo iba a hacerle caso. Entonces volvió a intervenir Joan Forcades. Titín estaba en comunicación constante con él a través del Skype. Joan, que tiene la costumbre de salpicar su charla con una complicada terminología científica, subrayó la necesidad de jugar el partido de manera «ergonómica», con lo cual quería decir que yo tenía que adaptar mi juego a las realidades de mi condición física. Esto significaba tener más cuidado de lo habitual de no gastar toda la energía al principio, ahorrar las reservas de energía para los puntos más críticos, no pelear por cada punto como si fuera el último. Y también procurar acortar los puntos, lo cual significaba a su vez correr más riesgos.

Pertrechado con este plan, me di la ducha fría de costumbre, que me sentó muy bien, y en el vestuario realicé, con creciente convicción, mi serie de rituales previos al partido. Cuando salí a la pista ya no cojeaba. El dolor seguía allí y durante el calentamiento con Federer me noté un poco lento. Lógico y natural, porque el pie izquierdo —el dichoso escafoides tarsiano— empezaba a molestarme de nuevo. Pero yo ya había pasado por aquello y esperaba que la adrenalina y mi capacidad de concentración vencieran el dolor una vez más. Seguía preguntándome si mi cuerpo iba a aguantar, pero la buena noticia era que, en términos generales, me sentía más ágil que dos horas antes, y mucho más que al despertar el día anterior tras haber dormido toda la mañana. Lo más importante de todo era que había desaparecido el derrotismo que me había afligido antes. Había recuperado la voluntad de ganar y la convicción de que podía hacerlo. Las palabras de Toni, el trabajo de Titín y los consejos de Joan habían tenido un efecto mágico.

En cuanto el partido adquirió ritmo, los dolores empezaron a desaparecer. Tanto que gané el primer juego, rompiendo el servicio a Federer. Luego me rompió él el mío, pero conforme se desarrollaban los juegos me di cuenta, con gran alivio, de que no jadeaba ni me quedaba sin aliento; y aunque aún sentía pesadas las pantorrillas, no percibí síntomas de calambres, como había temido. De hecho no sufrí ninguno, a pesar de que el partido duró cinco sets. En último extremo, como dice Titín, el dolor está en la mente. Si controlas la mente, controlas el cuerpo. Perdí el cuarto set, como me había pasado con Fernando Verdasco, después de ir ganando por dos sets a uno; pero me recuperé, mi determinación se fortaleció y mi ánimo creció a causa de la sorpresa y el placer que sentía por haber llegado tan lejos sin venirme abajo. Ganando 2-0 en el quinto set, me volví hacia donde estaban sentados Toni, Carlos, Tuts y Titín y dije en mallorquín, con fuerza suficiente para que me oyeran: «Voy a ganar.» Y gané. Toni había tenido razón. Sí, podía. Gané 7-5, 3-6, 7-6, 3-6, 6-2 y me proclamé campeón del Open de Australia. Yo fui el primer sorprendido. Había vuelto a la vida y allí estaba, con mi tercer Grand Slam en el bolsillo, el sexto que ganaba en total. Ya sólo me faltaba conquistar el US Open.

Al acabar el encuentro, Roger Federer estaba mentalmente tan destrozado como lo había estado yo físicamente antes de jugarlo. Lo sentí por él. Había jugado mal el último set y, al derrotarlo, me había consolidado como número uno del mundo, que acababa de conquistar. Sin embargo, quienes se pusieron a descalificarlo después de aquella derrota, y fueron unos cuantos, se equivocaron de medio a medio. Aún tenía mucha guerra que ofrecer. Para él había sido la gran oportunidad de igualar el récord de catorce Grand Slams de Pete Sampras y no lo había conseguido, al menos por el momento. En mi opinión, seguía siendo el mejor jugador de todos los tiempos, como recordé a los periodistas cuando me tocó el turno de ser entrevistado; y lo demostró al mundo durante los dos años siguientes, añadiendo más grandes trofeos a su vitrina particular y superando la marca de Sampras.

En cuanto a mí, aprendí una gran lección con aquella victoria. Una lección que Toni me había estado taladrando desde hacía años, pero que hasta entonces no había comprendido

RAFAEL NADAL

cuánto era cierta. Aprendí que hay que perseverar siempre, que por muy remotas que parezcan las probabilidades de ganar, hay que pujar hasta el límite de las propias fuerzas y probar suerte. Aquel día en Melbourne me di cuenta, con más claridad que nunca, de que la clave de este deporte se encuentra en la mente; y si se tiene la mente despejada y fuerte, se puede vencer casi cualquier obstáculo, incluido el dolor. La mente puede vencer a la materia.

Año y medio después, antes de la final del US Open de 2010, parecía que quien iba a tener que superar el dolor era mi rival, Novak Djokovic, no yo. Estaba en la situación en que me había encontrado yo durante la final del Open de Australia. Yo era el que estaba relativamente descansado, había llegado a la final sin perder un solo set, mientras que él llegaba directamente de la semifinal de cinco sets contra Federer, en la que había salvado dos puntos de partido antes de cantar victoria. Pero tuvo más suerte de la que había tenido yo en Melbourne. El retraso de un día a causa de la lluvia que cayó sobre Nueva York fue una bendición para él y cuando salimos a la pista, el lunes 13 de septiembre, ya estábamos igualados físicamente.

En mi equipo no reinaba un ambiente tan tenso como antes de la final de Wimbledon de 2008. Mis padres estaban allí y esta vez también mi hermana Maribel y Mery, mi novia, y entre los entrenamientos y la competición en Flushing Meadow nos atrevimos, desafiando a las masas, a ir de compras un par de veces por la Quinta Avenida y a nuestros restaurantes favoritos, e incluso vimos un espectáculo en Broadway.

(Habríamos podido quedarnos en un hotel de Flushing Meadow, evitando así el tráfico con el que nos enfrentábamos para ir al centro tenístico, pero competir en el US Open y no estar en Manhattan era perderse demasiada diversión.) Una vez más, y a diferencia de lo ocurrido en Wimbledon, dormí bien antes de la final con Djokovic, como durante las dos semanas del torneo, y pude hablar sin rodeos sobre el partido. Allí no pesaba ningún tabú como en Wimbledon. No me atormentaba ningún recuerdo de desplomarme llorando en la ducha. No obstante, hubo algo de lo que no hablamos. No tuve que prohibir ningún tema, pero todos se daban cuenta por instinto de que lo único que no mencionábamos era lo que todos pensábamos, yo incluido: que si derrotaba a Djokovic sería el séptimo jugador de la historia en ganar los cuatro principales títulos tenísticos y, a mis 24 años, el más joven desde que había comenzado «la era de los Abiertos», allá en 1968, el primer año en que se permitió a los profesionales competir en torneos de Grand Slam. En el tiempo transcurrido desde entonces, sólo Rod Laver, André Agassi y Roger Federer habían ganado los cuatro. Ganar el US Open, para mí el más difícil de los grandes torneos, sería de por sí una hazaña suficientemente notable, pero conquistarlo después de ganar en Wimbledon, París y Australia sería —todos lo teníamos meridianamente claro— la culminación de mi trayectoria profesional.

Sin embargo, nadie sacaba el tema a relucir delante de mí, y los demás, según me contaron ellos mismos, tampoco lo comentaron entre ellos. Estábamos tan unidos y los miembros de mi familia y de mi equipo formaban hasta tal punto parte de mí que cada uno por su lado había llegado a la conclusión de que debía guardarse sus opiniones al respecto. En cierto modo pensaban que, aireando el tema, ponían en peligro toda la aventura. Nunca sabremos si aquel tácito pacto de silencio estuvo justificado o no, ni siquiera si fue necesario, pero todos los que me rodean sabían que antes de un partido de aquella magnitud mi equilibrio mental era muy frágil y tenso, y que debían tratarme con delicadeza y cuidado extremos. Ése es el motivo por el que Toni, Titín, Carlos, Benito, Joan, Ángel, Francis y Tuts han de ser amigos al mismo tiempo que profesionales, el motivo por el que necesito a mi alrededor un equipo sensible a mi forma de ser y diligente en la atención de mis necesidades, y el motivo por el que quiero tener cerca a mi familia. Es asimismo la razón de que tenga que realizar siempre en el mismo orden los ritos del vestuario, la razón por la que tomo un sorbo de cada una de las dos botellas de agua en los descansos entre juego y juego. Es como una gran estructura de palillos: si cada palillo no está simétricamente colocado en su sitio, todo puede derrumbarse.

ASESINATO EN EL ORIENT EXPRESS

Los baños de hielo, el masaje de las piernas entumecidas, los suplementos vitamínicos y el pedaleo en la bicicleta estática desempeñaron su papel en la realización del milagro de Melbourne. Pero Joan Forcades, en vez de atribuirse el mérito por los consejos que dio en el momento de crisis, enfoca la dimensión física de la recuperación y el triunfo de Rafa Nadal en el Open de Australia como un elemento más dentro de un cuadro más complejo.

«Hay que pensar en *Asesinato en el Orient Express* para entender el secreto del éxito de Rafael», alega el preparador físico del tenista.

Forcades no es ni pretencioso ni deliberadamente enigmático. Su referencia a la célebre novela de Agatha Christie es, en realidad, una ocurrencia insólitamente iluminadora para un hombre que espolvorea su conversación con términos como «holístico», «cognitivo», «marcador somático», «asimétrico» y «emotivo-volitivo» con absoluta naturalidad. Su cerebro no cesa de buscar conexiones entre el mundo de los deportes de élite y las tragedias de Shakespeare, la filosofía alemana, la física de los sistemas complejos, el pensamiento de Tomás de Aquino o las últimas tendencias de las investigaciones neurobiológicas.

«Lo fundamental de *Asesinato en el Orient Express* —explica Forcades— es que se asesina a un hombre, pero Hércules Poirot, el detective, averigua que doce personas han intervenido en el crimen: todas son sospechosas de haberlo matado, y ése es el enfoque básico para llegar al fondo de la victoria de Rafael en Australia y de todas las victorias que han marcado su trayectoria. Si nos fijamos únicamente en un aspecto, por ejemplo, en cómo se recuperó físicamente, pasamos por alto la imagen general, que es mucho más amplia.»

Forcades pasa muchas horas con Nadal cuando el tenista está en Mallorca, pero por lo demás permanece alejado del bullicio y espectacularidad de la temporada tenística internacional. Su distanciamiento y su actitud analítica lo distinguen como el miembro mejor situado del círculo íntimo de Nadal para desempeñar el papel de Hércules Poirot y descubrir el secreto del joven al que ha preparado durante más de una década. Al examinar los indicios con cuidado y juntar las piezas del rompecabezas se guía por un pensamiento central: el fenómeno Nadal es mayor que la suma de sus partes. Es aquí donde, según Forcades, radica la fascinación que produce, no en los detalles del régimen de entrenamientos del tenista. Le aburre, hasta el punto de irritarle, tener que explicar por qué Nadal no levanta pesas, por qué no corre largas distancias, sino sólo sprints muy cortos, o por qué hace tales o cuales ejercicios para fortalecer los tobillos y los tendones, o por qué utiliza aparatos concretos, plataformas vibratorias o cuerdas elásticas para fortalecer los músculos y poder jugar durante cinco horas a toda velocidad o maximizar la aceleración de su brazo izquierdo. Lo más importante para Forcades es la intensidad frenética que aplica Nadal cuando trabaja en el gimnasio, tanto los días buenos como los malos, y cómo mantiene esa intensidad sin perder de vista su objetivo, transformándola en triunfo cuando sale a la pista. Y lo más interesante de todo es saber de dónde sale todo eso. Sí, es un gran tenista porque tiene unos óptimos genes tenísticos, pero eso solo no explica por qué es un ganador en serie de Grand Slams. Hay muchas personas que nacen con talento para jugar a tenis al más alto nivel y algunos rivales a los que derrota sistemáticamente tienen, en teoría, más disposición natural.

«La cuestión de quién sabe explotar su talento y quién no es como hacer palomitas de maíz —comenta Forcades—. Unos granos estallan y otros, no. ¿Por qué el grano de Rafa ha estallado de manera tan espectacular?»

El primer lugar donde hay que buscar la respuesta no es en las piernas ni los brazos, sino en la cabeza, «la parte más frágil del cuerpo», según Forcades, y la más decisiva en determinar la victoria o la derrota en los deportes de élite, sobre todo en un deporte individual como el tenis.

«El tenis consiste en apagar incendios, un incendio tras otro, durante un período prolongado de tiempo. Ningún punto es igual a otro y hay que tomar decisiones sin parar en una fracción de segundo. El jugador que, cuando comete un error, sabe librarse del recuerdo de ese error, o que cuando conecta un golpe impresionante y se adelanta en el set es capaz de controlar el optimismo, y de seguir jugando con serenidad, juzgando cada golpe independientemente en el momento en que se produce, a toda velocidad y bajo la brutal presión que impone el tiempo, ese jugador destacará entre los demás y será campeón, no una vez ni dos, sino siempre. En este frenético proceso de tomar decisiones, mantener la cabeza fría es vital y eso depende del bienestar emocional. Si controlas las emociones, procesas la información correctamente y tomas las decisiones que te permiten ganar los puntos. Ésta es la cualidad más destacada que posee Rafael. Su estado de alerta, mantenido durante varias horas seguidas, es casi sobrehumano. Es la clave de todo.»

Si Nadal ha triunfado ha sido porque su cabeza, su cuerpo y sus emociones, interconectados de forma indivisible, han trabajado al unísono o, como dice Forcades, «en perfecta sinergia». La causa de ello ha sido la influencia, indefectiblemente favorable, de una infancia feliz, una adolescencia ordenada y la sólida relación que mantiene con cada miembro de su familia y equipo. Éste es el factor que Forcades llama «socioafectivo» y que, traducido al lenguaje cotidiano, significa que, a diferencia de lo que suele ocurrir entre los deportistas de élite, Nadal ha vivido toda su vida protegido en un medio notablemente estable y libre de conflictos.

«Un medio en el que sus padres y su tío Toni supieron inculcarle desde muy pequeño el principio de que, sin modestia y sin tesón, nunca destacaría. La modestia es el reconocimiento de las propias limitaciones, y es de este entendimiento, y sólo de él, que surge el deseo de trabajar duro para superarlas. Por eso Rafael, que es un ejemplo para los niños de todos los países, trabaja en el gimnasio con más entrega y pasión que ningún tenista que yo haya conocido, y por eso, pese a todos los éxitos que ha alcanzado, se esfuerza con la máxima seriedad en cada sesión de entrenamiento para mejorar su juego.»

La «continuidad» que Nadal valora tanto en su vida es algo desconocido entre los deportistas de élite, aduce Forcades. Su entrenador, veinte años con él; su preparador físico y su agente, diez; su fisioterapeuta y su jefe de prensa, cinco; y su familia unida detrás de él, casi una parte de él, sin peleas ni envidias desde el día que nació.

«Un éxito como el de Rafael, un éxito que sabes que te va a hacer pasar a la historia, ese éxito es dificilísimo de manejar. Alimenta el ego y puede volverte loco. Ahí es donde se necesita la estabilidad de una familia que te ponga los pies en la tierra. En eso es en lo que Rafael ha sido particularmente afortunado, por tener un tío cercano a él que ha saboreado el éxito, el dinero y la fama en el mundo futbolístico. La gente suele preguntarse si los campeones nacen o se hacen. El ejemplo de Miguel Ángel le enseñó a edad muy temprana que no puede establecerse la diferencia, que las dos cosas son ciertas. Porque si naces con ciertas dotes, pero no entrenas y no pones pasión en lo que haces, no llegarás a ningún sitio. Algo grande que tiene Rafael es que lleva en la sangre el deseo de aprender y mejorar. Sabe que nadie es un dios y él, menos aún, pero su espíritu de sacrificio, que he visto año tras año, por muy alto que haya llegado escalando el Olimpo, es sobrehumano.»

El tío Miguel Ángel, el tío Toni, un padre y una madre con sentido común, el apoyo de la familia extensa, la novia estable, el equipo profesional invariable y unido por la amistad, y también, como señala Forcades, el carácter tímido y discreto de los mallorquines, todo esto, sumado al talento, inteligencia y empuje innatos del propio Nadal, ha dado como resultado algo que es mucho mayor que la yuxtaposición de los elementos visibles.

«La compleja red de seguridad emocional que tiene Rafa a su alrededor ha liberado su mente y su cuerpo y le ha permitido conseguir lo mejor de sí mismo. Sin esa red, la efectividad de mi preparación física sería infinitamente más pequeña de lo que es. Sería inimaginable que hubiera llegado a ser el tenista fuerte y en forma que es, con la agudeza mental necesaria para tomar las decisiones instantáneas que determinan el resultado, bajo circunstancias de tremenda expectación y muchos nervios, en la final de un torneo de Grand Slam. Porque la cuestión es que no se puede separar a la persona del deportista, y la persona es lo primero. Rafa ha tenido éxito porque es una buena persona y está respaldado por una buena familia.»

CAPÍTULO 8

EL PARAÍSO PERDIDO

La música cesó, señal inequívoca de que estaba a punto de empezar el partido en el estadio Arthur Ashe. Mis tímpanos habían sido muy castigados durante el calentamiento —allí no se oía el eco de tus propios pelotazos—, pero ahora ya habíamos comenzado. Había empezado la final del US Open de 2010 y servía Djokovic. Brillaba el sol de la tarde, después de la lluvia del día anterior.

El primer punto, en el que intercambiamos veintiún golpes, fue genial para el público, pero no tanto para mí, ya que lo ganó el otro, aunque siempre procuro ver las cosas desde su vertiente positiva y allí había habido muchas cosas buenas. Durante el peloteo había ensayado prácticamente todo mi repertorio de golpes, empezando por un resto de revés, bajo, profundo y cortado, a su primer servicio; luego le había enviado unas cuantas derechas sólidas y un revés potente con mucha torsión de muñeca. Había pegado bien en todas las ocasiones y había controlado el punto, obligando a Djokovic a jugar a la defensiva, hasta que se me ocurrió probar una dejada. No una dejada titubeante o cobarde, sino calculada, de ataque. Pero mi rival fue demasiado rápido (Djokovic es muy rápido, estuvo bien que me lo recordase ya en los primeros minutos); el caso es que me devolvió un globo y yo apenas pude responderle de revés, momento que aprovechó para clavarme un golpe ganador que botó en mitad de mi lado.

Perdía 15-0, pero no había ningún motivo para sentirme desanimado. Volvía a tener buenas sensaciones, veía y oía perfectamente la pelota. «Oír» la pelota es una expresión que le gusta a Joan Forcades y quiere decir que, cuando le das el golpe, pulsas la nota justa: en otras palabras, que el contacto entre la raqueta y la bola es fluido, que tu cabeza y tu cuerpo están en sintonía.

No pensaba dejarme engañar por las apariencias. Djokovic se jugó el todo por el todo en el siguiente punto y me soltó una derecha larga; luego también él probó una dejada, una tibia caricia que me permitió meterle un trallazo cruzado de revés al que no llegó y después otro revés largo y muy fuerte, y a continuación un golpe ganador. Le había roto el servicio en el primer juego. Mejor comienzo, imposible. Ganando 1-0, me tocaba sacar a mí: otro motivo para alegrarse, pues pocas veces saqué tan bien como en aquel US Open. Hasta el momento no había perdido en el torneo ni un solo set y en 91 juegos sólo había perdido el servicio dos veces. No había ocurrido por casualidad.

Ya al principio del torneo había decidido hacer un pequeño cambio en la sujeción de la raqueta para golpear la bola más de lleno, sacrificando el servicio cortado por más potencia. Era arriesgado, pero funcionó. El saque nunca había sido mi fuerte. No es un golpe que propine con igual convicción que con las pelotas en juego. No tengo los movimientos tan mecanizados, por ejemplo, como los de Federer, y a veces, sobre todo cuando la cosa se pone muy tensa, puedo perder el ritmo. No lanzo la bola tan alta como debiera y me pongo rígido. Podría tratarse de un caso de cruce de cables por ser zurdo para jugar al tenis y diestro en casi todas las demás cosas. Quizás en la coordinación entre cerebro y cuerpo haya algo que no siempre funciona tan bien como debiera.

Pero en aquel US Open saqué de maravilla. Conecté muchos primeros servicios buenos y conseguí muchos más «puntos gratis» de lo habitual. Hacía mucho tiempo que envidiaba a otros jugadores la economía del buen saque, pero aquello se acabó en aquel torneo. El resultado fue que para llegar a la final recorrí menos terreno de lo habitual, ahorré energía y pude llegar al partido contra Djokovic en unas condiciones físicas que ya hubiera querido tener en la final del Open de Australia del año anterior.

Nunca había abordado la campaña del US Open sintiéndome tan descansado. Tenía el cuerpo y la mente relajados y cuando llegué a Nueva York aquel lunes, una semana antes de que empezara el torneo, jugué un partido de golf, y al día siguiente, otro. Toni llegó de Mallorca el miércoles y volví a los entrenamientos de máxima intensidad.

La mejora que había aplicado al saque dio sus frutos en el segundo juego de la final. Aproveché la primera oportunidad que Djokovic inesperadamente me había dado y me coloqué 2-0 arriba. Pero entonces contraatacó, ganó su servicio, me rompió el mío tras jugar unos golpes de miedo y puso el marcador 2-2. Sorprendentemente para tratarse de un partido de aquella importancia en una superficie que favorece al que sirve, volví a romperle el saque: tres *breaks* en cinco juegos. Gané el quinto con un golpe en profundidad hacia su derecha después de un intercambio tremendamente largo, con un *deuce* tras otro. Se restauró el orden, cada servidor ganó su juego y me llevé el set por 6-4.

Mis datos decían que, después de ganar el primer set, sólo había perdido un partido de Grand Slam entre 107. Pero no era prudente confiar en las estadísticas. Siempre había una primera ocasión para todo, que en este caso podía ser la segunda. Djokovic no era sólo un jugador de grandísimas dotes, capaz de poner en práctica el tenis más alucinante del momento, sino que además me había derrotado de forma categórica las tres últimas veces que nos habíamos enfrentado en superficies duras. Daba gracias por tener una oportunidad de equilibrar la balanza; recordando ciertas tragedias del pasado no muy lejanas, también daba gracias por estar allí. Imaginar que estaría en aquella final, en busca del cuarteto de Grand Slams, habría sido puro delirio doce meses antes, a mediados de 2009, año que había empezado de cine, con la victoria en el Open de Australia, y que luego había ido de mal en peor.

En el primer tramo del largo viaje de vuelta de Australia, mientras volábamos de Melbourne a Dubái, mi padre me contó que había problemas en casa. Por suerte, tuvo el detalle de no decírmelo un par de días antes, en vísperas de la final, porque no habría reunido fuerzas suficientes para recuperarme de la semifinal con Verdasco, pero era un flaco consuelo. La noticia me cayó como una bomba. No le hablé durante el resto del viaje.

Mis padres eran los pilares de mi vida y, de pronto, se venían abajo. La continuidad que tanto valoraba en mi vida se había partido por la mitad y el orden emocional del que dependía había recibido un golpe de los que tienen consecuencias. Otra familia con hijos adultos (yo tenía ya veintidós años y mi hermana, dieciocho) habría podido tomarse la separación conyugal con más calma, pero eso no era posible en una familia tan estrechamente unida como la nuestra, en la que no había habido ningún conflicto visible, en la que siempre había visto armonía y buen ánimo. Asimilar que mis padres habían tenido problemas de este tipo, después de casi treinta años de matrimonio, me partía el corazón. Mi familia había sido siempre el núcleo sagrado e intocable de mi vida, el eje de mi estabilidad y el álbum vivo de mis maravillosos recuerdos infantiles. De pronto, y sin avisar siquiera, el cuadro de la familia feliz se había resquebrajado. Sufrí por mi padre, por mi madre y por mi hermana, que debían de estar pasándolo muy mal. Pero todo el mundo resultó afectado: mis tíos, mi tía, mis abuelos, mis primos, mis primas. Todo nuestro mundo se había desequilibrado y el contacto entre nosotros se volvió, por vez primera, extraño y antinatural; al principio nadie supo cómo reaccionar. Volver a casa siempre había sido una alegría; ahora se volvió una experiencia difícil y rara.

Durante todos aquellos años de viajes continuos y de una agenda cada vez más apretada conforme aumentaba mi popularidad, Manacor y el vecino centro turístico de Porto Cristo habían sido una burbuja de paz y equilibrio, un mundo privado en el que podía aislarme del torbellino de la fama y estar a solas conmigo mismo. La pesca, el golf, las amistades, la consabida rutina de las comidas y las cenas en familia, todo aquello había cambiado. Mi padre se había ido de nuestra casa de Porto Cristo y ahora, cuando nos sentábamos a comer o a ver la tele, ya no estaba allí. Donde antes había habido risas y bromas, ahora reinaba un pesado silencio. El paraíso de antaño era ya un paraíso perdido.

Por extraño que parezca, la nueva situación no afectó a mi juego de manera inmediata. Estaba en una racha ganadora y el empuje positivo siguió impulsándome durante un par de meses. Gané en Montecarlo, en Barcelona y en Roma, y, para más sorpresa, gané en la superficie dura de Indian Wells. No sentía ningún júbilo en el momento de la victoria, pero mi cuerpo, sin saber cómo, seguía respondiendo con los movimientos adecuados. Estaba de mal talante. Me sentía deprimido, me faltaba entusiasmo. Por fuera seguí siendo un autómata de jugar al tenis, pero el hombre interior había perdido todo amor por la vida.

Los miembros de mi equipo no supieron cómo reaccionar ante la tristeza que se abatió sobre mí. Para Carlos, Titín, Joan y Francis Roig, que estuvo conmigo en Indian Wells en lugar de Toni, me convertí en otra persona, distante y fría, taciturna y de respuestas breves. Estaban preocupados por mí y por el impacto que la separación de mis padres podía tener en mi juego. Sabían que no iba a poder seguir ganando; sabían que por algún lado tenía que salir. Y salió. Primero me fallaron las rodillas. Sentí las primeras punzadas en Miami, a fines de marzo. El dolor crecía semana tras semana, pero me las arreglé para seguir jugando hasta que a principios de mayo, en Madrid, ya no aguanté más. La mente ya no podía sobreponerse a la materia y me tomé un respiro.

Reaparecí dos semanas después para jugar el Abierto de Francia. Puede que no debiera haber competido en Roland Garros, pero había ganado el campeonato los cuatro años anteriores y me sentía obligado a defender mi corona, por improbable que percibiera la perspectiva de la victoria. En efecto, perdí en la cuarta ronda frente al sueco Robin Söderling, la primera derrota que sufría en aquel torneo. Aquello acabó de lanzarme por la pendiente. Había hecho un esfuerzo tremendo para estar en forma con el fin de jugar en Roland Garros, luchando por sobreponerme a la separación de mis padres y al dolor de las rodillas, pero sabía ya que, debilitado física y mentalmente, no podía seguir avanzando. Lleno de tristeza, me retiré de Wimbledon, renunciando a la posibilidad de defender un título que tanto me había costado ganar el año anterior y que tanto significaba para mí. El motivo inmediato eran las rodillas, pero yo sabía que el origen del problema era mi estado de ánimo. Mi celo competitivo se había reducido, la adrenalina se había secado. Joan Forcades dice que hay una conexión «holística» de causa-efecto entre la tensión emocional y el colapso físico. Dice que si tienes la cabeza en tensión permanente, duermes poco y te distraes —y estos eran exactamente los síntomas que yo manifestaba entonces—, el impacto en el cuerpo es devastador. Los músculos reciben los mensajes y, sometidos a la presión de la competición, sufren lesiones. Estoy convencido de que Joan tiene razón.

Estar en casa y no en Wimbledon me recordaba constantemente la dramática alteración que habían experimentado nuestras vidas, y ese recuerdo hacía aún más profundos la introspección y el sufrimiento. Aunque seguí entrenando con Joan en el gimnasio, realizando ejercicios para que las rodillas se recuperasen, no había la misma intensidad en lo que hacía, porque no había la misma voluntad. Aquel año ganó Federer en Wimbledon; ya había ganado su primer Abierto de Francia un mes antes y me usurpó el número uno mundial casi un año después de que yo se lo arrebatara a él. Fue un golpe, pero me habría dolido mucho más en circunstancias normales. Mi sensación de pérdida seguía centrada en lo que había sucedido en casa.

Sin embargo, no soy alguien que se finja enfermo. Si me sentía bien, no me escaquearía de la temporada. Después del bache de Wimbledon, a principios de agosto me reintegré al circuito en Norteamérica y jugué primero en Toronto y después en Cincinnati. Mis rodillas aguantaban lo imprescindible, aunque no gané ninguno de los dos torneos y en Cincinnati sufrí otro revés: sufrí un desgarró de un músculo abdominal. No es una lesión infrecuente entre los tenistas. En concreto, afecta al saque, pues hay que estirarse y realizar una torsión de tórax para golpear la bola, aunque se puede sobrellevar si no tienes otras molestias. El siguiente torneo era el US Open y esta vez no me retiré. Dadas las circunstancias, llegué más lejos de lo que habría podido esperarse y caí en las semifinales ante el argentino Juan del Potro, que me venció cómodamente por 6-2, 6-2, 6-2 y luego ganó el torneo. Pero para mí fue suficiente. Era hora de hacer un alto en el camino, de concederme un poco de tiempo para afrontar la nueva realidad que había en casa, para aprender a asimilarla, para alejar el tenis de mi mente y dar tiempo a que el cuerpo se recuperase.

Yo nunca he llegado a odiar el tenis, como algunos jugadores profesionales dicen que les ha ocurrido. No creo que sea posible odiar algo que te pone el pan en la mesa y que te ha dado casi todo lo que tienes en la vida, aunque puede llegar un momento en que te canses y empiece a retroceder ese entusiasmo fanático que necesitas para competir al máximo nivel. Siempre he creído, al igual que Toni, que para seguir compitiendo nunca debes romper las pautas establecidas. Tienes que seguir entrenando con tesón durante muchas horas, tanto si te gusta como si no, porque cualquier disminución de la intensidad repercutirá en tu rendimiento en la pista. Pero llega un momento en que no puedes seguir entregándote en cuerpo y alma al cien por cien, día tras día, de modo que lo más aconsejable es hacer una pausa y esperar a que vuelva el deseo.

Para la Navidad de 2009, once meses después de enterarnos por primera vez de los problemas en el matrimonio de mis padres, empezamos a adaptarnos a la nueva dinámica familiar. Mi madre, que había pasado un 2009 difícil, estaba recuperando los ánimos y haciéndose a la idea de que había llegado el momento de pasar página. Los medios hacían toda clase de especulaciones, se preguntaban si volvería a ser el de antes y algunos expertos incluso sugerían que la dureza física de mi juego me había pasado factura y que ya no me recuperaría, todo lo cual agudizaba mi deseo de volver para demostrar a los escépticos que se equivocaban. Toni, que tampoco era inmune a los traumas familiares, se había mostrado comprensivo conmigo, en términos generales, pero conforme aquel año terrible se aproximaba a su fin, me dijo que ya estaba bien. Que era hora de levantar el ánimo y volver al trabajo.

«Hay mucha gente que tiene problemas en la vida, pero sigue adelante —razonó—. ¿Te crees que eres especial y que por eso hay que hacer una excepción contigo?»

Directo como siempre, aunque tenía razón. El dolor de las rodillas no había desaparecido del todo, pero volví a los entrenamientos intensivos. Se aproximaba 2010 y peleé duro para estar en forma y participar en el Open de Australia.

No esperaba ganar, pero me sentí muy desilusionado por tener que abandonar en cuartos de final, mientras me enfrentaba a Andy Murray. Tuve que dejarlo en el tercer set por culpa de la rodilla. Murray había ganado los dos primeros sets y, por honradez y espíritu deportivo, me habría gustado terminar el partido, aunque saltaba a la vista que la victoria iba a ser suya. Pero el dolor era tan fuerte y el daño potencial para la rodilla tan elevado que tuve que parar. Después de todo el trabajo que había invertido para prepararme fue otro golpe durísimo, más aún porque el médico me dijo que necesitaría dos semanas de descanso y otras dos de rehabilitación antes de volver a competir, otra prueba de que la vida que lleva el deportista de élite no es buena para la salud, opinión con la que está de acuerdo Joan Forcades, que para mí es un experto mundial en el tema.

Los escépticos encontraron más argumentos que nunca, pero yo me negaba a creer que estuviera acabado. No me desmoroné, como cinco años antes, cuando me tuvo postrado el problema del escafoides. Podía andar, aunque no correr. Y no necesitaba ir con muletas ni dar raquetazos sentado en una silla.

Transcurrió un mes y volví en una forma razonable, sintiéndome lo bastante bien para competir en marzo en Indian Wells y Miami. Llegué a las semifinales en los dos torneos. Y, una vez más, el milagro se produjo en Montecarlo. Al volver a la tierra batida, recuperé mi personalidad de siempre. Sólo perdí catorce juegos en los cinco partidos y derroté en la final a Fernando Verdasco (que me había hecho derramar lágrimas de desesperación durante aquel partido del Open australiano de cinco horas y cinco sets) por 6-0, 6-1, consiguiendo así seis victorias consecutivas en el torneo de Montecarlo. Además, tenía otro motivo para estar animado. Mi padre y mi médico, el doctor Cotorro, habían estado buscando una solución para mis problemas de rodilla y, al parecer, habían tenido suerte. Justo después de Montecarlo me habían concertado una cita en un centro médico de Vitoria en el que administraban un tratamiento que los médicos pensaban que podía curarme para siempre. Suponía ponerme inyecciones sin anestesia en las rodillas, una perspectiva que no me hizo saltar de alegría, pero estaba dispuesto a todo con tal de recuperar la plena forma física. Llevaba ya un año arrastrando aquel problema y quería quitármelo de encima.

Llegar a Vitoria, donde tenía que estar el lunes tras jugar el domingo en Montecarlo, resultó más difícil de lo que habíamos imaginado yo y mis compañeros de viaje, mi padre, Titín y Felipe Martí, que trabaja para Banesto, uno de mis patrocinadores. Lo normal habría sido tomar el avión en Niza y hacer escala en Barcelona; el problema era que prácticamente todo el espacio aéreo europeo estaba cerrado por culpa de la erupción de un volcán en Islandia. Los vientos dominantes habían empujado una gigantesca nube de cenizas hacia el sur, pillando a España en su camino, y las autoridades de aviación habían cancelado todos los vuelos porque había peligro de que las partículas de la nube parasen los motores de los aviones en el aire. Así que tuvimos que ir de Montecarlo a Vitoria por carretera, un viaje de unos mil trescientos kilómetros. La cita era el lunes a mediodía, de manera que tendríamos que conducir toda la noche. Pero había una complicación adicional. Aquel domingo por la noche el Real Madrid jugaba un partidazo y no era cuestión de perdérselo, así que fuimos a casa de Benito (que vive en Montecarlo), pedimos unas pizzas y vimos el partido, que ganó el Madrid, y poco antes de medianoche nos pusimos en camino, con mi padre al volante.

Llevábamos en la carretera un rato cuando comprendimos que estábamos demasiado cansados para hacer todo el trayecto de un tirón, de modo que llamamos a Benito y le pedimos que nos buscara un lugar para dormir unas horas. Benito se hizo cargo de la situación y llamó a un pequeño hotel de Narbona, población del sur de Francia, cuando ya habíamos recorrido un tercio del camino. Benito es un hombre persuasivo, pero tuvo que insistir para convencer al recepcionista nocturno de que no era una broma, de que —sí, en serio, que es verdad— Rafa Nadal y compañía necesitarían unas habitaciones allí a las tres y media de la madrugada.

Nos levantamos al cabo de unas horas. Habíamos dormido muy poco y no estábamos de humor para soportar las siete horas de viaje que aún nos faltaban. Por suerte, conseguimos aplazar la cita con el médico hasta la tarde, lo cual nos permitió terminar el viaje más relajados. Las inyecciones, sin anestesia, me dolieron tanto como me había temido. Mientras el médico me pinchaba, mordí una toalla y rogué que el tratamiento surtiera el efecto esperado, que era regenerar y fortalecer los tendones de la rodilla para que el problema no sólo desapareciese, sino que no volviera nunca más.

Tras otro período de descanso obligatorio reaparecí al cabo de dos semanas para jugar el torneo Masters de Roma. Me sentí indiscutiblemente mejor, a pesar de saber que tenía que volver a Vitoria en julio para recibir otra tanda de inyecciones. Gané en Roma y luego en Madrid, acallando buena parte de los rumores sobre mi inminente muerte tenística, mientras me encaminaba a la gran prueba que confirmaría o no si mi resurrección era total: el Abierto de Francia. No había ganado un torneo de Grand Slam desde Melbourne, hacía casi año y medio, pero entré en éste como favorito.

Aquello preocupó a Toni, que siempre teme que se me suba a la cabeza la perspectiva del triunfo. Esta reacción se ha convertido en un reflejo y a veces lo lleva a extremos absurdos. Un día de principios del torneo estábamos los dos paseando con Carlos Costa por una ancha acera de París. Yo iba en el medio. De pronto, Toni se detuvo y exclamó: «Un momento. Esto no puede seguir así.» Carlos y yo lo miramos entre intrigados y fastidiados, como diciendo: «¿Qué pasa ahora?» Y Toni repitió: «Esto no puede ser.» «¿Qué es lo que no puede ser?» «Pues que vayas en el centro, entre nosotros dos.» Según Toni, estábamos dando a entender a los demás transeúntes que yo era el especial de los tres, como si él y Carlos fueran mis guardaespaldas o dos cortesanos. Carlos, que es menos transigente con Toni que yo, empezó a quejarse. «Toni, por el amor de Dios...» Pero en momentos así, mi norma es «haya paz a cualquier precio». De modo que transigí con su capricho y me puse a un lado, como Toni deseaba.

Un objetivo que conseguí en París fue acallar de una vez para siempre a los críticos catastrofistas. Me habían señalado como favorito y no defraudé ni regalé un solo set hasta la final, en la que me enfrenté a Robin Söderling, que me había vapuleado en el Abierto de Francia del año anterior. Söderling había derrotado a Federer en los cuartos de final y esto significaba que, si yo vencía a Söderling, acumularía puntos suficientes para acceder al primer puesto de la clasificación mundial. Y así fue. Gané la final en tres sets seguidos, 6-4, 6-2, 6-4, y conseguí mi séptimo Grand Slam.

El siguiente grande era Wimbledon, un mes después. Como no había participado el año anterior por estar tan abatido, sentía especiales ganas de volver y alcanzar otra victoria. Tenía fe en mi capacidad. Carlos Costa dice que soy como un motor diesel: no siempre arranco rápido, pero en cuanto cojo marcha, soy imparable. Puede que sea una exageración, pero era cierto que en ese momento, en junio de 2010, volvía a sentir el impulso.

Que las cosas se hubieran tranquilizado entre mis padres, dejando mi cabeza libre para concentrarse otra vez en el tenis, había sido decisivo. El impacto devastador que me había causado la separación había puesto de manifiesto la conexión umbilical que había entre la estabilidad de mi círculo familiar y la de mi juego. Los circuitos estaban demasiado interconectados para no afectarse mutuamente. Pero había pasado el tiempo —casi año y medio desde que mi padre me había dado la noticia al regresar de Melbourne— y me había reprogramado para adaptarme a la nueva realidad. Gracias a mis padres, no había sido tan destructiva como al principio había temido. Seguían separados, pero se llevaban bien y su objetivo más importante era todavía, como siempre, el bienestar de mi hermana y mío. Algunas parejas que se separan tratan de utilizar a los hijos como instrumentos de venganza; en el caso de mis padres, fue todo lo contrario. Los dos hacían lo que podían para suavizar el mal trago que representaba para sus hijos. Después de la inevitable acritud inicial no había habido animosidad y con el tiempo incluso habían acabado por ser amigos otra vez, hasta el punto de que volvían a asistir juntos a los torneos para verme jugar. Hay separaciones civilizadas y otras que no lo son. La de ellos había sido civilizada y por eso mismo los admiraba y quería.

Así, a la mañana siguiente de ganar el Abierto de Francia, con un estado de ánimo jubiloso tras pasar la noche celebrándolo con Beyoncé y otros famosos, me fui a Disneylandia París con mi padre, Titín, Benito y Tuts. Habíamos concertado previamente una sesión de fotos allí. A pesar de la falta de sueño, era un compromiso profesional que no tuve inconveniente en cumplir. Ya había estado antes en Disneylandia París y me lo había pasado en grande. Me encanta estar rodeado de niños, conecto bien con ellos, con facil naturalidad.

La mala noticia fue que viajamos en helicóptero, una forma de transporte a la que he de recurrir a veces, pero que siempre me asusta. Sobrevivimos al viaje, que se sumó a los que hice con más placer en varias atracciones y que me permitieron sonreír a las cámaras cuando llegó el momento de posar junto a Goofy y los señores Increíbles con mi copa del Abierto de Francia. Y luego de vuelta al centro de París para coger el tren a Londres.

El torneo de Queen's, preludio del de Wimbledon, se juega en hierba. Empezaba una semana después y yo quería practicar en aquella superficie lo antes posible, así que cuando salimos del túnel del Canal y llegamos aproximadamente una hora más tarde a la estación de Londres, fuimos directamente al Queen's Club y no al hotel. Llovía, como es habitual en esa ciudad, por lo que tuvimos que esperar en el vestuario con otros jugadores, entre ellos Andy Roddick, a que volviera a salir el sol. No había mucho que hacer salvo mirar una pantalla de televisión en la que casualmente estaban repitiendo la final de Wimbledon de 2008 que había jugado contra Roger Federer. Los demás jugadores estaban tan absortos como yo, aunque no pudimos ver mucho partido porque la lluvia cesó pronto. «¡Vamos! ¡Salgamos a entrenar!», le dije a Titín. Mis compañeros en el vestuario, que seguían viendo mi partido, me miraron con asombro, como si no les cupiera en la cabeza que tuviera ganas de salir a la cancha en vez de quedarme saboreando mi famosa victoria. Pero por mi parte no había que perder ni un segundo. Después de casi dos años quería volver a sentir lo que era jugar sobre hierba.

Había ganado en Queen's en 2008, pero en aquella ocasión no pasé de los cuartos de final. No fue ningún drama, pues me dio más tiempo para prepararme a mi ritmo para Wimbledon.

Dejé el hotel y me trasladé a nuestra casa inglesa, la que tenemos alquilada al lado del All England Club. Me gustaba estar de nuevo allí. Así como mi ausencia de Wimbledon en 2009 había sido una consecuencia del trastorno de la vida de mi familia, mi regreso en 2010 significaba la vuelta de la calma.

La imagen del motor diesel que utiliza Carlos Costa para describirme fue particularmente oportuna en aquel torneo. Empecé con lentitud, pero en cuanto entré en calor no hubo forma de pararme. Casi quedé fuera en la segunda ronda, que superé por los pelos en cinco sets, pero cuanto más avanzaba y más duros eran mis rivales —al menos, según la clasificación—, más mejoraba mi juego. Batí a Söderling en los cuartos de final en cuatro sets y a Andy Murray en las semifinales en tres. En el partido contra Murray, el público de la Centre Court se comportó con toda corrección. Los británicos suspiran por tener un campeón de Wimbledon local desde 1936, año en que Fred Perry consiguió la última victoria, y el público dejó claro desde el comienzo por quién se inclinaba. Murray, cuarto cabeza de serie en el torneo, era lo mejor que habían tenido en mucho tiempo. Sin embargo, me pareció que me trataban con total imparcialidad, sin vitorear mis dobles faltas y aplaudiendo cuando colocaba bien la bola. Cuando, para decepción de la inmensa mayoría, gané sin perder un solo set, no me escatimaron cálidos aplausos.

Si llegaba a la final, había esperado enfrentarme con Roger Federer por cuarto año consecutivo, pero no fue así. Mi oponente fue esta vez el cabeza de serie número 12, el checo

Tomas Berdych, que había tenido una brillante actuación en el torneo, batiendo a Federer en cuartos de final y a Djokovic en las semifinales. Aunque distaba de confiarme demasiado, no estaba ni con mucho tan nervioso como antes de la final de dos años antes. Tal como no haber jugado nunca una final en Wimbledon supone una desventaja, el haber pasado por ella —por cuatro en mi caso— me proporcionaba una tranquilizadora sensación de familiaridad. Y como tuve la suerte de desarrollar un juego casi perfecto, gané en tres sets por 6-3, 7-5 y 6-4, con lo que conseguí mi segundo campeonato en Wimbledon y mi octavo Grand Slam.

El partido terminó pronto, pero no dormí aquella noche. Tras la cena oficial de Wimbledon, en la que tuve que ponerme esmoquin y bailar, como exige el protocolo, con la vencedora de la modalidad femenina, Serena Williams, ya no tuvo sentido acostarme. El acto terminó pasada la medianoche y dos horas y media más tarde tenía que salir para el aeropuerto con mi padre y con Titín. Íbamos a coger un vuelo a Bilbao, desde donde iríamos a Vitoria, a una hora por carretera, para que me pusieran la segunda y decisiva tanda de inyecciones en la rodilla. Habríamos podido posponer la cita médica, pero quería volver cuanto antes a Mallorca para empezar las vacaciones de verano que siempre me tomo después de Wimbledon. La gente dice que el instinto de volver al hogar es particularmente fuerte entre la gente que vive en islas. En mi caso es una verdad como una catedral. Cuando el deseo de volver a casa se apodera de mí, sacrifico el sueño sin problemas.

Según supimos luego, no había habido ninguna necesidad de correr tanto. El médico estimó que no era el mejor momento para ponerme las inyecciones porque corría el riesgo de que la rodilla se infectara, así que volvimos rápidamente a Bilbao y volamos a Palma. Más adelante regresamos a Vitoria para concluir el tratamiento, que desde entonces ha tenido un excelente resultado. El problema de la rodilla ha desaparecido. Descansé aquel verano más tiempo de lo habitual, ya que calculé que era lo que me hacía falta para prepararme para el último gran desafío que me aguardaba: el US Open; ganarlo significaría completar el cuarteto de Grand Slams.

Me alejé del tenis durante tres semanas, esta vez no a causa de alguna lesión ni por encontrarme emocionalmente afligido, sino por un motivo más práctico: había llegado el momento de reiniciar —resetear— el sistema. Quería trazar una línea entre las tensiones de dentro y fuera de la pista del anterior año y medio; quería hacer borrón y cuenta nueva. Fui a pescar, me bañé en la playa, jugué al golf, me fui de marcha con los amigos, por lo general hasta las tantas de la noche, y pasé mucho tiempo con María Francisca. Fue un alivio disponer al menos de una temporada sin sentirme continuamente asediado por los periodistas ni aparecer en la prensa cada día. Fue una liberación no tener que mezclarme un día sí y otro también con los mismos tenistas en los vestuarios y restaurantes de los clubes, no ver los partidos de mis rivales en televisión, no ir en coche del hotel al club y del club al hotel para entrenar o para jugar, olvidando a veces, al despertar por la mañana, en qué ciudad me encontraba. Llevo todo esto muy bien y aceptarlo es algo inherente a la profesión, pero como todo el mundo que realiza un trabajo, de vez en cuando necesito unas vacaciones. En mi forma de ganarme la vida se corre un gran riesgo de quedar quemado. Y pensaba que para tener una oportunidad de ganar el US Open, lo mejor en aquel momento era liberar la mente de todo para que, cuando llegara el instante de reanudar el juego, lo abordara con la ambición y el entusiasmo necesarios.

No volví a entrenar en serio hasta principios de agosto, diez días antes del comienzo de mi temporada de verano en Norteamérica. Fue un récord. La preparación mínima que me había permitido previamente antes de un torneo era de quince días; en aquella ocasión, diez me parecieron suficientes. Sin embargo, no lo fueron para ganar en Toronto, donde perdí en las semifinales, ni en Cincinnati, donde no pasé de los cuartos de final. No obstante, aunque no jugué particularmente bien en estas competiciones, notaba en mi interior la sensación de que lo mejor estaba por llegar. A veces es preferible no llegar a un Grand Slam como un bólido, porque se corre el riesgo de no mantener el mejor nivel en los partidos iniciales, y si se pierde alguno, se sufre una desilusión y la moral puede hacerse añicos contra el suelo.

Mis cálculos resultaron acertados, por lo menos al final, porque al principio no estaba tan seguro. Empecé con cierta vacilación en Flushing Meadow, entre otras cosas por una discusión que tuve con Toni que puso al descubierto las tensiones acumuladas que había entre nosotros. Tuvo que ver con algo con que me venía machacando desde que empezamos juntos, hacía veinte años: que, mientras competía, yo debía poner buena cara.

Poner buena cara significaba adoptar una expresión seria y concentrada mientras estaba jugando, para revelar pocas emociones negativas y reflejar una actitud de persistencia y disciplina profesional. Lo contrario de poner buena cara es mostrar enfado, nerviosismo, tensión, miedo o incluso el júbilo que tal vez sientes. Desde el punto de vista de Toni, no es una simple cuestión de estética ni de buenos modales. La teoría subyacente, y Joan Forcades está de acuerdo con Toni en esto, es que la expresión de la propia cara condiciona hasta cierto punto —hasta un punto significativo— el estado de ánimo y, en el caso de un tenista, el funcionamiento del cuerpo. En otras palabras, si consigues poner buena cara durante un partido, tienes más posibilidades de que no te distraiga el golpe que acabas de dar, sea bueno o malo, ni el punto que acabas de ganar o de perder, ya que estás totalmente concentrado en el presente, en las necesidades inmediatas de lo que tienes que hacer. Es otra forma de poner en práctica el principio de Toni de aguantar y otro aspecto de aquel enfoque holístico del que habla Joan, imprescindible para tener éxito en los deportes de élite.

En general estoy de acuerdo con ellos, por eso siempre me esfuerzo por presentar al mundo una buena cara, como ya hice sistemáticamente, según creo, durante la final de Wimbledon de 2008. No es casual que el recuerdo de aquel partido del que más orgulloso me siento sea la actitud que adopté de principio a fin. De modo que sí, Toni tiene razón. Poner buena cara da una ventaja competitiva en tenis. Pero no soy perfecto y no siempre soy capaz de disimular lo que siento. Y discutimos porque, según él, no lo disimulé durante la primera ronda del US Open de 2010, en el partido que jugué contra el uzbeko Denis Istomin; una discusión en mi opinión totalmente innecesaria, que empezó él y que pudo haber tenido un efecto perjudicial en el resto de mi campaña neoyorquina.

He aquí lo que ocurrió. Antes de que comenzara ese partido de segunda ronda, Toni me había dicho que jugara a lo seguro, que jugase bolas altas y alargase los puntos, que me concentrara en mantener el ritmo de cara a los partidos que aguardaban, que serían más duros. Hice exactamente lo que me dijo y gané, pero no jugué a tope y supongo que se me reflejó en la cara cierta ansiedad. Cuando acabó el partido, ya en el vestuario, Toni se quejó de que no había jugado con buena cara y que mi actitud había dejado que desear. Disentí y le repliqué diciendo:

«No entiendo por qué reaccionas así, cuando he jugado exactamente como me dijiste. Y no sé por qué necesitas reprochármelo de ese modo, cuando la mayoría de la gente elogia mi actitud en la pista. Si puse la cara que tú dices es porque me sentía nervioso, porque tenía miedo de perder, y creo que es una reacción humana, totalmente comprensible. Pero mi concentración ha sido buena todo el partido y, además, he ganado. Entonces ¿a qué viene todo esto?»

Aquello lo puso más furioso.

«Vale, vale —respondió—. Yo me limito a decirte lo que pienso. Si no te gusta, me vuelvo a casa y ya puedes buscarte otro entrenador.»

Su reacción no me puso contento. Toni debe de saber que soy uno de los jugadores más dóciles del circuito, pocos tratan a su entrenador con más respeto que yo al mío. Escucho a Toni, obedezco sus instrucciones e incluso cuando hay tensión entre nosotros, raras veces le replico. Soy bien educado en la pista, entreno al cien por cien y en la vida cotidiana no presiono a quienes me rodean, y mucho menos a Toni. Así que al ver que aquel día me trataba de ese modo en el vestuario de Flushing Meadow, me pareció una injusticia y aquello me indignó. Pero hice un esfuerzo y me contuve.

«Mira —continué—, siempre dices lo mismo. Normalmente estoy de acuerdo contigo, pero esta vez creo que te equivocas.»

Él no me escuchaba.

«Muy bien —respondió—, muy bien. Si así es como han de ir las cosas, ya no disfruto siendo tu entrenador.»

Y con ese comentario, salió del vestuario.

Aquello me dio que pensar. Hay un equilibrio muy delicado en la tensión que crea en mi vida la presencia de mi tío. Normalmente, como muestran los datos, ha sido una tensión beneficiosa y creativa. En ocasiones, y el presente caso fue un ejemplo, no mide sus palabras y me molesta en vez de estimularme, lo cual repercute a su vez en mi juego.

Por poner otro ejemplo trivial: estamos en un hotel de no sé dónde y quedamos en reunirnos en la calle, en el coche, a cierta hora, para ir a entrenar. Llega quince minutos tarde, pero no le digo nada. En cambio, llego yo quince minutos tarde a otra cita y se queja, afirmando que no podemos seguir así.

Otro ejemplo. Durante un partido oigo que, antes de restar un servicio, me grita: «¡Juega con agresividad!», lo cual quiere decir que quiere que reste con fuerza. Obedezco, la bola se va fuera y luego me dice: «No era el momento.» Pero sí lo era; lo que pasa es que he errado el golpe. Si la bola hubiera entrado, me habría dicho: «¡Perfecto!»

Y hay otra cosa, una historia que durante el US Open contó a un reportero una anécdota sobre un pequeño incidente que había ocurrido cierta noche en un ascensor, cinco años antes, en Shangái. Bajábamos para cenar y Benito recordó que la etiqueta del restaurante exigía que lleváramos pantalón largo. Yo llevaba pantalón corto y Benito dijo: «Bueno, no te preocupes. Siendo quien eres, no creo que armen ningún escándalo.» Según como Toni contó la anécdota, él había replicado a Benito: «Bonito ejemplo das a mi sobrino.» Y volviéndose a mí, añadió: «Sube y cámbiate.»

No voy a negar que ésas fueron más o menos las palabras que se pronunciaron en aquel ascensor. Pero la verdad es que no necesitaba que Toni me dijera que volviese a la habitación para cambiarme. Yo ya había tomado la decisión en cuanto Benito señaló cuáles eran las normas del restaurante.

Incidentes como éste revelan que, en nuestro equipo, la

atmósfera se vuelve más tensa cuando Toni está cerca que cuando no está. Lo que nunca pierdo de vista es que, a fin de cuentas, esa tensión beneficia a mi juego. Tampoco olvido que él no generaría esa respuesta en mí, para bien o para mal, si yo no sintiera un tremendo respeto por él. Cuando me pongo terco con él es porque creo que se lo busca. Pero hay algo que debe quedar claro: si discutimos, debe verse en el contexto de una confianza mutua y un profundo afecto que hemos forjado durante los muchos años que llevamos juntos. Yo no le regateo el reconocimiento público que tiene. Puede que lo haya obtenido gracias a mí, pero todo lo que he conseguido yo jugando al tenis se lo debo a él, así como todas las oportunidades que se me han presentado. Le estoy especialmente agradecido por haber insistido tanto desde el principio en ponerme los pies en la tierra, en evitar que yo cayera en la autosatisfacción.

No creo que el éxito se me haya subido a la cabeza y si no ha ocurrido hasta ahora, dudo que vaya a ocurrir en este momento. Ya no necesito que me den lecciones de humildad. Ya no necesito que me digan que tengo que «poner buena cara». Si a veces me equivoco en la pista, bueno, qué le vamos a hacer, es parte del juego. Soy mi mejor crítico. Aunque valoro el que Toni siempre me exija tanto, porque de ese modo me obliga a mejorar y perfeccionarme, también puede tener un efecto negativo, porque me crea inseguridad. Pienso a menudo que es así, sobre todo en las primeras eliminatorias de un torneo, y la verdad es que aunque le debo muchas de las cosas buenas que me han ocurrido en mi trayectoria, también es el causante de que yo sea más inseguro de lo que debiera.

Lo gracioso es que últimamente le ha dado por decir que tiendo a subestimarme. Dice que es una estupidez, habida cuenta de todo lo que he conseguido. Voy a jugar un partido contra un oponente que está muy por debajo en la clasificación, y me dice: «Después de todo lo que has logrado no te dará miedo jugar este partido, ¿verdad?» O bien: «Llevas años siendo número uno o número dos, ¿todavía no estás convencido de que eres un buen jugador? ¿Todavía te entra miedo cuando te enfrentas al número ciento veinte? Pavonearte como si fueras el inventor del tenis sería una idiotez, pero vamos, hombre, ¡tienes que aprender a saber quién eres!» Según él, el problema de sentir este exagerado respeto por todos mis rivales es que en la pista se me tensa el brazo y juego por debajo de mis posibilidades, y tiene razón. Claro que la tiene. Pero fue él quien cargó el software al principio de todo; y por haber estado machacándome todos estos años ha hecho que se me desarrolle exactamente la actitud opuesta a la que me exige ahora.

La cuestión ahora es retener lo que he aprendido de él, aunque imponiendo más mi propio criterio; encontrar el equilibrio justo entre la humildad y la confianza excesiva. Naturalmente, siempre hay que respetar al rival, siempre hay que contemplar la posibilidad de que te derrote, siempre hay que jugar contra el tenista clasificado en el puesto 500 como si fuera el número uno o el número dos. Toni me ha ayudado a tener esto claro, quizá demasiado. Lo que intento aprender ahora es a inclinar la balanza en el otro sentido, a tener más autonomía en mi vida y a discrepar más abiertamente de él, como al comienzo del US Open. Puede que esto se deba en parte a que veo que también Toni tiene sus dudas e inseguridades y que se contradice a menudo, que no es el mago omnisciente de mi infancia.

Hicimos las paces después de aquel roce en el vestuario. Lo solucionamos como de costumbre. Nos necesitamos y, como ambos sabíamos, el cuarto Grand Slam estaba a la vuelta de la esquina y ése no era el momento para otra ruptura familiar. Siempre he salido más fuerte de las crisis que he atravesado, es la pauta que rige mi vida, y después de aquello jugué cada vez mejor en el US Open. Cuando llegué a la final contra Djokovic, me sentía más en forma que nunca. Mi derecha, magnífica todo el año, se mostró sólida como una roca durante el primer set; el revés, inmejorable; y el servicio, de lo mejor que había hecho en toda mi trayectoria.

Lo cual no me impidió ir perdiendo 4-1 en el segundo set, aunque se debió más a una racha de aciertos en la que entró mi rival de repente que a un empeoramiento de mi juego. Yo sabía que Djokovic no podía mantener aquel nivel y pensaba que yo merecía mejor suerte. Con ese estado de ánimo y esa fe en mí mismo, le rompí el servicio, salvé un punto que lo habría puesto por delante 5-2 y bregué hasta que el marcador quedó 4-4.

Me crecía por momentos y él pareció desanimarse por haber perdido una gran oportunidad de asegurarse el set. Entonces, sacando él y estando 30-30, se puso a llover. El sol del comienzo había sido eclipsado por nubes cada vez más negras, y a lo lejos había visto relámpagos. El juez de silla detuvo el partido y el árbitro general entró en la pista para decirnos: «Me temo que el tiempo va a ponerse muy feo.» Era cierto. Oíamos los truenos desde abajo, desde el vestuario, donde permanecimos dos horas. A las ocho salimos y reanudamos el partido.

La pausa había favorecido más a Djokovic que a mí, igual que a Roger Federer la primera vez que la lluvia había interrumpido el juego en Wimbledon, dos años antes. Yo estaba embalado y Djokovic necesitaba tiempo para recuperarse. Lo hizo. Ganó el juego interrumpido y se puso por delante con 5-4. Yo conservé mi servicio y él, el suyo. Volví a sacar y salvé el set, aunque seguía llevándome ventaja y me vencía por 6-5.

Gané el primer punto con una derecha muy esquinada contra la que no pudo hacer nada, pero tuvo la suerte de ganar el siguiente cuando mi golpe rozó la red y, en vez de caer en su lado, la pelota cayó en el mío. Aquello fue el resumen del set. Creo que jugué tan bien como él, probablemente mejor, controlando más puntos que él, cogiéndolo sin cesar a contrapié y obligándolo más a correr que a atacar. Era el papel que más acostumbrado estaba yo a desempeñar, pero lo hizo bien, salvando situaciones adversas, y al final me ganó el set por 7-5, el primero que perdía yo en todo el torneo.

La lluvia había sido una bendición para él. En el torneo de Wimbledon de 2008, al final, lo había sido para mí. Con el partido igualado a un set cada uno, era como volver al principio. Habría que esperar y ver si los dioses del tenis me sonreían una vez más.

LAS MUJERES DE RAFA

En la vida de Rafa Nadal hay tres mujeres: su madre, su hermana y su novia. Las tres se desenvuelven en el mundo de acuerdo con lo que la madre, Ana María Parera, afirma ser «una doctrina». Esta idea, tan sencilla como inusual al cotejarla con la fama internacional de Rafa, se resume según ella en la palabra menos fascinante y glamourosa del diccionario: la palabra «normalidad».

Lo que el público ve en Rafa Nadal es fascinación y glamour; lo que ve Ana María es un hijo que, cuando sale de casa, vive en un mundo caótico. Su obligación como madre es ser el asidero que le da estabilidad, crear para él un puerto seguro en el que ponerlo a salvo de los acosos que viene sufriendo en todos los frentes desde que es, según ella a una edad alarmantemente temprana, uno de los deportistas más famosos y admirados de la historia.

Esto se ha traducido en un alejamiento voluntario de los medios y en el cultivo de una relación con su hijo como si lo conseguido por éste careciese de notabilidad, ejemplo que ha seguido su hija Maribel y la novia de Rafa desde 2005, María Francisca Perelló. Las tres podrían haber adoptado otra postura. Ana María habría podido hacer carrera cotorreando al mundo acerca de los sentimientos y manías de su hijo. Maribel, una rubia alta y atractiva, habría podido dedicarse a rumorear para las revistas de chismorreos. Y María Francisca habría podido ser una figura casi tan reconocible a nivel mundial como el propio Rafa.

Pero no han optado por estos comportamientos porque saben que es lo que menos desea o necesita Rafa en el mundo, porque no son presa de las inseguridades que Ana María cree propias de los seguidores sedientos de fama de los ricos y famosos, y porque no es el estilo de ninguna de las tres. Las tres son de Manacor y los manacoríes, por carácter y cultura, son reservados y desconfían de los extraños.

«Siempre he sido muy discreta en lo que se refiere a mis asuntos personales —dice Ana María—. Si la fama de Rafa me ha afectado en algo, ha sido en aumentar mi sentido de la discreción, me ha vuelto más protectora de la vida que llevamos en casa. No suelo confiar, al menos no a primera vista, en las personas que no conozco. Hay gente que busca la popularidad y que en una situación como la mía se pasaría horas hablando de su hijo, reflejándose en su gloria. Pero ése no es mi caso. En mi interior estoy muy orgullosa de él y me siento contentísima de todo el éxito que ha conseguido, pero no hago alarde de mis sentimientos. Ni siquiera con mis amistades más íntimas hablo de él.»

Ya tiene en su vida cotidiana un indicio, un asomo de lo que significa la fama. A veces, en las calles de Barcelona, Londres o Nueva York la reconocen las personas que la han vislumbrado en televisión, asistiendo a los grandes torneos que juega su hijo. No sólo se siente incómoda cuando la abordan los desconocidos, sino que intuye la claustrofobia que debe de sentir su hijo, asediado sin cesar cada vez que sale al mundo que se extiende más allá de Manacor.

«El único sitio donde es posible tener algo parecido a la intimidad cuando está de gira es la habitación del hotel en que se aloja. Es su único refugio. No puede salir a la calle sin causar sensación. Los medios y los patrocinadores no dejan de reclamar su presencia. Y además está esa tensión tremenda que le crean las competiciones, las inseguridades y temores con los que sé que tiene que pelear para tenerlos bajo control la semana o la quincena que duran los torneos, para vencer y seguir en la cumbre. Es mi hijo y me asusta y asombra lo fuerte que está obligado a ser, lo fuerte que es.»

No sería tan fuerte si no fuera por los descansos que le proporciona estar en casa. A su casa, Rafa Nadal vuelve en busca de aire. Y el centro y el símbolo de su casa es su madre, sobre todo después de la separación de sus progenitores, cuando el padre se mudó a otro domicilio. Sebastián Nadal lo acompaña con más frecuencia que Ana María en las temporadas internacionales, para darle apoyo allí donde esté. Ha acabado tan relacionado con la vida deportiva de Rafa como el equipo de profesionales que rodea al tenista. Ana María vive en un mundo en el que las competiciones tenísticas de alto nivel y los compromisos mediáticos y comerciales que acarrea el ser número uno del mundo son preocupaciones secundarias. Con su hijo apenas habla de su vida profesional, no porque no le interese, sino porque sabe que el mejor favor que puede hacerle es comportarse con él como cualquier otra madre con su hijo. No se deja apabullar por lo que ha conquistado en la pista de tenis, no lo ve como al Rafa Nadal aclamado internacionalmente; antes bien lo trata con la sencilla ternura y la devoción que siente por el Rafael que trajo al mundo, amamantó y educó. Es el antídoto de Rafa contra la adulación: le pone los pies en la tierra y le recuerda quién es realmente.

«Pero lo más importante, ahora que veo que la fama no se le ha subido a la cabeza y que nunca se le subirá, es hacer que se sienta en paz cuando está en casa —prosigue Ana María—. Necesita paz porque es lo que menos tiene cuando está de gira, pero también por su forma de ser, al margen del torbellino que rodea su vida. Siempre lo pasa mal cuando la gente que lo rodea se enfada o está de mal humor, en esos casos también se enfada o se pone de mal humor. A nivel emocional, necesita que a su alrededor todo esté en orden.

Por eso creo que mi obligación, cuando estamos juntos, es hacer todo lo posible, como cualquier otra madre, para que esté bien y contento, y para apoyarlo cuando no lo esté. Apoyarlo, por ejemplo cuando ha sufrido una lesión, a menudo significa no decir nada, sólo que se dé cuenta de que estoy a su lado, en cualquier circunstancia. Significa que pueda sentirse cómodo cuando está en casa, que pueda invitar a sus amigos cuando lo desee sin que yo le exija nada. Y si necesita que lo lleve a alguna parte o le compre cualquier cosa que le apetezca comer, o que le haga la maleta antes de emprender un viaje largo, cosa que, dicho sea de paso, es incapaz de hacer él solo, yo lo hago con alegría.»

El salón de Ana María Parera es un eje social para los amigos de Rafa cuando éste vuelve a casa. Entre estas amistades destaca su hermana Maribel, que casi siempre está presente cuando sale por las noches o va a pescar. Tiene cinco años menos que él, siente adoración por su hermano y lo echa mucho de menos cuando está fuera, aunque están siempre en contacto a través del teléfono o por Internet. Maribel es consciente de que la relación que tiene con su hermano es inusualmente estrecha y no se le escapa que el trato que ve entre muchos amigos suyos y sus hermanas pequeñas tiende a caracterizarse por la fricción o por un benigno desinterés.

«Muchos chicos que aún están creciendo consideran estorbos a sus hermanas pequeñas, sobre todo si éstas son adolescentes —confiesa Maribel—, pero Rafael nunca me ha tratado así. Siempre me ha animado a ir con él cuando sale con sus amigos. Entre nosotros es algo natural: puede que los demás lo encuentren extraño, pero es parte del lazo especial que nos une.»

Ana María cree que otro motivo por el que sus dos hijos se llevan tan bien es que han pasado mucho tiempo separados desde que Rafa tuvo que alejarse, ya en su temprana adolescencia, para conquistar el mundo del tenis. No pueden contar el uno con el otro a nivel cotidiano y esa ausencia, en opinión de la madre, ha fortalecido el afecto que se tienen. Puede que no hubiera sido así si a Maribel se le hubiera subido a la cabeza el éxito de su hermano, pero en este tema ha seguido las indicaciones de su madre.

«Se ha vuelto incluso más discreta que yo —alega Ana María, tras señalar que tuvieron que pasar dos años para que los compañeros de Maribel, que estudia en Barcelona para ser profesora de educación física, supieran de quién era hermana—. Empezó a correr el rumor cuando uno de sus profesores la vio en televisión, mientras Rafael jugaba un partido en París.»

María Francisca ha tenido que esforzarse más aún para conservar el anonimato. No tanto a causa de sus apariciones en los torneos, que son poco frecuentes (la primera final de Grand Slam en que vio jugar a Rafa fue Wimbledon 2010), como por la tentación que supone para los *paparazzi* fotografiar a la pareja cuando está de vacaciones, preferentemente en la playa. Ha visto su imagen en las revistas de cotilleos más veces de las que le gustaría, a pesar de lo cual nunca se ha citado una sola declaración suya. Como observó un asombrado comentarista de la televisión española, la pareja llevaba saliendo cinco años y a ella no la había oído hablar nadie. La rodea tal misterio que ni los programas de televisión ni las revistas saben cómo se llama realmente. Tanto unos como otras se refieren a ella como «Xisca», aunque ningún conocido suyo la llama de este modo. Rafa la llama Mery, al igual que toda la familia de él, pero para el resto sigue siendo María Francisca y nada más.

Lo único que el público sabe de ella es que es una joven elegante y, al parecer, tímida; en consecuencia, los medios, a falta de algo mejor, han dicho que es «seria», «distante», «modesta» e incluso «enigmática». Difícilmente se encontrará a una mujer más alejada del estereotipo de esas novias y esposas de deportistas ricos y famosos que buscan descaradamente la notoriedad. Lo cierto es que, aunque es leal a Rafa y siente sus victorias y derrotas como si fueran suyas, conserva su independencia y no quiere que la definan por su relación con él. Ha estudiado administración y dirección de empresas y trabaja a jornada completa para una compañía de seguros de Palma de Mallorca, lo cual significa que no tiene tiempo para ir detrás de Rafael por todo el mundo, cosa que no querría hacer aunque pudiera.

«Viajar juntos a todas partes, aunque pudiéramos, no sería bueno ni para él ni para mí. Él necesita su espacio cuando compite y sólo de pensar en verme allí, dando vueltas y pendiente de sus necesidades todo el día, me siento agotada. Me asfixiaría. Además, él se preocuparía por mí... No. Si lo siguiera a todas partes, es posible que dejáramos de llevarnos bien.»

Cuando lo acompaña a un torneo, cosa que por lo general sucede si Ana María y Maribel también acuden, sale sola para que en público la vean con él lo menos posible. Recuerda una ocasión en que estaban en París y Nadal tenía que acudir a una cena organizada por sus patrocinadores.

«Me preguntó si quería ir, pero le dije que no y me quedé en el hotel. Cuando volvió, me dijo: "Menos mal que no has venido." El lugar estaba infestado de fotógrafos, y haber ido habría significado para mí entrar en el mundo de la fama. No es un mundo del que quiera formar parte ni creo que Rafa hubiera preferido estar con una chica que buscara eso en la vida.»

Ana María, que aplaude el deseo de María Francisca de tener una vida laboral propia, está de acuerdo en que Rafa no habría podido relacionarse con una mujer que buscase la atención de los medios. Tampoco puede concebir que exista una mujer más ecuánime ni de mejor humor ni con un carácter que compagine mejor con el de su hijo. Madre y novia son buenas amigas, como también lo son la hermana y María Francisca; las tres están unidas no sólo por el amor que sienten por Rafa, sino también por su adhesión a la «doctrina» de la normalidad de que habla Ana María.

«Aunque mi familia me pregunta por Rafael, prefiero no contar mucho —comenta María Francisca, que repite las palabras de Ana María y se hace eco de la opinión de Maribel al añadir—: La verdad es que no me siento cómoda hablando de esas cosas, ni siquiera en privado. Yo lo prefiero así y Rafael y yo, como pareja, también lo preferimos. No lo aceptaríamos de otro modo.»

CAPÍTULO 9

EN LA CIMA DEL MUNDO

El secreto radica en ser capaz de hacer lo que puedes hacer cuando más lo necesitas. Djokovic es un jugador fantástico —según Toni, con más dotes naturales que yo—, pero en una final de Grand Slam, que se decide al mejor de cinco sets, los nervios y la resistencia cuentan tanto como el talento. Cualquier duda que hubiera podido tener antes del comienzo del partido, se había evaporado gracias a mi actuación en los dos primeros sets. En cuanto a la tensión propia de estar jugando la final del US Open, yo ya había ganado ocho Grand Slams y mi rival uno, lo cual me daba la confianza de saber que podía afrontarlo como mínimo tan bien como él. Otro dato a mi favor era que su historial revelaba que en los partidos muy largos flaqueaba físicamente. Nunca me había derrotado en un partido de cinco sets. Era, es cierto, un jugador con momentos deslumbrantes, pero yo jugaba con mucha estabilidad, con el motor diesel ronroneando. Tenía la impresión de que si ganaba yo el tercer set, se sentiría como si tuviera que escalar una montaña.

Pero al principio del tercer set siguió con su racha, retomándola donde la había dejado al final del segundo. El partido no podía haber estado más igualado en aquel momento, con el fiel de la balanza si acaso ligeramente inclinado hacia su lado. Eché un vistazo hacia donde estaban mi equipo y mi familia, que se encontraban sentados a mi izquierda. Toni, Carlos, Titín, mi padre y Tuts, y detrás de ellos mi madre, mi hermana Maribel y María Francisca, que parecía un poco nerviosa. Era la segunda vez que acudía para verme jugar una final de Grand Slam. Normalmente me ve en su casa por televisión, sola, como durante la final de Wimbledon de 2008, o con sus padres. Ella misma confiesa que, cuando la tensión la puede, cambia de canal durante un rato o se va de la habitación. En aquella ocasión, en Nueva York, me dijo que tuvo que resistir varias veces el impulso de levantarse e irse. Y estábamos en el momento del partido en que más se puso a prueba su propia capacidad de aguantar.

María Francisca ha jugado al tenis y entendía tan bien como yo que la interrupción ocasionada por la lluvia había reactivado a Djokovic. Lo demostró en el primer punto del set, que jugó de manera impecable, con un tiro abierto hacia fuera y rematando con un fulminante revés ganador en paralelo hacia mi lado derecho. Repitió la hazaña con un tiro más profundo, tras un peloteo más largo, en el segundo punto. Muy bueno.

Me lo tomé bien. Hay jugadores que estallan encoleriza-
dos cuando el oponente los domina, pero no tiene sentido. Lo
único que consigues es perjudicarte a ti mismo. Lo que hay
que hacer es pensar: «No puedo hacer nada por impedirlo,
entonces ¿por qué preocuparse?» Djokovic estaba corriendo
muchos riesgos y por el momento le valían la pena, pero yo me
las apañaba para jugar con la intensidad que quería, golpeaba
la bola con fuerza y profundidad sin correr riesgos, dejándome
más margen para el error. «Capea el temporal —me dije—. Si
no me recupero en el siguiente punto, me recuperaré en el
otro.»

Pero no fue en aquel juego. Lo ganó él, cediéndome sólo
un punto por una doble falta más bien inexplicable que cometió —por lo visto quiso hacerme un *ace* con el segundo servicio— cuando me ganaba 40-0. Pues muy bien. Qué íbamos a
hacerle. Mala suerte. Iba por delante y yo tendría que pisarle
los talones con mi servicio, quizá durante un rato largo.

El siguiente juego era de importancia capital para mí si
quería ganar. Djokovic se había llevado los tres anteriores, si
contábamos los dos últimos del segundo set, y tenía que parar-
le los pies o me sacaría mucha delantera. Jugué el primer
punto con inteligencia, con pelotas altas. Si a Djokovic le lanzas la pelota baja o a media altura, con la vista de lince que
mostraba en aquel partido, te la puede devolver a la perfección, pero si se la lanzas a la altura del hombro, lo pones en
situación incómoda, lo obligas a hacer suposiciones y le desba-
ratas el ritmo. Así conseguí ponerme 15-0 arriba. No porque

le metiera un golpe ganador, sino porque lo forcé a cometer un error atípico. Aquello me dio confianza, me arriesgué y le arranqué otro punto clavándole una derecha en la esquina. Asintió con la cabeza, como diciendo: «No podía hacer nada contra eso.» Es algo que yo no hago: para nada exteriorizo que aprecio los buenos golpes del rival. No porque sea un maleducado, sino porque supone apartarme peligrosamente del guión que llevo escrito en la cabeza. Pero reconozco que su actitud fue la correcta: se quitó el sombrero ante lo inevitable y siguió jugando.

Gané el juego sin regalarle ni un solo punto y a continuación, a modo de compensación tan inesperada como prematura, le rompí el servicio y me puse 2-1 tras uno de mis mejores golpes del partido, un revés cruzado a la carrera desde dos metros más allá de la línea de fondo. Había subido a la red con toda sensatez, dado que me había enviado un tiro de aproximación en profundidad hacia la esquina de mi revés, pero mi tiro lo supero antes de que ni siquiera pudiera intentar llegar a la bola para volear. Lo celebré dando un codazo al aire y gritándome a mí mismo: «¡Vamos!» Había roto el empuje de Djokovic, había recuperado la iniciativa y me había demostrado a mí mismo —y a él— que también yo sabía colocar golpes ganadores geométricamente inverosímiles.

Sintiéndome psicológicamente más fuerte que nunca en lo que llevábamos de partido, me di cuenta de que empezaba a adelantarme en la batalla mental. En encuentros anteriores, Djokovic había mostrado cierta tendencia a sentirse contrariado conforme progresaba el juego, cuando veía que había luchado hasta el límite por cada punto. También tendía a cansarse más de prisa que yo. Eso era lo que yo tenía en el fondo de la mente; en la superficie sólo pensaba en el siguiente punto.

Tras la agitación del tercer juego, había llegado el momento de consolidar y capitalizar la ruptura del servicio. Siempre que juego hago cálculos y procuro elegir la mejor táctica según me sienta en un momento dado, la impresión que me produzca la moral del contrario y cómo esté el marcador. Lo que tenía que hacer en aquel momento, pensé, era ser paciente, responder al peloteo, no forzar nada, aprovechar las oportunidades cuando se presentasen, pero sin buscarlas. Tenía que agotar a Djokovic, aprovechar su nerviosismo, esperar a que cometiera errores. Ésa fue la pauta que seguí en el largo primer punto del cuarto juego, que gané yo. Aquí percibí otro indicio de su estado de ánimo: su negativa a transformar en golpes ganadores dos dejadas que le envié y que fueron como sendas invitaciones. Mi confianza aumentaba mientras la suya parecía reducirse por momentos. Gané el juego dejándolo a cero con mi servicio y quedamos 3-1, con la sensación de que iba a tener otra oportunidad de romperle el suyo.

La ocasión llegó cuando Djokovic perdía 15-40 en el siguiente juego. Yo no quería hacer nada especial, sólo concentrarme en devolverle las pelotas en profundidad, variando el ritmo de mis disparos, combinando el liftado de derecha con el liftado de revés, frustrándolo, esperando que perdiera la paciencia, cosa que ocurrió. Pero, al verse entre la espada y la pared, Djokovic cambió de táctica. Había venido perdiendo los peloteos largos, así que empezó a acercarse a la red justo después de sacar. La primera vez le funcionó y ganó el siguiente punto con una volea. Yo preferí interpretar aquellas audacias como un síntoma de desesperación, aunque un saque espectacular lo puso en 40-40, *deuce*. Conseguí otro punto de *break*, pero lo perdí y me enfadé conmigo mismo, no porque le hubiera respondido con un golpe que botó fuera, sino porque me arriesgué demasiado, porque busqué una angulación demasiado sutil, cuando la táctica correcta era no forzar las cosas, sino tener la bola en juego y esperar a que llegase una mejor ocasión. Había perdido la concentración un instante y me enfadé conmigo mismo por eso. Djokovic daba muestras de vacilación, pero en cualquier momento podía recuperar su mejor juego y yo estaba desperdiciando la gran oportunidad de adelantarme de manera incontestable en el set. En efecto, la desperdicié. No supe capitalizar los tres puntos de *break* que me llovieron del cielo en el quinto juego, mientras que él ganó el primero que se le presentó.

Pero la tendencia siguió siendo favorable para mí. Djokovic luchaba por defender su servicio; yo ganaba el mío con comodidad, como me disponía a hacer entonces, dejándolo a cero, para colocarme 4-2. Tuve una nueva oportunidad de romperle el servicio y lo que me pareció otro punto como los miles que ya habíamos jugado, aunque de nuevo fui incapaz de dar el decisivo salto hacia delante. Yo jugaba mejor, eso era indudable, y él estaba contra las cuerdas, pero resistía. En los dos juegos siguientes mantuvimos nuestro servicio y llegamos a 5-4 y me tocaba sacar a mí.

Entonces me puse nervioso. Me suele entrar un ataque de vértigo cuando la victoria parece despuntar en el horizonte. Si ganaba aquel juego y me ponía por delante con dos sets a uno, habría recorrido dos tercios del camino necesario para ganar el último Grand Slam que me faltaba por conquistar. En esas circunstancias, Djokovic tendría que ganar los dos sets siguientes y por entonces se habría dado cuenta de que yo no pensaba cederle ni un palmo de terreno. Por más que intentaba desterrar la idea de mi cabeza, sentía su acecho y me inhibía. Por ese motivo era fundamental seguir jugando sobre seguro, aferrándome como nunca a mi natural juego defensivo, con la esperanza de que Djokovic tuviera los nervios más deshechos que yo.

Empezamos el juego con dos peloteos largos, de más de veinte golpes cada uno. Yo gané el primero porque se le fue una bola; él ganó el segundo con una tremenda derecha ganadora. Estábamos 15 iguales y noté que crecía la tensión, a pesar de lo cual me mantuve lo bastante sereno como para que mi rival, por muy satisfecho que estuviera por haberme ganado aquel punto tan bien, entendiera que iba a tener que atacarme con la caballería si quería sobrepasarme. Que pensara: «¡Uf! Voy a tener que sudar la gota gorda para sacarle un punto a este tipo.» Mientras tanto, lo que yo veía era que Djokovic estaba cansado y jadeaba, y pensé: «Dudo que sea capaz de meterme otro golpe como ése.» O, al menos, eso era lo que quería creer.

Perdí el punto siguiente con una imprudente derecha, pero me puse 30-30 con un gran servicio alto y abierto. Normalmente, teniendo el servicio habría jugado sobre seguro y me habría concentrado en meter la bola dentro en el primer saque, para ahorrarme la posibilidad de regalársela si el segundo era titubeante. Pero nunca había confiado tanto en mi servicio como en aquel torneo y pensaba que había llegado el momento de romperle el suyo. Fue la decisión correcta. Con el siguiente saque le metí un *ace* y tuve un punto de set; el siguiente fue igual de bueno: abierto, fuerte e imparable contra su revés. Había ganado el set por 6-4.

Se trataba de una clarísima confirmación de la filosofía del trabajo duro que me había guiado en mis veinte años de vida tenística. Era la prueba irrefutable y lógica de que la voluntad de vencer y la de prepararse son una y la misma cosa. Estaba a punto de conseguir algo realmente grande. Llegar a aquella situación era la culminación de años de sacrificio y dedicación, basados en la inamovible premisa de que no hay atajos para lograr el éxito sostenido. En los deportes de élite no se puede engañar: el talento solo no basta. Es el primer ladrillo, pero encima de él tienes que amontonar el trabajo incesante y reiterado en el gimnasio, el trabajo en las pistas, el trabajo de estudiar tus propios vídeos y los de tus oponentes en acción, siempre peleando por estar más en forma, por ser mejor, más astuto. Elegí ser tenista profesional y el resultado de aquella elección sólo podía ser una disciplina inquebrantable y un incesante deseo de mejorar.

Si me hubiera dormido en los laureles después de ganar el Abierto de Francia o Wimbledon, creyendo que mi juego era suficientemente completo para garantizar éxitos futuros, no habría estado allí, en el estadio Arthur Ashe de Nueva York, con la posibilidad de añadir el US Open a mi palmarés particular. Si había llegado tan lejos era porque en ningún momento había perdido de vista mis prioridades.

La verdadera prueba se produce esas mañanas en que despiertas después de haber trasnochado mucho y lo que menos deseas es levantarte y entrenar, sabiendo que vas a tener que trabajar muy duro y que vas a sudar a mares. Es posible que por un momento se establezca un debate en tu mente. ¿Y si me lo salto hoy, sólo por esta vez? Pero no escuchas el canto de sirena que suena en tu mente, porque sabes que de ese modo acabas cayendo por una pendiente resbaladiza y peligrosamente inclinada. Si flaqueas una vez, flaquearás más veces.

En ocasiones me han asaltado dudas más profundas. Después de pasar las Navidades con mi familia en Mallorca, fechas en las que me tomo un mes de descanso para alejarme de la competición, me pongo a pensar en el año que se avecina con sentimientos encontrados. La melancolía viene a cercenar el entusiasmo que siento. Quiero escalar más montañas, pero siguen siendo montañas. Sé muy bien que el año que se aproxima va a ser implacable y agotador en todos los frentes:

entrenamientos, viajes, competiciones, trato con los medios, patrocinadores, fans. Pasaré la mayor parte del tiempo lejos de casa, el lugar donde siempre quiero estar. Suelo subir al primer avión del año con el corazón pesaroso y me dirijo al este, hacia el Open de Australia. En cuanto despegamos se esfuma la melancolía y mi atención se concentra totalmente, con creciente emoción, en la tarea que he de hacer de manera inmediata. Pero tengo una vida personal al margen del tenis y otro factor del éxito en la pista reside en ganar la batalla entre mis necesidades privadas y las exigencias profesionales. Aunque en ocasiones es una batalla que me gustaría no tener que librar.

Mi hermana Maribel recuerda que hace tres o cuatro años llegó a casa y me encontró sentado en las escaleras, llorando. Estaba recuperándome de una lesión y preparándome para reincorporarme a la temporada tenística. Me preguntó qué me ocurría y le dije que había sentido de pronto un profundo pesar por haberme negado la oportunidad de pasar más tiempo jugando con mis amigos cuando era pequeño. Mi hermana se quedó atónita. Cuando estoy en casa, el noventa por ciento del tiempo, exceptuando el período que siguió a la separación de nuestros padres, lo pasamos riendo y bromeando juntos. Aquel momento de desánimo ponía de manifiesto que, aunque de modo pasajero, era muy consciente de que había realizado muchos sacrificios para estar donde estaba, de que había tenido que pagar un precio.

Sin embargo, en ningún momento se había producido una elección real. La parte dominante de mi carácter se reveló en aquel otro episodio que se había producido mucho antes, cuando con diez años me había echado a llorar amargamente en el asiento posterior del coche de mi padre. Nunca hemos olvidado aquella ocasión en que le dije que el placer que había sentido pasando con mis amigos aquellas vacaciones de agosto no había bastado para compensar el sufrimiento de perder ante un jugador al que habría podido derrotar. El sufrimiento se debía al hecho de saber que había rendido por debajo de mis posibilidades, que si aquel mes de agosto me hubiera dedicado a entrenar en vez de a jugar, habría ganado el partido. Ese día fijé mis prioridades y, sin ser entonces del todo consciente, tomé la gran decisión de mi vida. Una vez hecha, no podía haber marcha atrás. Ni entonces ni ahora. El camino quedó trazado y, aunque ha habido momentos de duda y debilidad, nunca me he apartado de él, ni siquiera cuando la tentación era muy fuerte.

Sentí una de aquellas tentaciones durante unas vacaciones en que me fui a Tailandia con un grupo de amigos de Manacor a los que conocía desde la infancia. Fue una oportunidad para recuperar el tiempo perdido, pero mi naturaleza competitiva se rebeló.

Estaba a punto de comenzar un torneo en Bangkok y antes de dirigirme a la capital tailandesa, decidí tomarme una semana libre y quedarme en la playa. Éramos diez, incluyendo a mi amigo más antiguo, Miguel Ángel Munar, con quien había entrenado de niño a las órdenes de Toni. Mientras nos preparábamos para emprender el viaje, me asaltaron dudas sobre el beneficio que me reportaría ir hasta Tailandia, superar el jet lag y competir en un torneo en el que no era una prioridad para mí vencer, pero me había comprometido a participar ocho meses antes y no podía dejar plantados a los organizadores en el último momento.

Durante las vacaciones lo pasamos genial. Alquilamos motos de agua y jugamos a golf. Pero recuerdo que lo que le llamó la atención a Miguel Ángel, que hasta aquel momento no sabía lo que era estar conmigo día y noche una semana antes de un torneo, fue que, en cuanto aterrizamos, tras un viaje con tres escalas, me dirigí a una pista de tenis que había en el complejo hotelero y entrené durante una hora. Más asombrado aún se quedó al averiguar que, aunque nos acostáramos a las cinco de la madrugada, yo me levantaba puntualmente a las nueve todas las mañanas para entrenar, y luego lo hacía durante otra hora por la tarde.

Lo que no sabía Miguel Ángel era que, aunque nos lo estábamos pasando de maravilla, algo me molestaba. Invertía el tiempo debido en entrenar, pero no lo hacía con toda la intensidad que sabía que debía con un torneo a la vuelta de la esquina. Nos encontrábamos en pleno trópico y el clima era demasiado tórrido y húmedo para ejercitarme de acuerdo con mis necesidades, así que tomé una decisión que no les gustó a mis amigos ni a mí. Pero tenía que tomarla. Teníamos planeado volver a Bangkok un martes al anochecer, pero yo me fui el lunes por la mañana. Ya que había decidido participar, no por no ser el torneo más importante de mi trayectoria iba a dejar de entregarme al máximo. Si hubiera respetado el calendario previsto, habría perdido dos días de entrenamiento y me daba cuenta de que no podía permitírmelo. Al final perdí en las semifinales, consciente de que, si me hubiera divertido menos en la playa, me habría alegrado más en la pista.

Una lección que he aprendido es que si el trabajo que hago fuera fácil, no me generaría tanta satisfacción. La emoción de ganar es directamente proporcional al esfuerzo que hago por lograrlo. También sé, gracias a una larga experiencia, que si en el entrenamiento me esfuerzo aunque no tenga ganas, la recompensa será que ganaré partidos aunque no esté en mi mejor momento. Así es como se ganan los campeonatos y es lo que diferencia al gran jugador del que sólo es un buen jugador. La clave está en lo bien que uno se haya preparado.

Novak Djokovic es uno de los grandes de nuestro tiempo, no cabe ninguna duda, pero las sombras del anochecer caían sobre Nueva York y yo ganaba por dos sets a uno. Eran las nueve y cuarto cuando sirvió, iniciando así el cuarto set. Jugaba bien, pero yo jugaba muy bien. Sabía que tenía que estar bajo una gran tensión, ya que, exceptuando el primer punto del partido, que lo había ganado él, en ningún momento se había puesto por delante de mí. Ahora se estaba rezagando. Si me adelantaba en aquel set, iba a ser psicológicamente muy duro para él. Yo también sentía la presión, pero tenía suficiente experiencia en finales de Grand Slam para confiar en las posibilidades de mi juego.

Ya en el primer punto del set tuve una racha de suerte. Sirvió bien, poniéndome yo a la defensiva inmediatamente, intercambiamos un par de golpes y subió a la red. Quise responder con un revés cortado y cruzado, pero le di mal a la bola y, de chiripa, me salió un globo. Djokovic pensaba ir en busca de un remate, pero dejó volar la pelota creyendo que iría fuera; calculó mal el retroceso y la bola aterrizó exactamente en la línea de fondo. Fue un buen punto que valió la pena ganar, pero sobre todo fue un reflejo revelador del estado de ánimo de Djokovic. Corroboraba mi impresión de que su confianza se estaba erosionando y de que se estaba quedando sin ideas. De no ser así, habría rematado o, en cualquier caso, no habría tenido tanta prisa por terminar el peloteo subiendo a la red, algo que hace en tan contadas ocasiones como yo. Cada vez se arriesgaba más y la intuición me decía que, si seguía castigándolo, acabaría por abatirlo.

Ganó el punto siguiente lanzándose hacia la red y endosándome una volea cortada en un ángulo muy difícil. Yo corrí como loco, cruzando la pista en diagonal, y casi conseguí responder. Fue importante que viera mi voluntad de recuperar la bola, porque se lo pensaría dos veces antes de intentar otra volea. Podría obligarle a probar algo demasiado difícil y, de ese modo, cometer un error. Con aquel 15-15 estuvimos un rato largo intercambiando pelotas desde la línea de fondo, hasta que perdió la calma e hizo un impaciente intento de meterme una derecha ganadora, que se le fue. Ganó el punto siguiente porque mi tiro botó fuera, pero luego falló la otra derecha y quedamos 30-40, con un punto de *break* a mi favor. Por primera vez en todo el partido dejó escapar una maldición en voz alta. Puede que necesitara hacerlo; puede que así se sintiera mejor. Pero para mí fue, más que nada, otro indicio que me animó.

Mi principal problema en aquel momento era que seguía funcionándole bien el servicio, un arma muy eficaz en sus manos. No había fallado ninguno desde el inicio del juego. Tampoco falló los tres siguientes. Ganó el juego y quedamos 1-0, pero yo seguía teniendo la impresión de que se estaba quedando sin balas.

Serví bien, jugué bien e igualé el marcador. Él ganó un punto, lanzándome una derecha en paralelo con una potencia al límite de lo humano, pero yo gané los otros cuatro, uno con un revés que se le fue y le hizo proferir otro de aquellos aullidos de dolor que tanto me animaban a mí. Rematé la faena con dos saques de libro.

Con 1-1 en el marcador y sacando él, olí la sangre. Yo iba embalado desde el principio del tercer set y no iba a pararme ahora. Tenía las piernas descansadas y sentí una oleada de confianza. Él, en cambio, tenía la mente y el cuerpo cansados y se le notó en los dos primeros puntos del juego, que perdió desastrosamente con tiros flojísimos. Su primer servicio seguía funcionando y era su salvavidas, pero cuando le metí una derecha ganadora que superó sus defensas, no pasó de 30. Había aprovechado mi oportunidad y ahora tenía yo el saque con el que intentaría el 3-1.

Cuando voy por delante, tengo tendencia a jugar a la defensiva, pero me sentía tan bien que, conforme avanzaba el juego, fui pasando al ataque y tomando la iniciativa un punto tras otro. Es lo que ocurrió en el primer punto del cuarto juego, en el que moví a Djokovic a derecha e izquierda, y otra vez hacia la derecha, bombardeándolo, hasta que no le quedaron fuerzas más que para enviar una derecha floja contra la red. Gané el juego en blanco y, además, le metí dos *aces*. Tras consolidar la ruptura del servicio de Djokovic conservando el mío, y ya con 3-1 en el marcador, me sentía dueño de la situación.

Una regla no escrita del tenis dice que si estás cansado, debes esforzarte para que no se note. Él ni siquiera lo intentaba. Su lenguaje corporal reflejaba resignación, como si hubiera agotado las respuestas a los problemas que yo le planteaba. Era el momento de ir a por el doble *break* y asegurar el partido. El buen juicio me aconsejaba una vez más jugar a lo seguro, pero mi instinto me decía que era la ocasión propicia para mostrarme agresivo. No quería dejar de presionar a Djokovic ni un solo segundo. Sabía que era un hombre imprevisible y lo que yo tenía que evitar a toda costa era que se le presentara una oportunidad, por pequeña que fuese, de recuperar la fe en sí mismo y volver a su mejor forma. Miré a mi equipo y mi familia por el rabillo del ojo y vi que Tuts sonreía de oreja a oreja. Toni estaba tan serio y concentrado como siempre. Nuestras miradas se cruzaron y murmuró algo que apenas distinguí por encima del barullo, pero que significaba que había llegado el momento de ir de verdad a por todas. Era lo que yo quería oír. Mi juez más severo confirmaba mi opinión sobre el rumbo del partido.

No necesité esforzarme tanto como esperaba para romperle el servicio por segunda vez. En el primer punto se revolvió con una derecha que se le fue y yo rematé la ventaja ganando el siguiente con una derecha que lo pilló descolocado. Luego hizo doble falta y quedó 0-40. Yo fallé mi primera oportunidad con una derecha que botó fuera, pero acto seguido se dio cuenta de que se le iba el partido y gritó de desesperación al fallar una derecha que fue a parar a la red. Yo ganaba dos sets a uno, en el cuarto íbamos 4-1 y me tocaba sacar.

Cuando sacas bien, como yo entonces, eliminas de tu juego una importante cantidad de angustia. Mientras te preparas para sacar al comienzo de un juego no piensas: «Por favor, por favor, no me falles.» El ritmo de tu servicio se automatiza y el cuerpo hace el trabajo casi por sí solo. A nivel mental es de un valor increíble. Te sientes mucho más tranquilo, libre para concentrarte en otros aspectos del juego.

Ésta era la teoría y así habría tenido que ser en la práctica, pero no. Porque en aquel momento la mente empezó a gastarme bromas pesadas. Allí estaba yo, a punto de sacar para llegar al 5-1, con mi rival claramente hecho polvo, y de pronto el miedo se apoderó de mí, tal como había ocurrido en Wimbledon, dos años antes, en el momento crítico del cuarto set. Al igual que entonces, tenía miedo de ganar. Hasta el más mínimo indicio de lógica decía que tenía aquel partido en el bolsillo. ¿Cuántas veces en mi carrera, encontrándome en aquellas mismas circunstancias, había perdido después de ir por delante con un doble *break*? ¿Cuatro? No, no tantas; seguramente, dos. Estaba claro que el set y el partido tenían que ser míos, a no ser que se produjera una catástrofe totalmente inesperada.

Entregarme a la especulación no era lo correcto en ese momento, así que traté de alejar los pensamientos de victoria que me llenaban la cabeza. Me esforcé por hacer lo que tocaba: pensar sólo en el siguiente punto, aislándome de todo lo demás. Sin embargo, no podía, no acababa de conseguirlo; mientras me colocaba para el primer servicio estaba asustado, así de sencillo.

El efecto sobre el saque fue inmediato. Tras funcionar como un reloj hasta aquel momento, se atascó de repente. La confianza en mis golpes se vino abajo y todos mis movimientos salieron mal. Me puse a jugar a la defensiva, correteaba con torpeza por la pista. Tenía el cuerpo en tensión, el brazo agarrotado. De nada me sirvió repetirme que si ganaba aquel juego estaría 5-1 arriba y el US Open sería prácticamente mío. La enormidad de lo que estaba a punto de conseguir hacía que me sintiese como si estuviera delante de un monstruo gigantesco a punto de engullirme. Me sentía casi paralizado.

Conseguí que la bola del primer servicio del primer punto entrara. Fue un golpe normal, seguro, sin fuerza, pero suficiente para iniciar el peloteo y ahuyentar el fantasma de la doble falta, lo cual fue una hazaña de por sí. Por suerte, Djokovic tenía la moral hecha añicos y el peloteo terminó con un envío que se le fue fuera El siguiente punto lo perdí yo por buscar una derecha en paralelo. En todos los sets había conservado el servicio con comodidad menos en aquél, que fue una tortura. Llegamos a *deuce*. Repetimos el *deuce* dos veces. Yo salvaba un punto de *break* y él, de súbito, me lanzaba un par de zambombazos ganadores. Pero su juego era desigual: por cada derecha que soltaba, cometía un error no forzado. Yo seguía firme, sin cometer errores no forzados. En el tercer *deuce* subió a la red y conectó una potente derecha abierta hacia mi revés. Casi tuve que arrodillarme para devolverla, pero conseguí poner toda la fuerza de mi brazo en la bola y di un trallazo ganador cruzado. El instinto había entrado en acción y derrotado a los nervios, y yo había conseguido uno de mis mejores golpes del partido.

En el siguiente punto no pudo con mi saque. Restó demasiado largo y allí acabó todo. Ganaba yo 5-1.

La tensión para mí desapareció. Le tocaba sacar a él y yo no esperaba ganar aquel juego, sino el siguiente. Me poseía una sensación de calma después de la tormenta y, efectivamente, disputé aquel juego como si estuviera medio dormido. No me enorgullezco de ello. Ganó el juego dejándome a 30 con una dejada de volea a la que ni siquiera intenté llegar.

Sirviendo para el partido y con el marcador 5-2 volvieron los nervios. En realidad, siempre están ahí. Son tan difíciles de controlar como el oponente que tienes al otro lado de la red y, al igual que éste, unas veces bullen y otras están apagados. En aquel momento eran el peor obstáculo que me quedaba por salvar para conseguir la victoria. Miré hacia la esquina y vi las caras de mi familia y colaboradores, entusiasmados, dándome gritos de ánimo. En mi interior quería ganar por ellos, por todos nosotros, pero mi cara, mi buena cara, no revelaba nada.

Los nervios se estaban apoderando de todos. Djokovic restó demasiado largo mi saque en el primer punto y luego el juez de línea declaró mala una pelota suya que había botado claramente en la línea. Tuvimos que repetir el punto. Todo era ahora a vida o muerte y aquella equivocación fue como un puñetazo. Tuve que apartarla de mi mente de inmediato y recordarme a mí mismo que tenía que seguir jugando con constancia, sin audacias, dando a mi rival un amplio margen para cometer errores.

En el segundo punto probó una dejada. Esta vez corrí en busca de la pelota y la alcancé. Respondió con una volea y, con la nariz tocando casi la red, se la devolví con otra y gané el punto. 30-0. El público, incapaz de estarse quieto durante aquel punto, como en muchos otros anteriores, se volvió loco, y Toni más que nadie. Levanté los ojos y lo vi a mi izquierda. Estaba de pie, con los puños apretados, esforzándose por no llorar. Yo sí lloraba. Me sequé las lágrimas con la toalla. Con los ojos empañados la vi; vi por fin la victoria. Sabía que no debía, pero lo hice.

Bueno, todavía no. En el siguiente punto, la bola de Djokovic impactó en el cintillo de la red y cayó en mi lado. Maldije por dentro. Habría podido ganar 40-0 y estar en condiciones de jugar el siguiente punto con calma, sabiendo que todo había acabado. En lugar de eso, más tensión. Entonces se me colocó con 30 iguales tras haberme precipitado en mi golpe, tratando de meterle una derecha ganadora. El corazón me iba a cien, los nervios peleaban con el júbilo. Dos puntos más y lo habría conseguido. Me esforcé por mantenerme concentrado, mientras me decía: «Juega tranquilo, no te arriesgues, limítate a controlar la bola.»

Aquella vez seguí las indicaciones de mi guión. El peloteo fue largo, quince golpes. Cambiamos una docena de trallazos a la línea de fondo y entonces se acercó a la red después de una derecha en profundidad abierta hacia mi revés. Aquella vez fui yo el afortunado. Mi bola rozó la red y, aunque consiguió hacerme una dejada, yo corrí en diagonal por la pista y la recogí casi del suelo con una derecha. Djokovic esperaba que le respondiera con un golpe cruzado, pero opté por un golpe paralelo y la bola, que iba liftada, entró. Djokovic no podía creérselo. Discutió la bola, pero no tenía razón. La pantalla mostró que la pelota había entrado por un milímetro, rozando el borde exterior de la línea de fondo. Se acuclilló y bajó la cabeza: era el vivo retrato de la derrota. Toni, Titín y mi padre apretaron los puños y gritaron «¡Vamos!» Tuts, mi madre y mi hermana aplaudían, riendo de alegría. María Francisca se había echado las manos a la cabeza, como si no creyera lo que estaba a punto de suceder.

Punto de partido. Punto de campeonato. Punto de todo. Alcé la vista a mi equipo para armarme de valor y jugar el punto con serenidad. Esforzándome otra vez por contener las lágrimas, saqué. Abierto hacia el revés del rival, como me habían dicho. El peloteo duró seis golpes. En el sexto golpeó la pelota abierta, muy abierta, y botó fuera. Las rodillas se me doblaron y caí al suelo antes incluso de que la pelota tocase la superficie, y allí me quedé, boca abajo, sollozando, temblando de pies a cabeza.

Derrumbarse de ese modo no es algo que se planifique. No me di cuenta de lo que hacía. La cabeza se me paró, la emoción pura se apoderó de mí y liberé toda la tensión, y lo mismo le sucedió a mi cuerpo, incapaz ya de tenerse en pie. De súbito, como si recuperase el conocimiento después de un desmayo, me di cuenta de que estaba tendido en el suelo, rodeado de ruido, y vi lo que acababa de lograr. A los veinticuatro años había ganado los cuatro Grand Slams, había entrado en la historia, había conseguido algo que superaba todo lo que me había atrevido a soñar, algo que duraría toda mi vida y que nadie me quitaría jamás. Ocurriera lo que ocurriese después, algún día abandonaría la profesión tenística tras haber sido un jugador importante para el deporte, uno de los mejores y, según esperaba —pues también pensé en esto en el momento del triunfo—, también alguien a quien la gente consideraba una buena persona.

Novak Djokovic («Nole», como lo llamo yo, como lo llaman sus fans, sus amigos, su familia) es ya todas esas cosas. Con una generosidad extraordinaria en un momento tan amargo para él, no me esperó en la red, sino que se me acercó para abrazarme y felicitarme por lo que había hecho. Me dirigí a mi silla, dejé la raqueta y volví al centro de la pista con los puños en alto. El ruido de la multitud me envolvía. Caí de rodillas, sollocé nuevamente, bajé la cabeza hasta tocar la dura superficie de la pista y permanecí así unos segundos. Había puesto muchísimo en aquello y era muchísimo lo que tenía que agradecer.

En la ceremonia de entrega de premios, Nole fue el primero en hablar y de nuevo se comportó con una gran clase, elogiándome con profusión y dando las gracias a amigos ausentes. Demostró que era el más digno de los perdedores y todo un orgullo para nuestro deporte. Cuando me llegó el turno de acercarme al micrófono, di las gracias a los miembros de mi familia y de mi equipo, que se habían reunido allí, delante de mí, y les recordé la verdad más categórica de mi vida: que no lo habría conseguido sin ellos. Hice mención especial a Joan Forcades, que me estaba viendo desde casa. Sí, Joan tenía razón. El resultado era mayor que la suma de las partes y la parte más importante de todas es la gente que me rodea, pero me había sentido excepcionalmente en forma y fuerte durante el torneo, lo que me había dado ventaja ese día sobre Nole, y Joan había desempeñado un papel importante en ello. También reconocí la noble actitud de mi rival en la derrota y subrayé que era un gran ejemplo para los niños de todo el mundo. Dije que estaba seguro de que ganaría aquel trofeo muy pronto, como también estaba seguro de que seguiría siendo un temible rival en los años venideros. Pero era mi momento. A pesar de toda la pasión y el trabajo que había invertido durante tanto tiempo para intentar llegar a ser todo lo buen tenista que pudiera ser, aquello era algo que no había imaginado jamás. Mientras sostenía en alto el trofeo del US Open y las cámaras relampagueaban y el público aplaudía, comprendí que había hecho posible lo imposible. En ese breve momento estuve en la cima del mundo.

MANACOR

La rueda de entrevistas con los medios después de la final del US Open duró tres horas, casi tanto como el partido. Nadal respondió pacientemente a todas las preguntas, la más repetida de las cuales fue: «¿Qué harás para superar lo que has conseguido?» La respuesta era invariable: «Trabajar mucho, tratar de jugar mejor y volver el año que viene.»

A la una de la madrugada se fue a cenar con su familia y su equipo a un restaurante de Manhattan del que no salieron hasta pasadas las tres. A las nueve tuvo una entrevista en la calle con el programa *Today Show* de la NBC y después, seguido por una creciente masa de fans, posó para que le hicieran fotos en Times Square, como manda el protocolo de Nueva York. Los coches pitaban y los cordones de policía contenían a la muchedumbre que gritaba. Luego fue a un par de entrevistas en directo en unos estudios de televisión y, a continuación, a un evento de Nike presentado por uno de sus más fervientes admiradores, el carismático ex campeón de tenis John McEnroe. Nadal nadaba en un mar de adulación. Sólo se habló de sus marcas: el primer jugador que había ganado los títulos de Grand Slam en tierra batida, hierba y pista dura consecutivamente en una temporada deportiva; el séptimo tenista de la historia que ganaba los cuatro Grand Slams; el más joven en ganarlos, con 24 años, en la era de los Abiertos.

Terminó con el tiempo justo de llegar al aeropuerto JFK y embarcar en el vuelo nocturno, rumbo a España, y llegar a Manacor al día siguiente, a mediodía. No había banda de música ni comité de bienvenida, no había ningún alboroto en absoluto. Aquella noche salió con sus amigos de la infancia y a la mañana siguiente, a las once, volvió a la pista para cambiar pelotazos con su tío Toni, los dos tan absortos y serios como siempre, como si todo estuviese aún por jugar y no hubiera conseguido mucho.

El centro municipal de deportes donde entrenaban estaba prácticamente vacío. En el parking, el deportivo de Nadal estaba aparcado junto a otros tres vehículos; en la pista de atletismo se ejercitaba un corredor solitario; de la docena de pistas de superficie dura, sólo otra se estaba utilizando. Ningún paisano del tenista había considerado que valiese la pena ir a mirar o, menos aún, a rendir homenaje a la mayor celebridad mundial que había dado la historia de Manacor, al hombre que muchos pensaban en aquel momento que era el mayor deportista vivo. Sólo había dos mirones presentes, una pareja de ancianos alemanes que hacían fotos en silencio, desde una respetuosa distancia, sin duda por haber intuido, acertadamente, que la ceremonia entre tío y sobrino se celebraba en territorio prohibido. Sebastián, el padre de Nadal, apareció más tarde, aunque no interrumpió a los dos jugadores, que, sumidos en un trance telepático en su mundo aislado, ni siquiera lo miraron.

En la pista contigua, dos cuarentones en pantalón corto luchaban con ardor, corriendo sin garbo de un lado a otro, como hacen los jugadores de club, tras unas pelotas que saltaban despacio, sin prestar atención al representante supremo de aquel juego, que desplegaba su rítmico repertorio al otro lado de la valla metálica. No estaban impresionados o, si lo estaban, no se les notaba. Igual que la familia de Nadal le ha tratado siempre; igual que a él le gusta cuando está en Manacor de vuelta en casa.

PALMARÉS

1994

Campeón de Baleares categoría sub 12, a los 8 años

1997

Campeón de España categoría sub 12

2000

Campeón de España categoría sub 14

2002

Primera victoria como profesional en un torneo de la ATP, a los 15 años

2004

Miembro del equipo español ganador de la Copa Davis, a los 18 años

2005

Campeón del Abierto de Francia: primer título de Grand Slam, a los 19 años

2006
Campeón del Abierto de Francia

2007
Campeón del Abierto de Francia

2008
Campeón del Abierto de Francia, campeón de Wimbledon. Número uno del mundo. Oro en individuales masculinos en los Juegos Olímpicos de Beijing

2009
Campeón del Open de Australia

2010
Campeón del Abierto de Francia, campeón de Wimbledon y del US Open. Ganador de los cuatro torneos del Grand Slam

2011
Campeón del Abierto de Francia. Décimo título del Grand Slam, a la edad de 25 años